学習国際条約・判例集

BASIC DOCUMENTS AND CASES ON INTERNATIONAL LAW

島田 征夫

編

成文堂

目 次

条 約

1945 年 国際連合憲章……………………2
1919 年 国際聯盟規約……………………7
1928 年 戦争抛棄ニ関スル條約（不戦条約）………8
1945 年 国際司法裁判所規程……………8
1946 年 極東国際軍事裁判所条例………8
1947 年 関税及び貿易に関する一般協定（GATT）……………………9
1948 年 集団殺害罪の防止および処罰に関する条約（ジェノサイド条約）………10
1949 年 戦地にある軍隊の傷者及び病者の状態の改善に関する 1949 年 8 月 12 日のジュネーヴ条約（第 1 条約）…………10
1951 年 難民の地位に関する条約………10
1951 年 日本国との平和条約（サンフランシスコ平和条約）……………………11
1958 年 大陸棚に関する条約……………12
1961 年 外交関係に関するウィーン条約………12
1963 年 領事関係に関するウィーン条約………14
1966 年 経済的、社会的及び文化的権利に関する国際規約（社会権規約）……15
1966 年 市民的及び政治的権利に関する国際規約（自由権規約）……………17
1967 年 月その他の天体を含む宇宙空間の探査及び利用における国家活動を律する原則に関する条約（宇宙条約）……19
1968 年 核兵器の不拡散に関する条約……20
1969 年 条約法に関するウィーン条約…21
1970 年 航空機の不法な奪取の防止に関する条約……………………26
1977 年 1949 年 8 月 12 日のジュネーヴ諸条約の国際的な武力紛争の犠牲者の保護に関する追加議定書（議定書 I）（第 1 追加議定書）………26
1982 年 海洋法に関する国際連合条約（国連海洋法条約）……………27
1992 年 気候変動に関する国際連合枠組条約………38
1997 年 気候変動に関する国際連合枠組条約の京都議定書……………38
1997 年 国際水路の非航行的利用の法に関する条約………40
1998 年 国際刑事裁判所に関するローマ規程……40
2004 年 国及びその財産の裁判権からの免除に関する国際連合条約（国連国家免除条約）………40

1948 年 世界人権宣言…………………41
1990 年 安全保障理事会決議 678………42
1991 年 安全保障理事会決議 687………42
2002 年 安全保障理事会決議 1441………43
2001 年 国際違法行為に対する国の責任に関する条文（国家責任条文）………43

判 例

I 法源、条約法
1 北海大陸棚事件……………………46
2 プレア・ビヘア寺院事件…………48
3 ジェノサイド条約留保事件………50
4 漁業管轄権事件……………………52

II 国際法主体、国家機関
5 光華寮事件…………………………54
6 国連損害賠償事件…………………56
7 逮捕状事件…………………………58
8 貸金請求事件………………………60

III 領域紛争
9 パルマス島事件……………………62
10 ブルキナファソ・マリ国境紛争事件……64

IV 海洋法
11 ロチュース号事件…………………66
12 コルフ海峡事件……………………68
13 ノルウェー漁業事件………………70
14 リビア・マルタ大陸棚事件………72
15 みなみまぐろ事件…………………74

V 個人
16 ノッテボーム事件…………………76
17 ラグラン事件………………………78
18 ユン・スウギル（尹秀吉）事件…80
19 原爆判決（下田事件）……………82
20 オランダ元捕虜等損害賠償請求事件……84

VI 国際責任
21 トレイル溶鉱所事件………………86
22 バルセロナ・トラクション事件…88
23 ジェノサイド条約適用事件………90

VII 紛争解決
24 アラバマ号事件……………………92
25 南西アフリカ事件…………………94
26 東ティモール事件…………………96

VIII 武力紛争、安全保障
27 ニカラグアに対する軍事活動事件……98
28 コンゴ領域武力行動事件…………100
29 核兵器使用の合法性事件…………102
30 パレスチナの壁建設事件…………104

国際連合憲章

署　　名	1945年6月26日
効力発生	1945年10月24日
日本国	1956年12月18日

われら連合国の人民は、

われらの一生のうちに2度まで言語に絶する悲哀を人類に与えた戦争の惨害から将来の世代を救い、

基本的人権と人間の尊厳及び価値と男女及び大小各国の同権とに関する信念をあらためて確認し、

正義と条約その他の国際法の源泉から生ずる義務の尊重とを維持することができる条件を確立し、

一層大きな自由の中で社会的進歩と生活水準の向上とを促進すること

並びに、このために、

寛容を実行し、且つ、善良な隣人として互に平和に生活し、

国際の平和及び安全を維持するためにわれらの力を合わせ、

共同の利益の場合を除く外は武力を用いないことを原則の受諾と方法の設定によって確保し、

すべての人民の経済的及び社会的発達を促進するために国際機構を用いること

を決意して、

これらの目的を達成するために、われらの努力を結集することに決定した。

よって、われらの各自の政府は、サン・フランシスコ市に会合し、全権委任状を示してそれが良好妥当であると認められた代表者を通じて、この国際連合憲章に同意したので、ここに国際連合という国際機構を設ける。

第1章　目的及び原則

第1条　国際連合の目的は、次のとおりである。

1　国際の平和及び安全を維持すること。そのために、平和に対する脅威の防止及び除去と侵略行為その他の平和の破壊の鎮圧とのための有効な集団的措置をとること並びに平和を破壊するに至る虞のある国際的の紛争又は事態の調整又は解決を平和的手段によって且つ正義及び国際法の原則に従って実現すること。

2　人民の同権及び自決の原則の尊重に基礎をおく諸国間の友好関係を発展させること並びに世界平和を強化するために他の適当な措置をとること。

3　経済的、社会的、文化的又は人道的性質を有する国際問題を解決することについて、並びに人種、性、言語又は宗教による差別なくすべての者のために人権及び基本的自由を尊重するように助長奨励することについて、国際協力を達成すること。

4　これらの共通の目的の達成に当って諸国の行動を調和するための中心となること。

第2条　この機構及びその加盟国は、第1条に掲げる目的を達成するに当っては、次の原則に従って行動しなければならない。

1　この機構は、そのすべての加盟国の主権平等の原則に基礎をおいている。

2　すべての加盟国は、加盟国の地位から生ずる権利及び利益を加盟国のすべてに保障するために、この憲章に従って負っている義務を誠実に履行しなければならない。

3　すべての加盟国は、その国際紛争を平和的手段によって国際の平和及び安全並びに正義を危くしないように解決しなければならない。

4　すべての加盟国は、その国際関係において、武力による威嚇又は武力の行使を、いかなる国の領土保全又は政治的独立に対するものも、また、国際連合の目的と両立しない他のいかなる方法によるものも慎まなければならない。

5　すべての加盟国は、国際連合がこの憲章に従ってとるいかなる行動についても国際連合にあらゆる援助を与え、且つ、国際連合の防止行動又は強制行動の対象となっているいかなる国に対しても援助の供与を慎まなければならない。

6　この機構は、国際連合加盟国でない国が、国際の平和及び安全の維持に必要な限り、これらの原則に従って行動することを確保しなければならない。

7　この憲章のいかなる規定も、本質上いずれかの国の国内管轄権内にある事項に干渉する権限を国際連合に与えるものではなく、また、その事項をこの憲章に基く解決に付託することを加盟国に要求するものでもない。但し、この原則は、第7章に基く強制措置の適用を妨げるものではない。

第2章　加盟国の地位

第3条　国際連合の原加盟国とは、サン・フランシスコにおける国際機構に関する連合国会議に参加した国又はさきに1942年1月1日の連合国宣言に署名した国で、この憲章に署名し、且つ、第110条に従ってこれを批准するものをいう。

第4条　1　国際連合における加盟国の地位は、この憲章に掲げる義務を受諾し、且つ、この機構によってこの義務を履行する能力及び意思があると認められる他のすべての平和愛好国に開放されている。

2　前記の国が国際連合加盟国となることの承認は、安全保障理事会の勧告に基いて、総会の決定によって行われる。

第5条　安全保障理事会の防止行動又は強制行動の対象となった国際連合加盟国に対しては、総会が、安全保障理事会の勧告に基いて、加盟国としての権利及び特権の行使を停止することができる。これらの権利及び特権の行使は、安全保障理事会が回復することができる。

第6条　この憲章に掲げる原則に執ように違反した国際連合加盟国は、総会が、安全保障理事会の勧告に基いて、この機構から除名することができる。

第3章　機関

第7条　1　国際連合の主要機関として、総会、安全保障理事会、経済社会理事会、信託統治理事会、国際司法裁判所及び事務局を設ける。

2　必要と認められる補助機関は、この憲章に従って設けることができる。

第8条　国際連合は、その主要機関及び補助機関に男女がいかなる地位にも平等の条件で参加する資格があることについて、いかなる制限も設けてはならない。

第4章　総会

構成

第9条　1　総会は、すべての国際連合加盟国で構成する。

2　各加盟国は、総会において5人以下の代表者を有するものとする。

任務及び権限

第10条　総会は、この憲章の範囲内にある問題若しくは事項又はこの憲章に規定する機関の権限及び任務に関する問題若しくは事項を討議し、並びに、第12条に規定する場合を除く外、このような問題又は事項について加盟国若しくは安全保障理事会又はこの両者に対して勧告をすることができる。

第11条　1　総会は、国際の平和及び安全の維持についての協力に関する一般原則を、軍備縮少及び軍備規制を律する原則も含めて、審議し、並びにこのような原則について加盟国若しくは安全保障理事会又はこの両者に対して勧告をすることができる。

2　総会は、国際連合加盟国若しくは安全保障理事会によって、又は第35条2に従い国際連合加盟国でない国によって総会に付託される国際の平和及び安全の維持に関するいかなる問題も討議し、並びに、第12条に規定する場合を除く

外、このような問題について、1若しくは2以上の関係国又は安全保障理事会あるいはこの両者に対して勧告をすることができる。このような問題で行動を必要とするものは、討議の前又は後に、総会によって安全保障理事会に付託されなければならない。
3 総会は、国際の平和及び安全を危くする虞のある事態について、安全保障理事会の注意を促すことができる。
4 本条に掲げる総会の権限は、第10条の一般的範囲を制限するものではない。
第12条 1 安全保障理事会がこの憲章によって与えられた任務をいずれかの紛争又は事態について遂行している間は、総会は、安全保障理事会が要請しない限り、この紛争又は事態について、いかなる勧告もしてはならない。
2 事務総長は、国際の平和及び安全の維持に関する事項で安全保障理事会が取り扱っているものを、その同意を得て、会期ごとに総会に対して通告しなければならない。事務総長は、安全保障理事会がその事項を取り扱うことをやめた場合にも、直ちに、総会又は、総会が開会中でないときは、国際連合加盟国に対して同様に通告しなければならない。
第13条 1 総会は、次の目的のために研究を発議し、及び勧告をする。
 a 政治的分野において国際協力を促進すること並びに国際法の漸進的発達及び法典化を奨励すること。
 b 経済的、社会的、文化的、教育的及び保健的分野において国際協力を促進すること並びに人種、性、言語又は宗教による差別なくすべての者のために人権及び基本的自由を実現するように援助すること。
2 前記の1bに掲げる事項に関する総会の他の責任、任務及び権限は、第9章及び第10章に掲げる。
第14条 第12条の規定を留保して、総会は、起因にかかわりなく、一般的福祉又は諸国間の友好関係を害する虞があると認めるいかなる事態についても、これを平和的に調整するための措置を勧告することができる。この事態には、国際連合の目的及び原則を定めるこの憲章の規定の違反から生ずる事態が含まれる。
第15条 1 総会は、安全保障理事会から年次報告及び特別報告を受け、これを審議する。この報告は、安全保障理事会が国際の平和と安全を維持するために決定し、又はとつた措置の説明を含まなければならない。
2 総会は、国際連合の他の機関から報告を受け、これを審議する。
第16条 総会は、第12章及び第14章に基いて与えられる国際信託統治制度に関する任務を遂行する。この任務には、戦略地区として指定されない地区に関する信託統治協定の承認が含まれる。
第17条 1 総会は、この機関の予算を審議し、且つ、承認する。
2 この機構の経費は、総会によって割り当てられるところに従って、加盟国が負担する。
3 総会は、第57条に掲げる専門機関との財政上及び予算上の取極を審議し、且つ、承認し、並びに、当該専門機関に勧告をする目的で、この専門機関の行政的予算を検査する。
表決
第18条 1 総会の各構成国は、1個の投票権を有する。
2 重要問題に関する総会の決定は、出席し且つ投票する構成国の3分の2の多数によって行われる。重要問題には、国際の平和及び安全の維持に関する勧告、安全保障理事会の非常任理事国の選挙、経済社会理事会の理事国の選挙、第86条1cによる信託統治理事会の理事国の選挙、新加盟国の国際連合への加盟の承認、加盟国としての権利及び特権の停止、加盟国の除名、信託統治制度の運用に関する問題並びに予算問題が含まれる。

3 その他の問題に関する決定は、3分の2の多数によって決定されるべき問題の新たな部類の決定を含めて、出席し且つ投票する構成国の過半数によって行われる。
第19条 この機構に対する分担金の支払が延滞している国際連合加盟国は、その延滞金の額がその時までの満2年間にその国から支払われるべきであった分担金の額に等しいか又はこれをこえるときは、総会で投票権を有しない。但し、総会は、支払の不履行がこのような加盟国にとってやむを得ない事情によると認めるときは、その加盟国に投票を許すことができる。
手続
第20条 総会は、年次通常会期として、また、必要がある場合に特別会期として会合する。特別会期は、安全保障理事会の要請又は国際連合加盟国の過半数の要請があったとき、事務総長が招集する。
第21条 総会は、その手続規則を採択する。総会は、その議長を会期ごとに選挙する。
第22条 総会は、その任務の遂行に必要と認める補助機関を設けることができる。

第5章 安全保障理事会

構成
第23条 1 安全保障理事会は、15の国際連合加盟国で構成する。中華民国、フランス、ソヴィエト社会主義共和国連邦、グレート・ブリテン及び北部アイルランド連合王国及びアメリカ合衆国は、安全保障理事会の常任理事国となる。総会は、第一に国際の平和及び安全の維持とこの機構のその他の目的とに対する国際連合加盟国の貢献に、更に衡平な地理的分配に особ妥当な考慮を払って、安全保障理事会の非常任理事国となる他の10の国際連合加盟国を選挙する。
2 安全保障理事会の非常任理事国は、2年の任期で選挙される。安全保障理事会の理事国の定数が11から15に増加された後の第1回の非常任理事国の選挙では、追加の4理事国のうち2理事国は、1年の任期で選ばれる。退任理事国は、引き続いて再選される資格がない。
3 安全保障理事会の各理事国は、1人の代表者を有する。
任務及び権限
第24条 1 国際連合の迅速且つ有効な行動を確保するために、国際連合加盟国は、国際の平和及び安全の維持に関する主要な責任を安全保障理事会に負わせるものとし、且つ、安全保障理事会がこの責任に基く義務を果すに当って加盟国に代って行動することに同意する。
2 前記の義務を果すに当っては、安全保障理事会は、国際連合の目的及び原則に従って行動しなければならない。この義務を果すために安全保障理事会に与えられる特定の権限は、第6章、第7章、第8章及び第12章で定める。
3 安全保障理事会は、年次報告を、また、必要があるときは特別報告を総会に審議のため提出しなければならない。
第25条 国際連合加盟国は、安全保障理事会の決定をこの憲章に従って受諾し且つ履行することに同意する。
表決
第26条 世界の人的及び経済的資源を軍備のために転用することを最も少くして国際の平和及び安全の確立及び維持を促進する目的で、第47条に掲げる軍事参謀委員会の援助を得て、作成する責任を負う。
第27条 1 安全保障理事会の各理事国は、1個の投票権を有する。
2 手続事項に関する安全保障理事会の決定は、7理事国の賛成投票によって行われる。
3 その他のすべての事項に関する安全保障理事会の決定は、常任理事国の同意投票を含む7理事国の賛成投票によって行われる。但し、第6章及び第52条3に基く決定については、紛争当事国は、投票を棄権しなければならない。

手続
第28条 1 安全保障理事会は、継続して任務を行うことができるように組織する。このために、安全保障理事会の各理事国は、この機構の所在地に常に代表者をおかなければならない。
2 安全保障理事会は、定期会議を開く。この会議においては、各理事国は、希望すれば、閣員又は特に指名する他の代表者によって代表されることができる。
3 安全保障理事会は、その事業を最も容易にすると認めるこの機構の所在地以外の場所で、会議を開くことができる。
第29条 安全保障理事会は、その任務の遂行に必要と認める補助機関を設けることができる。
第30条 安全保障理事会は、議長を選定する方法を含むその手続規則を採択する。
第31条 安全保障理事会の理事国でない国際連合加盟国は、安全保障理事会に付託された問題について、理事会がこの加盟国の利害に特に影響があると認めるときはいつでも、この問題の討議に投票権なしで参加することができる。
第32条 安全保障理事会の理事国でない国際連合加盟国又は国際連合加盟国でない国で、安全保障理事会の審議中の紛争の当事者であるときは、この紛争に関する討議に投票権なしで参加するように勧誘されなければならない。安全保障理事会は、国際連合加盟国でない国の参加のために公正と認める条件を定める。

第6章 紛争の平和的解決
第33条 1 いかなる紛争でもその継続が国際の平和及び安全の維持を危くする虞のあるものについて、その当事者は、まず第一に、交渉、審査、仲介、調停、仲裁裁判、司法的解決、地域的機関又は地域的取極の利用その他当事者が選ぶ平和的手段による解決を求めなければならない。
2 安全保障理事会は、必要と認めるときは、当事者に対して、その紛争を前記の手段によって解決するように要請する。
第34条 安全保障理事会は、いかなる紛争についても、国際的摩擦に導き又は紛争を発生させる虞のあるいかなる事態についても、その紛争又は事態の継続が国際の平和及び安全の維持を危くする虞があるかどうかを決定するために調査することができる。
第35条 1 国際連合加盟国は、いかなる紛争についても、第34条に掲げる性質のいかなる事態についても、安全保障理事会又は総会の注意を促すことができる。
2 国際連合加盟国でない国は、自国が当事者であるいかなる紛争についても、この憲章に定める平和的解決の義務をこの紛争についてあらかじめ受諾すれば、安全保障理事会又は総会の注意を促すことができる。
3 本条に基いて注意を促された事項に関する総会の手続は、第11条及び第12条の規定に従うものとする。
第36条 1 安全保障理事会は、第33条に掲げる性質の紛争又は同様の性質の事態のいかなる段階においても、適当な調整の手続又は方法を勧告することができる。
2 安全保障理事会は、当事者がすでに採用した紛争解決の手続を考慮に入れなければならない。
3 本条に基いて勧告するに当っては、安全保障理事会は、法律的紛争が国際司法裁判所規程の規定に従い当事者によって原則として同裁判所に付託されなければならないことも考慮に入れなければならない。
第37条 1 第33条に掲げる性質の紛争の当事者は、同条に示す手段によってこの紛争を解決することができなかったときは、これを安全保障理事会に付託しなければならない。
2 安全保障理事会は、紛争の継続が国際の平和及び安全の維持を危くする虞が実際にあると認めるときは、第36条に基く行動をとるか、適当と認める解決条件を勧告するかのいずれかを決定しなければならない。

第38条 第33条から第37条までの規定にかかわらず、安全保障理事会は、いかなる紛争についても、すべての紛争当事者が要請すれば、その平和的解決のためにこの当事者に対して勧告をすることができる。

第7章 平和に対する脅威、平和の破壊及び侵略行為に関する行動
第39条 安全保障理事会は、平和に対する脅威、平和の破壊又は侵略行為の存在を決定し、並びに、国際の平和及び安全を回復するために、いかなる措置をとるか、又は第41条及び第42条に従っていかなる措置をとるかを決定する。
第40条 事態の悪化を防ぐため、第39条の規定により勧告をし、又は措置を決定する前に、安全保障理事会は、必要又は望ましいと認める暫定措置に従うように関係当事者に要請することができる。この暫定措置は、関係当事者の権利、請求権又は地位を害するものではない。安全保障理事会は、関係当事者がこの暫定措置に従わなかったときは、そのことに妥当な考慮を払わなければならない。
第41条 安全保障理事会は、その決定を実施するために、兵力の使用を伴わないいかなる措置を使用すべきかを決定することができ、且つ、この措置を適用するように国際連合加盟国に要請することができる。この措置は、経済関係及び鉄道、航海、航空、郵便、電信、無線通信その他の運輸通信の手段の全部又は一部の中断並びに外交関係の断絶を含むことができる。
第42条 安全保障理事会は、第41条に定める措置では不十分であろうと認め、又は不十分なことが判明したと認めるときは、国際の平和及び安全の維持又は回復に必要な空軍、海軍又は陸軍の行動をとることができる。この行動は、国際連合加盟国の空軍、海軍又は陸軍による示威、封鎖その他の行動を含むことができる。
第43条 1 国際の平和及び安全の維持に貢献するため、すべての国際連合加盟国は、安全保障理事会の要請に基き且つ1つ又は2つ以上の特別協定に従って、国際の平和及び安全の維持に必要な兵力、援助及び便益を安全保障理事会に利用させることを約束する。この便益には、通過の権利が含まれる。
2 前記の協定は、兵力の数及び種類、その出動準備程度及び一般的配置並びに提供されるべき便益及び援助の性質を規定する。
3 前記の協定は、安全保障理事会の発議によって、なるべくすみやかに交渉する。この協定は、安全保障理事会と加盟国群との間に締結され、且つ、署名国によって各自の憲法上の手続に従って批准されなければならない。
第44条 安全保障理事会は、兵力を用いることに決定したときは、理事会に代表されていない加盟国に対して第43条に基いて負った義務の履行として兵力を提供することを要請する前に、その加盟国が希望すれば、その加盟国の兵力中の割当部隊の使用に関する安全保障理事会の決定に参加するようにその加盟国を勧誘しなければならない。
第45条 国際連合が緊急の軍事措置をとることができるようにするために、加盟国は、合同の国際的強制行動のため国内空軍割当部隊を直ちに利用に供することができるように保持しなければならない。これらの割当部隊の数及び出動準備程度並びにその合同行動の計画は、第43条に掲げる1又は2以上の特別協定の定める範囲内で、軍事参謀委員会の援助を得て安全保障理事会が決定する。
第46条 兵力の使用計画は、軍事参謀委員会の援助を得て安全保障理事会が作成する。
第47条 1 国際の平和及び安全の維持のための安全保障理事会の軍事的要求、理事会の自由に任された兵力の使用及び指揮、軍備規制並びに可能な軍備縮小に関するすべての問題について理事会に助言及び援助を与えるために、軍事参謀

委員会を設ける。
2 軍事参謀委員会は、安全保障理事会の常任理事国の参謀総長又はその代表者で構成する。この委員会に常任委員として代表されていない国際連合加盟国は、委員会の責任の有効な遂行のため委員会の事業へのその国の参加が必要であるときは、委員会によってこれと提携するように勧誘されなければならない。
3 軍事参謀委員会は、安全保障理事会の下で、理事会の自由に任された兵力の戦略的指導について責任を負う。この兵力の指揮に関する問題は、後に解決する。
4 軍事参謀委員会は、安全保障理事会の許可を得て、且つ、適当な地域的機関と協議した後に、地域的小委員会を設けることができる。
第 48 条 1 国際の平和及び安全の維持のための安全保障理事会の決定を履行するのに必要な行動は、安全保障理事会が定めるところに従って国際連合加盟国の全部又は一部によってとられる。
2 前記の決定は、国際連合加盟国によって直接に、また、国際連合加盟国が参加している適当な国際機関におけるこの加盟国の行動によって履行される。
第 49 条 国際連合加盟国は、安全保障理事会が決定した措置を履行するに当つて、共同して相互援助を与えなければならない。
第 50 条 安全保障理事会がある国に対して防止措置又は強制措置をとつたときは、他の国でこの措置の履行から生ずる特別の経済問題に自国が当面したと認めるものは、国際連合加盟国であるかどうかを問わず、この問題の解決について安全保障理事会と協議する権利を有する。
第 51 条 この憲章のいかなる規定も、国際連合加盟国に対して武力攻撃が発生した場合には、安全保障理事会が国際の平和及び安全の維持に必要な措置をとるまでの間、個別的又は集団的自衛の固有の権利を害するものではない。この自衛権の行使に当つて加盟国がとつた措置は、直ちに安全保障理事会に報告しなければならない。また、この措置は、安全保障理事会が国際の平和及び安全の維持又は回復のために必要と認める行動をいつでもとることのこの憲章に基く権能及び責任に対しては、いかなる影響も及ぼすものではない。

第 8 章 地域的取極
第 52 条 1 この憲章のいかなる規定も、国際の平和及び安全の維持に関する事項で地域的行動に適当なものを処理するための地域的取極又は地域的機関が存在することを妨げるものではない。但し、この取極又は機関及びその行動が国際連合の目的及び原則と一致することを条件とする。
2 前記の取極を締結し、又は前記の機関を組織する国際連合加盟国は、地方的紛争を安全保障理事会に付託する前に、この地域的取極又は地域的機関によつてこの紛争を平和的に解決するようにあらゆる努力をしなければならない。
3 安全保障理事会は、関係国の発意に基くものであるか安全保障理事会からの付託によるものであるかを問わず、前記の地域的取極又は地域的機関による地方的紛争の平和的解決の発達を奨励しなければならない。
4 本条は、第34条及び第35条の適用をなんら害するものではない。
第 53 条 1 安全保障理事会は、その権威の下における強制行動のために、適当な場合には、前記の地域的取極又は地域的機関を利用する。但し、いかなる強制行動も、安全保障理事会の許可がなければ、地域的取極に基いて又は地域的機関によつてとられてはならない。もつとも、本条2に定める敵国のいずれかに対する措置で、第107条に従つて規定されるもの又はこの敵国における侵略政策の再現に備える地域的取極において規定されるものは、関係政府の要請に基いてこの機構がこの敵国による新たな侵略を防止する責任を負う

ときまで例外とする。
2 本条1で用いる敵国という語は、第2次世界大戦中にこの憲章のいずれかの署名国の敵国であつた国に適用される。
第 54 条 安全保障理事会は、国際の平和及び安全の維持のために地域的取極に基いて又は地域的機関によつて開始され又は企図されている活動について、常に十分に通報されていなければならない。

第 9 章 経済的及び社会的国際協力
第 55 条 人民の同権及び自決の原則の尊重に基礎をおく諸国間の平和的且つ友好的関係に必要な安定及び福祉の条件を創造するために、国際連合は、次のことを促進しなければならない。
a 一層高い生活水準、完全雇用並びに経済的及び社会的の進歩及び発展の条件
b 経済的、社会的及び保健的国際問題と関係国際問題の解決並びに文化的及び教育的国際協力
c 人権、性、言語又は宗教による差別のないすべての者のための人権及び基本的自由の普遍的な尊重及び遵守
第 56 条 すべての加盟国は、第55条に掲げる目的を達成するために、この機構と協力して、共同及び個別の行動をとることを誓約する。
第 57 条 1 政府間の協定によつて設けられる各種の専門機関で、経済的、社会的、文化的、教育的及び保健的分野並びに関係分野においてその基本的文書で定めるところにより広い国際的責任を有するものは、第63条の規定に従つた国際連合と連携関係をもたされなければならない。
2 こうして国際連合と連携関係をもたされる前記の機関は、以下専門機関という。

第 10 章 経済社会理事会
構成
第 61 条 1 経済社会理事会は、総会によつて選挙される54の国際連合加盟国で構成する。
2 3の規定を留保して、経済社会理事会の18理事国は、3年の任期で毎年選挙される。退任理事国は、引き続いて再選される資格がある。
3 経済社会理事会の定数が27から54に増加された後の第1回の選挙では、その年の終りに任期が終了する9理事国に代わつて選挙される理事国に加えて、更に27理事国が選挙される。このようにして選挙された追加の27理事国のうち、総会の定めるところに従つて、9理事国の任期は1年の終りに、他の9理事国の任期は2年の終りに終了する。
4 経済社会理事会の各理事国は、1人の代表者を有する。
任務及び権限
第 62 条 1 経済社会理事会は、経済的、社会的、文化的、教育的及び保健的国際事項並びに関係国際事項に関する研究及び報告を行い、又は発議し、並びにこれらの事項に関して総会、国際連合加盟国及び関係専門機関に勧告をすることができる。
2 理事会は、すべての者のための人権及び基本的自由の尊重及び遵守を助長するために、勧告をすることができる。
3 理事会は、その権限に属する事項について、総会に提出するための条約案を作成することができる。
4 理事会は、国際連合の定める規則に従つて、その権限に属する事項について国際会議を招集することができる。
第 63 条 1 経済社会理事会は、第57条に掲げる機関のいずれとの間にも、その機関が国際連合と連携関係をもたされるについての条件を定める協定を締結することができる。この協定は、総会の承認を受けなければならない。
2 理事会は、専門機関との協議及び専門機関に対する勧告並びに総会及び国際連合加盟国に対する勧告によつて、専門機関の活動を調整することができる。
第 64 条 1 経済社会理事会は、専門機関から定期報告を受

けるために、適当な措置をとることができる。理事会は、理事会の勧告と理事会の権限に属する事項に関する総会の勧告とを実施するためにとられた措置について報告を受けるため、国際連合加盟国及び専門機関と取極を行うことができる。
2 理事会は、前記の報告に関するその意見を総会に通報することができる。
表決
第67条 1 経済社会理事会の各理事国は、1個の投票権を有する。
2 経済社会理事会の決定は、出席し且つ投票する理事国の過半数によって行われる。
手続
第68条 経済社会理事会は、経済的及び社会的分野における委員会、人権の伸張に関する委員会並びに自己の任務の遂行に必要なその他の委員会を設ける。
第71条 経済社会理事会は、その権限内にある事項に関係のある民間団体と協議するために、適当な取極を行うことができる。この取極は、国際団体との間に、また、適当な場合には、関係のある国際連合加盟国と協議した後に国内団体との間に行うことができる。

第14章　国際司法裁判所

第92条 国際司法裁判所は、国際連合の主要な司法機関である。この裁判所は、附属の規程に従って任務を行う。この規程は、常設国際司法裁判所規程を基礎とし、且つ、この憲章と不可分の一体をなす。
第93条 1 すべての国際連合加盟国は、当然に、国際司法裁判所規程の当事国となる。
2 国際連合加盟国でない国は、安全保障理事会の勧告に基いて総会が各場合に決定する条件で国際司法裁判所規程の当事国となることができる。
第94条 1 各国際連合加盟国は、自国が当事者であるいかなる事件においても、国際司法裁判所の裁判に従うことを約束する。
2 事件の一方の当事者が裁判所の与える判決に基いて自国が負う義務を履行しないときは、他方の当事者は、安全保障理事会に訴えることができる。理事会は、必要と認めるときは、判決を執行するために勧告をし、又はとるべき措置を決定することができる。
第95条 この憲章のいかなる規定も、国際連合が相互間の紛争の解決を既に存在し又は将来締結する協定によって他の裁判所に付託することを妨げるものではない。
第96条 1 総会又は安全保障理事会は、いかなる法律問題についても勧告的意見を与えるように国際司法裁判所に要請することができる。
2 国際連合のその他の機関及び専門機関でいずれかの時に総会の許可を得るものは、また、その活動の範囲内において生ずる法律問題について裁判所の勧告的意見を要請することができる。

第15章　事務局

第97条 事務局は、1人の事務総長及びこの機構が必要とする職員からなる。事務総長は、安全保障理事会の勧告に基いて総会が任命する。事務総長は、この機構の行政職員の長である。
第98条 事務総長は、総会、安全保障理事会、経済社会理事会及び信託統治理事会のすべての会議において事務総長の資格で行動し、且つ、これらの機関から委託される他の任務を遂行する。事務総長は、この機構の事業について総会に年次報告を行う。
第99条 事務総長は、国際の平和及び安全の維持を脅威すると認める事項について、安全保障理事会の注意を促すことができる。

第100条 1 事務総長及び職員は、その任務の遂行に当って、いかなる政府からも又はこの機構外のいかなる他の当局からも指示を求め、又は受けてはならない。事務総長及び職員は、この機構に対してのみ責任を負う国際的職員としての地位を損ずる虞のあるいかなる行動も慎まなければならない。
2 各国際連合加盟国は、事務総長及び職員の責任のもっぱら国際的な性質を尊重すること並びにこれらの者が責任を果たすに当ってこれらの者を左右しようとしないことを約束する。

第16章　雑則

第102条 1 この憲章が効力を生じた後に国際連合加盟国が締結するすべての条約及びすべての国際協定は、なるべくすみやかに事務局に登録され、且つ、事務局によって公表されなければならない。
2 前記の条約又は国際協定で本条1の規定に従って登録されていないものの当事国は、国際連合のいかなる機関に対しても当該条約又は協定を援用することができない。
第103条 国際連合加盟国のこの憲章に基く義務と他のいずれかの国際協定に基く義務とが抵触するときは、この憲章に基く義務が優先する。
第104条 この機構は、その任務の遂行及びその目的の達成のために必要な法律上の能力を各加盟国の領域において享有する。
第105条 1 この機構は、その目的の達成に必要な特権及び免除を各加盟国の領域において享有する。
2 これと同様に、国際連合加盟国の代表者及びこの機構の職員は、この機構に関連する自己の任務を独立に遂行するために必要な特権及び免除を享有する。
3 総会は、本条1及び2の適用に関する細目を決定するために勧告をし、又はそのために国際連合加盟国に条約を提案することができる。

第17章　安全保障の過渡的規定

第107条 この憲章のいかなる規定も、第2次世界大戦中にこの憲章の署名国の敵であった国に関する行動でその行動について責任を有する政府がこの戦争の結果としてとり又は許可したものを無効にし、又は排除するものではない。

第18章　改正

第108条 この憲章の改正は、総会の構成国の3分の2の多数で採択され、且つ、安全保障理事会のすべての常任理事国を含む国際連合加盟国の3分の2によって各自の憲法上の手続きに従って批准された時に、すべての国際連合加盟国に対して効力を生ずる。

第19章　批准及び署名

第111条 この憲章は、中国語、フランス語、ロシア語、英語及びスペイン語の本文をひとしく正文とし、アメリカ合衆国政府の記録に寄託しておく。この憲章の認証謄本は、同政府が他の署名国の政府に送付する。

国際聯盟規約

署　　名　1919年6月28日
効力発生　1920年1月10日
日本国　　1920年1月10日

第10条　聯盟国ハ、聯盟各国ノ領土保全及現在ノ政治的独立ヲ尊重シ、且外部ノ侵略ニ対シ之ヲ擁護スルコトヲ約ス。右侵略ノ場合又ハ其ノ脅威若ハ危険アル場合ニ於テハ、聯盟理事会ハ、本条ノ義務ヲ履行スヘキ手段ヲ具申スヘシ。

第11条　1　戦争又ハ戦争ノ脅威ハ、聯盟国ノ何レカニ直接ノ影響アルト、否トヲ問ハス、総テ聯盟全体ノ利害関係事項タルコトヲ茲ニ声明シ、仍テ聯盟国ハ、国際ノ平和ヲ擁護スル為適当且有効ト認ムル措置ヲ執ルヘキモノトス。此ノ種ノ事変発生シタルトキハ、事務総長ハ、何レカノ聯盟国ノ請求ニ基キ直ニ聯盟理事会ノ会議ヲ招集スヘシ。

2　国際関係ニ影響スル一切ノ事態ニシテ国際ノ平和又ハ其ノ基礎タル各国間ノ良好ナル了解ヲ攪乱セムトスル虞アルモノニ付、聯盟総会又ハ聯盟理事会ノ注意ヲ喚起スルハ、聯盟各国ノ友誼ノ権利ナルコトヲ併セテ茲ニ声明ス。

第12条　1　聯盟国ハ、聯盟国間ニ国交断絶ニ至ルノ虞アル紛争発生スルトキハ、当該事件ヲ仲裁裁判若ハ司法ノ解決又ハ聯盟理事会ノ審査ニ付スヘク、且仲裁裁判官ノ判決若ハ司法裁判ノ判決或ハ聯盟理事会ノ報告後3月ヲ経過スル迄、如何ナル場合ニ於テモ、戦争ニ訴ヘサルコトヲ約ス。

2　本条ニ依ル一切ノ場合ニテ、仲裁裁判官ノ判決又ハ司法裁判ノ判決ハ、相当期間内ニ、聯盟理事会ノ報告ハ、紛争事件付託後6月以内ニ之ヲ為スヘシ。

第13条　1　聯盟国ハ、聯盟国間ニ仲裁裁判又ハ司法的ノ解決ニ付シ得ト認ムル紛争ヲ生シ、其ノ紛争カ外交手段ニ依リテ満足ナル解決ヲ得ルコトヲ得サルトキハ、当該事件全部ヲ仲裁裁判又ハ司法ノ解決ニ付スヘキコトヲ約ス。

2　条約ノ解釈、国際法上ノ問題、国際義務ノ違反ト為ルヘキ事実ノ存否並該違反ニ対スル賠償ノ範囲及性質ニ関スル紛争ハ、一般ニ仲裁裁判又ハ司法ノ解決ニ付シ得ル事項ニ属スルモノナルコトヲ声明ス。

3　審理ノ為紛争事件ヲ付託スヘキ裁判所ハ、第14条ノ規定ニ依リ設立セラレタル常設国際司法裁判所又ハ当事国ノ合意ヲ以テ定メ若ハ当事国間ニ現存スル条約ノ規定ノ定ムル裁判所タルヘシ。

4　聯盟国ハ、一切ノ判決ヲ誠実ニ履行スヘク、且判決ニ服スル聯盟国ニ対シテ戦争ニ訴ヘサルコトヲ約ス。判決ヲ履行セサルモノアルトキハ、聯盟理事会ハ、其ノ履行ヲ期スル為必要ナル処置ヲ提議スヘシ。

第14条　聯盟理事会ハ、常設国際司法裁判所設置案ヲ作成シ、之ヲ聯盟国ノ採択ニ付スヘシ。該裁判所ハ、国際的性質ヲ有スル一切ノ紛争ニシテ其ノ当事国ノ付託ニ係ルモノヲ裁判スルノ権限ヲ有ス。尚該裁判所ハ、聯盟理事会又ハ聯盟総会ノ諮問スル一切ノ紛争又ハ問題ニ関シ意見ヲ提出スルコトヲ得。

第15条　1　聯盟国間ニ国交断絶ニ至ルノ虞アル紛争発生シ、第13条ニ依リ仲裁裁判又ハ司法的ノ解決ニ付セラレサルトキハ、聯盟国ハ、該事件ヲ聯盟理事会ニ付託スヘキコトヲ約ス。何レノ紛争当事国モ、紛争ノ存在ヲ事務総長ニ通告シ以テ前記ノ付託ヲ為スコトヲ得。事務総長ハ、之カ充分ナル取調及審理ニ必要ナル一切ノ準備ヲ為スモノトス。

2　此ノ目的ノ為、紛争当事国ハ、成ルヘク速ニ当該事件ニ関スル陳述書ヲ一切ノ関係事実及書類ト共ニ事務総長ニ提出スヘク、聯盟理事会ハ、直ニ其ノ公表ヲ命スルコトヲ得。

3　聯盟理事会ハ、紛争解決ニカムヘク、其ノ努力功ヲ奏シタルトキハ、其ノ適当ト認ムル所ニ依リ、当該紛争ニ関ス

ル事実及説明並其ノ解決条件ヲ記載セル調書ヲ公表スヘシ。

4　紛争解決ニ至ラサルトキハ、聯盟理事会ハ、全会一致又ハ過半数ノ表決ニ基キ当該紛争ノ事実ヲ述ヘ、公正且適当ト認ムル勧告ヲ載セタル報告書ヲ作成シ之ヲ公表スヘシ。

5　聯盟理事会ニ代表セラルル聯盟国ハ、何レモ当該紛争ノ事実及之ニ関スル自国ノ決定ニ付陳述書ヲ公表スルコトヲ得。

6　聯盟理事会ノ報告書カ紛争当事国ノ代表者ヲ除キ他ノ聯盟理事会員全部ノ同意ヲ得タルモノナルトキハ、聯盟国ハ、該報告書ノ勧告ニ応スル紛争当事国ニ対シ戦争ニ訴ヘサルヘキコトヲ約ス。

7　聯盟理事会ニ於テ、紛争当事国ノ代表者ヲ除キ、他ノ聯盟理事会員全部ノ同意アル報告書ヲ得ルニ至ラサルトキハ、聯盟国ハ、正義公道ヲ維持スル為必要ト認ムル処置ヲ執ルノ権利ヲ留保ス。

8　紛争当事国ノ1国ニ於テ、紛争カ国際法上専ラ該当事国ノ管轄ニ属スル事項ニ付生シタルモノナルコトヲ主張シ、聯盟理事会之ヲ是認シタルトキハ、聯盟理事会ハ、其ノ旨ヲ報告シ、且之力解決ニ関シ何等ノ勧告ヲモ為ササルヘシ。

9　聯盟理事会ハ、本条ニ依ル一切ノ場合ニ於テ紛争ヲ聯盟総会ニ移スコトヲ得。紛争当事国一方ノ請求アリタルトキハ、亦之ヲ聯盟総会ニ移スヘシ。但シ右請求ハ、紛争ヲ聯盟理事会ニ付託シタル後14日以内ニ之ヲ為スヘシ。

10　聯盟理事会ノ行動及権限ニ関スル本条及第12条ノ規定ハ、聯盟総会ニ移シタル事件ニ関シ、総テ之ヲ聯盟総会ノ行動及権限ニ適用ス。但シ紛争当事国ノ代表者ヲ除キ聯盟理事会ニ代表セラルル聯盟国各国代表者及爾余過半数聯盟国ノ代表者ノ同意ヲ得タル聯盟総会ノ報告書ハ、紛争当事国ノ代表者ヲ除キ他ノ聯盟理事会員全部ノ同意ヲ得タル聯盟理事会ノ報告書ト同一ノ効力ヲ有スヘキモノトス。

第16条　1　第12条、第13条又ハ第15条ニ依ル約束ヲ無視シテ戦争ニ訴ヘタル聯盟国ハ、当然他ノ総テノ聯盟国ニ対シ戦争行為ヲ為シタルモノト看做ス。他ノ総テノ聯盟国ハ、之ニ対シ直ニ一切ノ通商上又ハ金融上ノ関係ヲ断絶シ、自国民ト違約国国民トノ一切ノ交通ヲ禁止シ、且聯盟国タルト否トヲ問ハス他ノ総テノ国ノ国民ト違約国国民トノ間ノ一切ノ金融上、通商上又ハ個人的ノ交通ヲ防遏スヘキコトヲ約ス。

2　聯盟理事会ハ、前項ノ場合ニ於テ聯盟ノ約束擁護ノ為使用スヘキ兵力ニ対シ聯盟各国ノ陸海又ハ空軍ノ分担程度ヲ関係各国政府ニ提案スルノ義務アルモノトス。

3　聯盟国ハ、本条ニ依リ金融上及経済上ノ措置ヲ執リタル場合ニ於テ之ニ基ク損失及不便ヲ最小限度ニ止ムル為相互ニ支持スヘキコト、聯盟ノ1国ニ対スル違約国ノ特殊ノ措置ヲ抗拒スル為相互ニ支持スヘキコト、並聯盟ノ約束擁護ノ為協力スル聯盟国軍隊ノ版図内通過ニ付必要ナル処置ヲ執ルヘキコトヲ約ス。

4　聯盟ノ約束ニ違反シタル聯盟国ニ付テハ、聯盟理事会ニ代表セラルル他ノ一切ノ聯盟国代表者ノ聯盟理事会ニ於ケル一致ノ表決ヲ以テ、聯盟ヨリ之ヲ除名スル旨ヲ声明スルコトヲ得。

第22条　1　今次ノ戦争ノ結果従前支配シタル国ノ統治ヲ離レタル殖民地及領土ニシテ近代世界ノ激甚ナル生存競争状態ノ下ニ未タ自立シ得サル人民ノ居住スルモノニ対シテハ、該人民ノ福祉及発達ヲ計ルカ、文明ノ神聖ナル使命ナルコト、及其ノ使命遂行ノ保障ハ本規約中ニ之ヲ包容スルコトノ主義ヲ適用ス。

2　此ノ主義ヲ実現スル最善ノ方法ハ、該人民ニ対スル後見ノ任務ヲ先進国ニシテ資源、経験又ハ地理的位置ニ因リ最此ノ責任ヲ引受クルニ適シ且之ヲ受諾スルモノニ委任シ、之ヲシテ聯盟ニ代リ受任国トシテ右後見ノ任務ヲ行ハシムルニ在リ。

3　委任ノ性質ニ付テハ、人民発達ノ程度、領土ノ地理的地

位、経済状態其ノ他類似ノ事情ニ従ヒ差異ヲ設クルコトヲ要ス。
4 従前トルコ帝国ニ属シタル或部族ハ、独立国トシテ仮承認ヲ受ケ得ル発達ノ程度ニ達シタリ。尤モ其ノ自立シ得ル時期ニ至ル迄、施政上受任国ノ助言及援助ヲ受クヘキモノトス。前記受任国ノ選定ニ付テハ、主トシテ当該部族ノ希望ヲ考慮スルコトヲ要ス。
5 他ノ人民殊ニ中央アフリカノ人民ハ、受任国ニ於テ其ノ地域ノ施政ノ責ニ任スヘキ程度ニ在リ。尤モ受任国ハ、公ノ秩序及善良ノ風俗ニ反セサル限リ良心及信教ノ自由ヲ許与シ、奴隷ノ売買又ハ武器若ハ火酒類ノ取引ノ如キ弊習ヲ禁止シ、並築城又ハ陸海軍根拠地ノ建設及警察又ハ地域防衛以外ノ為ニスル土民ノ軍事教育ヲ禁遏スヘキコトヲ保障シ、且他ノ聯盟国ノ通商貿易ニ対シ均等ノ機会ヲ確保スルコトヲ要ス。
6 西南アフリカ及或南太平洋諸島ノ如キ地域ハ、人口ノ稀薄、面積ノ狭小、文明ノ中心ヨリ遠キコト又ハ受任国領土ト隣接セルコト其ノ他ノ事情ニ因リ受任国領土ノ構成部分トシテ其ノ国法ノ下ニ施政ヲ行フヲ以テ最善トス。但シ受任国ハ、土著人民ノ利益ノ為前記ノ保障ヲ与フルコトヲ要ス。
7 各委任ノ場合ニ於テ、受任国ハ、其ノ委託地域ニ関スル年報ヲ聯盟理事会ニ提出スヘシ。
8 受任国ノ行ノ権限、監理又ハ施政ノ程度ニ関シ、予メ聯盟国間ニ合意ナキトキハ、聯盟理事会ハ、各場合ニ付之ヲ明定スヘシ。
9 受任国ノ年報ヲ受理審査セシメ、且委任ノ実行ニ関スル一切ノ事項ニ付聯盟理事会ニ意見ヲ具申セシムル為、常設委員会ヲ設置スヘシ。

第23条 聯盟国ハ、現行又ハ将来協定セラルヘキ国際条約ノ規定ヲ遵由シ、
(a) 自国内ニ於テ及其ノ通商産業関係ノ及フ一切ノ国ニ於テ、男女及児童ノ為ニ、公平ニシテ人道的ナル労働条件ヲ確保スルニメ、且之カ必要ナル国際機関ヲ設立維持スヘシ。
(b) 自国ノ監理ニ属スル地域内ノ土著住民ニ対シ、公正ナル待遇ヲ確保スルコトヲ約ス。
(c) 婦人及児童ノ売買並阿片其ノ他ノ有害薬物ノ取引ニ関スル取極ノ実行ニ付、一般監視ヲ聯盟ニ委託スヘシ。
(d) 武器及弾薬ノ取引ヲ共通ノ利益上取締スルコトカ必要アル諸国トノ間ニ於ケル該取引ノ一般監視ヲ聯盟ニ委託スヘシ。
(e) 交通及通過ノ自由並一切ノ聯担国ノ通商ニ対シ衡平ナル待遇ヲ確保スル為方法ヲ講スヘシ。右ニ関シテハ、1914年乃至1918年ノ戦役中荒廃ニ帰シタル地方ノ特殊ノ事情ヲ考慮スヘシ。
(f) 疾病ノ予防及撲滅ノ為、国際利害関係事項ニ付措置ヲ執ルニ力ムヘシ。

戦争抛棄ニ関スル條約（不戦条約）

署 名　1928年8月27日
効力発生　1929年7月24日
日 本 国　1929年7月24日

第1条 締約国ハ国際紛争解決ノ為戦争ニ訴フルコトヲ非トシ且其ノ相互関係ニ於テ国家ノ政策ノ手段トシテノ戦争ヲ抛棄スルコトヲ其ノ各自ノ人民ノ名ニ於テ厳粛ニ宣言ス
第2条 締約国ハ相互間ニ起ルコトアルヘキ一切ノ紛争又ハ紛議ハ其ノ性質又ハ起因ノ如何ヲ問ハス平和的手段ニ依ルノ外之カ処理又ハ解決ヲ求メサルコトヲ約ス

国際司法裁判所規程

採 択　1945年6月26日
効力発生　1945年10月24日
日 本 国　1954年4月2日

第36条 1 裁判所の管轄は、当事者が裁判所に付託するすべての事件及び国際連合憲章又は現行諸条約に特に規定するすべての事項に及ぶ。
2 この規程の当事者である国は、次の事項に関するすべての法律的紛争についての裁判所の管轄を同一の義務を受諾する他の国に対する関係において当然に且つ特別の合意なしに義務的であると認めることを、いつでも宣言することができる。
a 条約の解釈
b 国際法上の問題
c 認定されれば国際義務の違反となるような事実の存在
d 国際義務の違反に対する賠償の性質又は範囲
3 前記の宣言は、無条件で、多数の国若しくは一定の国との相互条件で、又は一定の期間を付して行うことができる。
4 この宣言書は、国際連合事務総長に寄託され、事務総長は、その謄本を規程の当事国及び裁判所書記に送付する。
5 常設国際司法裁判所規程第36条に基いて行われた宣言でなお効力を有する当事国の間では、宣言が今後存続すべき期間中及び宣言の条項に従って国際司法裁判所の義務的管轄を受諾しているものとみなす。
6 裁判所が管轄権を有するかどうかについて争がある場合には、裁判所の裁判で決する。
第38条 1 裁判所は、付託される紛争を国際法に従って裁判することを任務とし、次のものを適用する。
a 一般又は特別の国際条約で係争国が明らかに認めた規則を確立しているもの
b 法として認められた一般慣行の証拠としての国際慣習
c 文明国が認めた法の一般原則
d 法則決定の補助手段としての裁判上の判決及び諸国の最も優秀な国際法学者の学説。但し、第59条の規定に従うことを条件とする。
2 この規定は、当事者の合意があるときは、裁判所が衡平及び善に基いて裁判をする権限を害するものではない。
第41条 1 .裁判所は、事情によって必要と認めるときは、各当事者のそれぞれの権利を保全するためにとられるべき暫定措置を指示する権限を有する。
2 終結判決があるまでは、指示される措置は、直ちに当事者及び安全保障理事会に通告される。
第59条 裁判所の裁判は、当事者間において且つその特定の事件に関してのみ拘束力を有する。

極東国際軍事裁判所条例

公 布　1946年1月19日
改 正　1946年4月26日

第5条（人並ニ犯罪ニ関スル管轄） 本裁判所ハ、平和ニ対スル罪ヲ包含セル犯罪ニ付個人トシテ又ハ団体員トシテ訴追セラレタル極東戦争犯罪人ヲ審理シ処罰スルノ権限ヲ有ス。
左ニ掲グル一ハ数個ノ行為ハ個人責任アルモノトシ本裁判所ノ管轄ニ属スル犯罪トス。
（a）平和ニ対スル罪 即チ、宣戦ヲ布告セル又ハ布告セザル侵略戦争、若ハ国際法、条約、協定又ハ誓約ニ違反セル戦争ノ計画、準備、開始、又ハ遂行、若ハ右諸行為ノ何レカヲ

達成スル為メノ共通ノ計画又ハ共同謀議ヘノ参加。
(b) 通例ノ戦争犯罪　即チ、戦争ノ法規又ハ慣例ノ違反。
(c) 人道ニ対スル罪　即チ、戦前又ハ戦時中為サレタル殺人、殲滅、奴隷的虐使、追放、其ノ他ノ非人道的行為、若ハ犯行地ノ国内法違反タルト否トヲ問ハズ、本裁判所ノ管轄ニ属スル犯罪ノ遂行トシテ又ハ之ニ関連シテ為サレタル政治的又ハ人種的理由ニ基ク迫害行為。

上記犯罪ノ何レカヲ犯サントスル共通ノ計画又ハ共同謀議ノ立案又ハ実行ニ参加セル指導者、組織者、教唆者及ビ共犯者ハ、斯カル計画ノ遂行上為サレタル一切ノ行為ニ付、其ノ何人ニ依リテ為サレタルトヲ問ハズ、責任ヲ有ス。

関税及び貿易に関する一般協定（GATT）
作　　成　1947年10月30日
適　　用　1948年1月1日
日　本　国　1955年9月10日

第1条（一般的最恵国待遇）　1　いずれかの種類の関税及び課徴金で、輸入若しくは輸出について若しくはそれらに関連して課され、又は輸入若しくは輸出のための支払手段の国際的移転について課せられるものに関し、それらの関税及び課徴金の徴収の方法に関し、輸入及び輸出に関連するすべての規則及び手続に関し、並びに第3条2及び4に掲げるすべての事項に関しては、いずれかの締約国が他国の原産の産品又は他国に仕向けられる産品に対して許与する利益、特典、特権又は免除は、他のすべての締約国の領域の原産の同種の産品又はそれらの領域に仕向けられる同種の産品に対して、即時かつ無条件に許与しなければならない。

第2条（譲許表）　1　(a)　各締約国は、他の締約国の通商に対し、この協定に附属する該当の譲許表の該当の部に定める待遇より不利でない待遇を許与するものとする。
(b)　いずれかの締約国の譲許表の第1部に掲げる産品に該当する他の締約国の領域の産品は、その譲許表が関係する領域への輸入に際し、その譲許表に定める条件又は制限に従うことを条件として、その譲許表に定める関税をこえる通常の関税を免除される。これらの産品は、また、輸入について又は輸入に関連して課せられるその他のすべての種類の租税又は課徴金で、この協定の日付の日に課せられているものをこえるもの又はその日にその輸入領域において有効である法令によりその後課することを直接にかつ義務的に要求されているものをこえるものを免除される。
(c)　いずれかの締約国の譲許表の第2部に掲げる産品に該当するものであつて、その譲許表が関係する領域への輸入に際して特恵待遇を受ける権利を前条の規定により与えられている領域の産品であるものは、その輸入領域への輸入に際し、その譲許表に定める条件又は制限に従うことを条件として、その譲許表の第2部に定める通常の関税を免除される。これらの産品は、また、輸入について又は輸入に関連して課せられるその他のすべての種類の租税又は課徴金で、この協定の日付の日に課せられているものをこえるもの又はその日にその輸入領域において有効である法令によりその後課することを直接にかつ義務的に要求されているものをこえるものを免除される。この条のいかなる規定も、特恵税率による産品の輸入のための適格要件については、締約国がこの協定の日付の日に存在する要件を維持することを妨げるものではない。

第3条（内国の課税及び規則に関する内国民待遇）　1　締約国は、内国税その他の内国課徴金と、産品の国内における販売、販売のための提供、購入、輸送、分配又は使用に関する法令及び要件並びに特定の数量又は割合による産品の混合、加工又は使用を要求する内国の数量規則が、国内生産に保護を与えるように輸入産品又は国内産品に適用してはならないことを認める。

2　いずれかの締約国の領域の産品で他の締約国の領域に輸入されるものは、同種の国内産品に直接又は間接に課せられるいかなる種類の内国税その他の内国課徴金をこえる内国税その他の内国課徴金も、直接であると間接であるとを問わず、課せられることはない。さらに、締約国は、前項に定める原則に反する方法で内国税その他の内国課徴金を輸入産品又は国内産品に課してはならない。

第20条（一般的例外）　この協定の規定は、締約国が次のいずれかの措置を採用すること又は実施することを妨げるものと解してはならない。ただし、それらの措置を、同様の条件の下にある諸国の間において任意の若しくは正当と認められない差別待遇の手段となるような方法で、又は国際貿易の偽装された制限となるような方法で、適用しないことを条件とする。
(a)　公徳の保護のために必要な措置
(b)　人、動物又は植物の生命又は健康の保護のために必要な措置
(c)　金又は銀の輸入又は輸出に関する措置
(d)　この協定の規定に反しない法令（税関行政に関する法令、第2条4及び第17条の規定に基いて運営される独占の実施に関する法令、特許権、商標権及び著作権の保護に関する法令並びに詐欺的慣行の防止に関する法令を含む。）の遵守を確保するために必要な措置
(e)　刑務所労働の産品に関する措置
(f)　美術的、歴史的又は考古学的価値のある国宝の保護のために執られる措置
(g)　有限天然資源の保存に関する措置。ただし、この措置が国内の生産又は消費に対する制限と関連して実施される場合に限る。
(h)　締約国団に提出されて否認されなかつた基準に合致する政府間商品協定又は締約国団に提出されて否認されなかつた政府間商品協定のいずれかに基く義務に従つて執られる措置
(i)　国内原料の価格が政府の安定計画の一部として国際価格より低位に保たれている期間中、国内の加工業に対してその原料の不可欠の数量を確保するために必要な国内原料の輸出に制限を課する措置。ただし、この制限は、国内産業の産品の輸出を増加するように、又は国内産業に与えられる保護を増大するように運用してはならず、また、無差別待遇に関するこの協定の規定から逸脱してはならない。
(j)　一般的に又は地方的に供給が不足している産品の獲得又は分配のために不可欠の措置。ただし、このような措置は、すべての締約国が当該産品の国際的供給について衡平な取分を受ける権利を有するという原則に合致するものでなければならず、また、この協定の他の規定に反するこのような措置は、それを生ぜしめた条件が存在しなくなつたときは、直ちに終止しなければならない。締約国団は、1960年6月30日以前に、この(j)の規定の必要性について検討しなければならない。

集団殺害罪の防止および処罰に関する条約（ジェノサイド条約）

採　択　1948年12月9日
効力発生　1951年1月12日
日　本　国

第1条　締約国は、集団殺害が、平時あるいは戦時に行われるかを問わず、国際法上の犯罪であることを確認し、これを防止し処罰することを約束する。

第2条　この条約において、集団殺害とは、国民的、人種的、民族的又は宗教的な集団の全部又は一部に対し、その集団自体を破壊する意図をもって行う次のいずれかの行為をいう。
(a)　当該集団の構成員を殺害すること。
(b)　当該集団の構成員の身体又は精神に重大な害を与えること。
(c)　当該集団の全部又は一部に対し、身体的破壊をもたらすことを意図した生活条件を故意に課すること。
(d)　当該集団内部の出生を妨げることを意図する措置をとること。
(e)　当該集団の児童を他の集団に強制的に移すこと。

第6条　集団殺害又は第3条に掲げる他の行為のいずれかについて告発された者は、自国領域内で当該行為が行われた国の権限ある裁判所により、又は国際刑事裁判所の管轄権を受諾する締約国に関しては管轄権を有する当該国際刑事裁判所により、審理される。

第9条　この条約の解釈、適用又は履行に関する締約国間の紛争は、集団殺害又は第3条に掲げる他の行為のいずれかに対する国の責任に関するものを含め、紛争当事国のいずれかの要請により国際司法裁判所に付託される。

戦地にある軍隊の傷者及び病者の状態の改善に関する1949年8月12日のジュネーヴ条約（第1条約）

採　択　1949年8月12日
効力発生　1950年10月21日
日　本　国　1953年10月21日

第1条　締約国は、すべての場合において、この条約を尊重し、且つ、この条約の尊重を確保することを約束する。

第2条　平時に実施すべき規定の外、この条約は、2以上の締約国間に生ずるすべての宣言された戦争その他の武力紛争の場合について、当該締約国の1が戦争状態を承認するとしないとを問わず、適用する。

この条約は、また、1締約国の領域の一部又は全部が占領されたすべての場合について、その占領が武力抵抗を受けると受けないとを問わず、適用する。

紛争当事国の1がこの条約の締約国でない場合にも、締約国たる諸国は、その相互の関係においては、この条約によって拘束されるものとする。更に、それらの諸国は、締約国でない紛争当事国がこの条約の規定を受諾し、且つ、適用するときは、その国との関係においても、この条約によって拘束されるものとする。

第3条　締約国の1の領域内に生ずる国際的性質を有しない武力紛争の場合には、各紛争当事者は、少くとも次の規定を適用しなければならない。
(1)　敵対行為に直接に参加しない者（武器を放棄した軍隊の構成員及び病気、負傷、抑留その他の事由により戦闘外に置かれた者を含む。）は、すべての場合において、人種、色、宗教若しくは信条、性別、門地若しくは貧富又はその他類似の基準による不利な差別をしないで人道的に待遇しなければならない。

このため、次の行為は、前記の者については、いかなる場合にも、また、いかなる場所でも禁止する。
(a)　生命及び身体に対する暴行、特に、あらゆる種類の殺人、傷害、虐待及び拷問
(b)　人質
(c)　個人の尊厳に対する侵害、特に、侮辱的で体面を汚す待遇
(d)　正規に構成された裁判所で文明国民が不可欠と認めるすべての裁判上の保障を与えるものの裁判によらない判決の言渡及び刑の執行
(2)　傷者及び病者は、収容して看護しなければならない。

赤十字国際委員会のような公平な人道的機関は、その役務を紛争当事者に提供することができる。

紛争当事者は、また、特別の協定によって、この条約の他の規定の全部又は一部を実施することに努めなければならない。

前記の規定の適用は、紛争当事者の法的地位に影響を及ぼすものではない。

難民の地位に関する条約

採　択　1951年7月28日
効力発生　1954年4月22日
日　本　国　1982年1月1日

第1条（「難民」の定義）　A　この条約の適用上、「難民」とは、次の者をいう。
(1)　1926年5月12日の取極、1928年6月30の取極、1933年10月28日の条約、1938年2月10日の条約、1939年9月14日の議定書又は国際避難民機関憲章により難民と認められている者

国際避難民機関がその活動期間中いずれかの者について難民としての要件を満たしていないと決定したことは、当該者が(2)の条件を満たす場合に当該者に対し難民の地位を与えることを妨げるものではない。
(2)　1951年1月1日前に生じた事件の結果として、かつ、人種、宗教、国籍若しくは特定の社会的集団の構成員であること又は政治的意見を理由に迫害を受けるおそれがあるという十分に理由のある恐怖を有するために、国籍国の外にいる者であって、その国籍国の保護を受けることができないもの又はそのような恐怖を有するためにその国籍国の保護を受けることを望まないもの及びこれらの事件の結果として常居所を有していた国の外にいる無国籍者であって、当該常居所を有していた国に帰ることができないもの又はそのような恐怖を有するために当該常居所を有していた国に帰ることを望まないもの

2　以上の国籍を有する者の場合には、「国籍国」とは、その者がその国籍を有する国のいずれをもいい、迫害を受けるおそれがあるという十分に理由のある恐怖を有するという正当な理由なくいずれか1の国の保護を受けなかったとしても、国籍国の保拠がないとは認められない。

第4条（宗教）　締約国は、その領域内の難民に対し、宗教を実践する自由及び子の宗教的教育についての自由に関し、自国民に与える待遇と少なくとも同等の好意的待遇を与える。

第13条（動産及び不動産）　締約国は、難民に対し、動産及び不動産の所有権並びに動産及び不動産についてのその他の権利の取得並びに動産及び不動産に関する賃貸借その

他の契約に関し、できる限り有利な待遇を与えるものとし、いかなる場合にも、同一の事情の下で一般に外国人に対して与える待遇よりも不利でない待遇を与える。
第 15 条（結社の権利）　締約国は、合法的にその領域内に滞在する難民に対し、非政治的かつ非営利的な団体及び労働組合に係る事項に関し、この事情の下で外国の国民に与える待遇のうち最も有利な待遇を与える。
第 16 条（裁判を受ける権利）　1　難民は、すべての締約国の領域において、自由に裁判を受ける権利を有する。
2　難民は、常居所を有する締約国において、裁判を受ける権利に関連する事項（法律扶助及び訴訟費用の担保の免除を含む。）につき、当該締約国の国民に与えられる待遇と同一の待遇を与えられる。
3　難民は、常居所を有する締約国以外の締約国において、2に規定する事項につき、当該常居所を有する締約国の国民に与えられる待遇と同一の待遇を与えられる。
第 22 条（公の教育）　1　締約国は、難民に対し、初等教育に関し、自国民に与える待遇と同一の待遇を与える。
2　締約国は、難民に対し、初等教育以外の教育、特に、修学の機会、学業に関する証明書、資格証書及び学位であって外国において与えられたものの承認、授業料その他の納付金の減免並びに奨学金の給付に関し、できる限り有利な待遇を与えるものとし、いかなる場合にも、同一の事情の下で一般に外国人に対して与える待遇よりも不利でない待遇を与える。
第 26 条（移動の自由）　締約国は、合法的にその領域内にいる難民に対し、当該難民が同一の事情の下で一般に外国人に対して課される規制に従うことを条件として、居住地を選択する権利及び当該締約国の領域内を自由に移動する権利を与える。
第 31 条（避難国に不法にいる難民）　1　締約国は、その生命又は自由が第 1 条の意味において脅威にさらされていた領域から直接来た難民であって許可なく当該締約国の領域に入国又は許可なく当該締約国の領域内にいるものに対し、不法に入国又は不法にいることを理由として刑罰を科してはならない。ただし、当該難民が遅滞なく当局に出頭し、かつ、不法に入国又は不法にいることの相当な理由を示すことを条件とする。
2　締約国は、1 の規定に該当する難民の移動に対し、必要な制限以外の制限を課してはならず、また、この制限は、当該難民の当該締約国における滞在が合法的なものとなるまでの間又は当該難民が他の国への入国許可を得るまでの間に限って課することができる。締約国は、1 の規定に該当する難民に対し、他の国への入国許可を得るために妥当と認められる期間の猶予及びこのために必要なすべての便宜を与える。
第 32 条（追放）　1　締約国は、国の安全又は公の秩序を理由とする場合を除くほか、合法的にその領域内にいる難民を追放してはならない。
2　1 の規定による難民の追放は、法律の定める手続に従って行われた決定によってのみ行う。国の安全のためのやむを得ない理由がある場合を除くほか、1 に規定する難民は、追放される理由がないことを明らかにする証拠の提出並びに権限のある機関又はその機関が特に指名する者に対する不服の申立て及びこのための代理人の出頭を認められる。
3　締約国は、1 の規定により追放されることとなる難民に対し、他の国への入国許可を求めるのに妥当と認められる期間の猶予を与える。締約国は、この期間中必要と認める国内措置をとることができる。
第 33 条（追放及び送還の禁止）　1　締約国は、難民を、いかなる方法によっても、人種、宗教、国籍若しくは特定の社会的集団の構成員であること又は政治的意見のためにその

生命又は自由が脅威にさらされるおそれのある領域の国境へ追放し又は送還してはならない。
2　締約国にいる難民であって、当該締約国の安全にとって危険であると認めるに足る相当な理由があるもの又は特に重大な犯罪について有罪の判決が確定し当該締約国の社会にとって危険な存在となったものは、1 の規定による利益の享受を要求することができない。

日本国との平和条約（サンフランシスコ平和条約）
署　　名　1951 年 9 月 8 日
効力発生　1952 年 4 月 28 日
日 本 国　1952 年 4 月 28 日

第 1 章　平和
第 1 条　(a)　日本国と各連合国との間の戦争状態は、第 23 条の定めるところによりこの条約が日本国と当該連合国との間に効力を生ずる日に終了する。
(b)　連合国は、日本国及びその領水に対する日本国民の完全な主権を承認する。

第 2 章　領域
第 2 条　(a)　日本国は、朝鮮の独立を承認して、済州島、巨文島及び欝陵島を含む朝鮮に対するすべての権利、権原及び請求権を放棄する。
(b)　日本国は、台湾及び澎湖諸島に対するすべての権利、権原及び請求権を放棄する。
(c)　日本国は、千島列島並びに日本国が 1905 年 9 月 5 日のポーツマス条約の結果として主権を獲得した樺太の一部及びこれに近接する諸島に対するすべての権利、権原及び請求権を放棄する。
(d)　日本国は、国際連盟の委任統治制度に関連するすべての権利、権原及び請求権を放棄し、且つ、以前に日本国の委任統治の下にあつた太平洋の諸島に信託統治制度を及ぼす 1947 年 4 月 2 日の国際連合安全保障理事会の行動を受諾する。
(e)　日本国は、日本国民の活動に由来するか又は他に由来するかを問わず、南極地域のいずれの部分に関する権利若しくは権原又はいずれの部分に関する利益についても、すべての請求権を放棄する。
(f)　日本国は、新南群島及び西沙群島に対するすべての権利、権原及び請求権を放棄する。
第 3 条　日本国は、北緯 29 度以南の南西諸島（琉球諸島及び大東諸島を含む。）孀婦岩の南の南方諸島（小笠原群島、西之島及び火山列島を含む。）並びに沖の鳥島及び南鳥島を合衆国を唯一の施政権者とする信託統治制度の下におくこととする国際連合に対する合衆国のいかなる提案にも同意する。このような提案が行われ且つ可決されるまで、合衆国は、領水を含むこれらの諸島及び住民に対して、行政、立法及び司法上の権力の全部及び一部を行使する権利を有するものとする。

第 3 章　安全
第 5 条　(a)　日本国は、国際連合憲章第 2 条に掲げる義務、特に次の義務を受諾する。
　(i)　その国際紛争を、平和的手段によって国際の平和及び安全並びに正義を危くしないように解決すること。
　(ii)　その国際関係において、武力による威嚇又は武力の行使は、いかなる国の領土保全又は政治的独立に対するものも、また、国際連合の目的と両立しない他のいかなる方法によるものも慎むこと。
　(iii)　国際連合が憲章に従ってとるいかなる行動について

も国際連合にあらゆる援助を与え、且つ、国際連合が防止行動又は強制行動をとるいかなる国に対しても援助の供与を慎むこと。
(b) 連合国は、日本国との関係において国際連合憲章第2条の原則を指針とすべきことを確認する。
(c) 連合国としては、日本国が主権国として国際連合憲章第51条に掲げる個別的又は集団的自衛の固有の権利を有すること及び日本国が集団的安全保障取極を自発的に締結することができることを承認する。

第4章　政治及び経済条項
第11条 日本国は、極東国際軍事裁判所並びに日本国内及び国外の他の連合国戦争犯罪法廷の裁判を受諾し、且つ、日本国で拘禁されている日本国民にこれらの法廷が課した刑を執行するものとする。これらの拘禁されている者を赦免し、減刑し、及び仮出獄させる権限は、各事件について刑を課した1又は2以上の政府の決定及び日本国の勧告に基く場合の外、行使することができない。極東国際軍事裁判所が刑を宣告した者については、この権限は、裁判所に代表者を出した政府の過半数の決定及び日本国の勧告に基く場合の外、行使することができない。

第5章　請求権及び財産
第14条 (a) 日本国は、戦争中に生じさせた損害及び苦痛に対して、連合国に賠償を支払うべきことが承認される。しかし、また、存立可能な経済を維持するものとすれば、日本国の資源は、日本国がすべての前記の損害又は苦痛に対して完全な賠償を行い且つ同時に他の債務を履行するためには現在充分でないことが承認される。
(b) この条約に別段の定めがある場合を除き、連合国は、連合国のすべての賠償請求権、戦争の遂行中に日本国及びその国民がとった行動から生じた連合国及びその国民の他の請求権並びに占領の直接軍事費に関する連合国の請求権を放棄する。

第19条 (a) 日本国は、戦争から生じ、又は戦争状態が存在したためにとられた行動から生じた連合国及びその国民に対する日本国及びその国民のすべての請求権を放棄し、且つ、この条約の効力発生の前に日本国領域におけるいずれかの連合国の軍隊又は当局の存在、職務遂行又は行動から生じたすべての請求権を放棄する。

大陸棚に関する条約
採　択　1958年4月29日
効力発生　1964年6月10日
日　本　国

第1条 この条約の適用上、「大陸棚」とは、(a)沿岸に隣接しているが領海の外にある海底の区域の海床及び地下であって上部水深の水深が200メートルまでのもの又はその限度をこえる場合には上部水域の水深が海底の区域の天然資源の開発を可能とするところまでのもの並びに(b)島の沿岸に隣接している同様の海底の区域の海床及び地下をいう。
第2条 1 沿岸国は、大陸棚に対して大陸棚を探索し、及びその天然資源を開発するための主権的権利を行使する。
2 前項にいう権利は、沿岸国が大陸棚を探索していないか、又はその天然資源を開発していない場合にも他のいかなる国も当該沿岸国の明示の同意なしにはこれらの活動を行ない又は当該大陸棚に対し権利を主張することができないという意味で、排他的である。
3 大陸棚に対する沿岸国の権利は、実効的なもしくは観念的な先占又はいかなる明示の宣言にも依存するものではない。

4 この条約にいう天然資源とは、海床及び地下の鉱物その他の非生物資源並びに定着種族に属する生物、すなわち、収獲期において海床の表面もしくは下部で静止しているか又は海床もしくは地下に絶えず接触していなければ動くことができない生物をいうものをいう。
第6条 1 相対する沿岸を有する2以上の国の領域に同一の大陸棚が隣接している場合には、これらの国に属するその大陸棚の境界は、それらの国の間の合意によって決定するものとする。合意がない場合には、特別の事情により他の境界線が正当と認められない限り、境界は、いずれの点をとってもそれぞれの国の領海の幅員測定の起点となる基線上の最も近い点から等しい距離にある中間線とする。
2 2つの隣接する国の領域に同一の大陸棚が隣接している場合には、その大陸棚の境界は、その両国間の合意によって決定するものとする。合意がない場合には、特別の事情により他の境界線が正当と認められない限り、境界は、両国のそれぞれの領海の幅員測定の起点となる基線上の最も近い点から等しい距離にあるという原則を適用して決定するものとする。
3 大陸棚の境界の画定に際し、この条の1及び2に定める原則に従って引かれる線は、特定の日付に存在する海図及び地形に関連し、かつ、陸上の固定した恒久的な識別しうる地点に関連して確定されなければならない。

外交関係に関するウィーン条約
採　択　1961年4月18日
効力発生　1964年4月24日
日　本　国　1964年7月8日

この条約の当事国は、
すべての国の国民が古くから外交官の地位を承認してきたことを想起し、
国の主権平等、国際の平和及び安全の維持並びに諸国間の友好関係の促進に関する国際連合憲章の目的及び原則に留意し、
外交関係並びに外交上の特権及び免除に関する国際条約が、国家組織及び社会制度の相違にかかわらず、諸国間の友好関係の発展に貢献するであろうことを信じ、
このような特権及び免除の目的が、個人に利益を与えることにあるのではなく、国を代表する外交使節団の任務の能率的な遂行を確保することにあることを認め、
この条約の規定により明示的に規制されていない問題については、引き続き国際慣習法の諸規則によるべきことを確認して、
次のとおり協定した。
第1条 この条約の適用上、
(a) 「使節団の長」とは、その資格において行動する任務を派遣国により課せられた者をいう。
(b) 「使節団の構成員」とは、使節団の長及び使節団の職員をいう。
(c) 「使節団の職員」とは、使節団の外交職員、事務及び技術職員並びに役務職員をいう。
(d) 「外交職員」とは、使節団の職員で外交官の身分を有するものをいう。
(e) 「外交官」とは、使節団の長又は使節団の外交職員をいう。
(f) 「事務及び技術職員」とは、使節団の職員で使節団の事務的業務又は技術的業務のために雇用されているものをいう。

(g) 「役務職員」とは、使節団の職員で使節団の役務に従事するものをいう。
(h) 「個人的使用人」とは、使節団の構成員の家事に従事する者で派遣国が雇用する者でないものをいう。
(i) 「使節団の公館」とは、所有者のいかんを問わず、使節団のために使用されている建物又はその一部及びこれに附属する土地（使節団の長の住居であるこれらのものを含む。）をいう。

第2条　諸国間の外交関係の開設及び常駐の使節団の設置は、相互の同意によって行なう。

第3条　1　使節団の任務は、特に、次のことから成る。
(a) 接受国において派遣国を代表すること。
(b) 接受国において、国際法が認める範囲内で派遣国及びその国民の利益を保護すること。
(c) 接受国の政府と交渉すること。
(d) 接受国における諸事情をすべての適法な手段によって確認し、かつ、これらについて派遣国の政府に報告すること。
(e) 派遣国と接受国との間の友好関係を促進し、かつ、両国の経済上、文化上及び科学上の関係を発展させること。
2　この条約のいかなる規定も、使節団による領事任務の遂行を妨げるものと解してはならない。

第4条　1　派遣国は、自国が使節団の長として接受国に派遣しようとする者について接受国のアグレマンが与えられていることを確認しなければならない。
2　接受国は、アグレマンの拒否について、派遣国に対し、その理由を示す義務を負わない。

第9条　1　接受国は、いつでも、理由を示さないで、派遣国に対し、使節団の長若しくは使節団の外交職員である者がペルソナ・ノン・グラータであること又は使節団のその他の職員である者が受け入れ難い者であることを通告することができる。その通告を受けた場合には、派遣国は、状況に応じ、その者を召還し、又は使節団におけるその者の任務を終了させなければならない。接受国は、いずれかの者がその領域に到着する前においても、その者がペルソナ・ノン・グラータであること又は受け入れ難い者であることを明らかにすることができる。
2　派遣国が1に規定する者に関するその義務を履行することを拒否した場合又は相当な期間内にこれを履行しなかった場合には、接受国は、その者を使節団の構成員と認めることを拒否することができる。

第11条　1　使節団の職員の数に関して特別の合意がない場合には、接受国は、使節団の職員の数を接受国が自国内の諸事情及び当該使節団の必要とを考慮して合理的かつ正常であると認める範囲内のものとすることを要求することができる。
2　接受国は、また、同様の制限の下に、かつ、無差別の原則の下に、特定の職種の職員を受け入れることを拒否することができる。

第12条　派遣国は、接受国による事前の明示の同意を得ないで、使節団の設置の場所以外の場所に、使節団の一部を構成する事務所を設置してはならない。

第13条　1　使節団の長は、接受国において一律に適用されるべき一般的な習律に従い、自己の信任状を提出した時又は自己の到着を接受国の外務省に通告し、かつ、自己の信任状の真正な写しを外務省に提出した時において接受国における自己の任務を開始したものとみなされる。
2　信任状又はその真正な写しを提出する順序は、使節団の長の到着の日時によって決定する。

第14条　1　使節団の長は、次の3の階級に分かたれる。
(a) 国の元首に対して派遣された大使又はローマ法王の大使及びこれらと同等の地位を有する他の使節団の長
(b) 国の元首に対して派遣された公使及びローマ法王の公使

(c) 外務大臣に対して派遣された代理公使
2　席次及び儀礼に関する場合を除くほか、階級によって使節団の長を差別してはならない。

第16条　1　使節団の長は、それぞれの階級においては、第13条の規定による任務開始の日時の順序に従って席次を占めるものとする。
2　使節団の長の信任状の変更で階級の変更を伴わないものは、その使節団の長の席次に影響を及ぼさないものとする。
3　この条の規定は、ローマ法王の代表者の席次に関する習律で接受国が容認するものに影響を及ぼすものではない。

第20条　使節団及び使節団の長は、使節団の公館（使節団の長の住居を含む。）及び使節団の長の輸送手段に派遣国の国旗及び国章を掲げる権利を有する。

第22条　1　使節団の公館は、不可侵とする。接受国の官吏は、使節団の長が同意した場合を除くほか、公館に立ち入ることができない。
2　接受国は、侵入又は損壊に対し使節団の公館を保護するため及び公館の安寧の妨害又は公館の威厳の侵害を防止するため適当なすべての措置を執る特別の責務を有する。
3　使節団の公館、公館内にある用具類その他の財産及び使節団の輸送手段は、捜索、徴発、差押え又は強制執行を免除される。

第23条　1　派遣国及び使節団の長は、使節団の公館（所有しているものであると賃借しているものであるとを問わない。）について、国又は地方公共団体のすべての賦課金及び租税を免除される。ただし、これらの賦課金又は租税であって、提供された特定の役務に対する給付としての性質を有するものは、この限りでない。
2　この条に規定する賦課金又は租税の免除は、派遣国又は使節団の長と契約した者が接受国の法律に従って支払うべき賦課金又は租税については適用しない。

第24条　使節団の公文書及び書類は、いずれの時及びいずれの場所においても不可侵とする。

第26条　接受国は、国の安全上の理由により立入りが禁止され又は規制されている地域に関する法令に従うことを条件として、使節団のすべての構成員に対し、自国の領域内における移動の自由及び旅行の自由を確保しなければならない。

第27条　1　接受国は、すべての公の目的のためにする使節団の自由な通信を許し、かつ、これを保護しなければならない。使節団は、自国の政府並びに、いずれの場所にあるかを問わず、自国の他の使節団及び領事館と通信するにあたり、外交伝書使及び暗号又は符号による通信文を含むすべての適当な手段を用いることができる。ただし、使節団が、無線送信機を設置し、かつ、使用するには、接受国の同意を得なければならない。
2　使節団の公用通信は、不可侵とする。公用通信とは、使節団及びその任務に関するすべての通信をいう。
3　外交封印袋は、開き又は留置することができない。
4　外交封印袋である包みには、外交封印袋であることを外部から識別しうる記号を附さなければならず、また、外交上の書類又は公の使用のための物品のみを入れることができる。
5　外交伝書使は、自己の身分及び外交封印袋である包みの数を示す公文書が交付されていることを要し、その任務の遂行について接受国により保護されるものとする。その外交伝書使は、身体の不可侵を享有し、いかなる方法によってもこれを抑留し又は拘禁することができない。
6　派遣国又はその使節団は、臨時の外交伝書使を指名することができる。その場合には、5の規定の適用があるものとする。ただし、5に規定する免除は、その外交伝書使が自己の管理の下にある外交封印袋を受取人に交付した時に、適用

されなくなるものとする。
7 外交封印袋は、公認の入国空港に着陸することになっている商業航空機の機長にその輸送を委託することができる。その機長は、外交封印袋である包みの数を示す公文書を交付されるが、外交伝書使とはみなされない。使節団は、その機長から直接にかつ自由にその外交封印袋を受領するため、使節団の構成員を派遣することができる。

第28条 使節団がその公の任務の遂行にあたつて課する手数料及び料金は、すべての賦課金及び租税を免除される。

第29条 外交官の身体は、不可侵とする。外交官は、いかなる方法によつても抑留し又は拘禁することができない。接受国は、相応の敬意をもつて外交官を待遇し、かつ、外交官の身体、自由又は尊厳に対するいかなる侵害をも防止するためすべての適当な措置を執らなければならない。

第30条 1 外交官の個人的住居は、使節団の公館と同様の不可侵及び保護を享有する。
2 外交官の書類、通信及び、第31条3の規定による場合を除くほか、その財産も、同様に、不可侵を享有する。

第31条 1 外交官は、接受国の刑事裁判権からの免除を享有する。外交官は、また、次の訴訟の場合を除くほか、民事裁判権及び行政裁判権からの免除を享有する。
(a) 接受国の領域内にある個人の不動産に関する訴訟(その外交官が使節団の目的のため派遣国に代わつて保有する不動産に関する訴訟を除く。)
(b) 外交官が、派遣国の代表者としてではなく個人として、遺言執行者、遺産管理人、相続人又は受遺者として関係している相続に関する訴訟
(c) 外交官が接受国において自己の公の任務の範囲外で行なう職業活動又は商業活動に関する訴訟
2 外交官は、証人として証言を行なう義務を負わない。
3 外交官に対する強制執行の措置は、外交官の身体又は住居の不可侵を害さないことを条件として、1(a)、(b)又は(c)に規定する訴訟の場合にのみ執ることができる。
4 外交官が享有する接受国の裁判権からの免除は、その外交官を派遣国の裁判権から免れさせるものではない。

第32条 1 派遣国は、外交官及び第37条の規定に基づいて免除を享有する者に対する裁判権からの免除を放棄することができる。
2 放棄は、常に明示的に行なわなければならない。
3 外交官又は第37条の規定に基づいて裁判権からの免除を享有する者が訴えを提起した場合には、本訴に直接に関連する反訴について裁判権からの免除を援用することができない。
4 民事訴訟又は行政訴訟に関する裁判権からの免除の放棄は、その判決の執行についての免除の放棄をも意味するものとみなしてはならない。判決の執行についての免除の放棄のためには、別にその放棄をすることを必要とする。

第34条 外交官は、次のものを除くほか、人、動産又は不動産に関し、国又は地方公共団体のすべての賦課金及び租税を免除される。
(a) 商品又は役務の価格に通常含められるような間接税
(b) 接受国の領域内にある個人の不動産に対する賦課金及び租税(その外交官が使節団の目的のため派遣国に代わつて保有する不動産に対する賦課金及び租税を含まない。)
(c) 第39条4の規定に従うことを条件として、接受国によつて課される遺産税又は相続税
(d) 接受国内に源泉がある個人的所得に対する賦課金及び租税並びに接受国内の商業上の企業への投資に対する資本税
(e) 給付された特定の役務に対する課徴金
(f) 第23条の規定に従うことを条件として、登録税、裁判所手数料若しくは記録手数料、担保税又は印紙税であつて、不動産に関するもの

第35条 接受国は、外交官に対し、すべての人的役務、種類のいかんを問わないすべての公的役務並びに徴発、軍事上の金銭的負担及び宿舎割当てに関する業務のような軍事上の義務を免除する。

第39条 1 特権及び免除を受ける権利を有する者は、赴任のため接受国の領域にはいつた時又は、すでに接受国の領域内にある場合には、自己の任命が外務省に通告された時から、特権及び免除を享有する。
2 特権及び免除を享有する者の任務が終了した場合には、その者の特権及び免除は、通常その者が接受国を去る時に、又は、接受国を去るために要する相当な期間が経過したときは、その時に消滅する。ただし、その時までは、その特権及び免除は、武力抗争が生じた場合においても存続するものとし、また、前記の者が使節団の構成員として任務を遂行するにあたつて行なつた行為についての裁判権からの免除は、その者の特権及び免除の消滅後も引き続き存続するものとする。
3 使節団の構成員が死亡した場合において、その家族は、接受国を去るために要する相当な期間が経過する時まで、自己が受ける特権及び免除を引き続き享有する。
4 使節団の構成員であつて、接受国の国民でないもの若しくは接受国に通常居住していないもの又はそれらの者の家族の構成員であつて、その世帯に属するものが死亡した場合において、接受国は、その者が接受国内で取得した財産で死亡の時に輸出を禁止されていたものを除くほか、その者の動産の持出しを許可するものとする。その者が使節団の構成員又はその家族として接受国にあつたことのみに基づいて接受国に所在する動産に対しては、遺産税及び相続税を課さない。

第41条 1 特権及び免除を害することなく、接受国の法令を尊重することは、特権及び免除を享有するすべての者の義務である。それらの者は、また、接受国の国内問題に介入しない義務を有する。
2 派遣国がその使節団に課した接受国を相手方とするすべての公の職務は、接受国の外務省を相手方として、又は接受国の外務省を通じて、行なうものとする。

第43条 外交官の任務は、特に、次の時において終了する。
(a) 派遣国が、接受国に対し、その外交官の任務が終了した旨の通告を行なつた時
(b) 接受国が、派遣国に対し、第9条2の規定に従つて、その外交官を使節団の構成員と認めることを拒否する旨の通告を行なつた時

領事関係に関するウィーン条約

採　択　1963年4月24日
効力発生　1967年3月19日
日本国　1983年11月2日

第36条 (派遣国の国民との通信及び接触) 1 派遣国の国民に関する領事任務の遂行を容易にするため、
(a) 領事官は、派遣国の国民と自由に通信し及び面接することができる。派遣国の国民も、同様に、派遣国の領事官と通信し及び面接することができる。
(b) 接受国の権限のある当局は、領事機関の領事管轄区域内で、派遣国の国民が逮捕された場合、留置された場合、裁判に付されるため勾留された場合又は他の事由により拘禁された場合において、当該国民の要請があるときは、その旨を遅滞なく当該領事機関に通報する。逮捕され、留置され、勾留され又は拘禁されている者から領事機関にあてたいか

なる通信も、接受国の権限のある当局により、遅滞なく送付される。また、その者がこの(b)の規定に基づき有する権利について遅滞なくその者に告げる。
(c) 領事官は、留置され、勾留され又は拘禁されている派遣国の国民を訪問し、当該国民と面談し及び文通し並びに当該国民のために弁護人をあっせんする権利を有する。領事官は、また、自己の管轄区域内で判決に従い留置され、拘留され又は拘禁されている派遣国の国民を訪問する権利を有する。ただし、領事官が当該国民のために行動することに対し、当該国民が明示的に反対する場合には、領事官は、そのような行動を差し控える。
2 1に定める権利は、接受国の法令に反しないように行使する。もっとも、当該法令は、この条に定める権利の目的とするところを十分に達成するようなものでなければならない。

経済的、社会的及び文化的権利に関する国際規約（社会権規約）
採　択　1966年12月16日
効力発生　1976年1月3日
日本国　1979年9月21日

第1部
第1条 1 すべての人民は、自決の権利を有する。この権利に基づき、すべての人民は、その政治的地位を自由に決定し並びにその経済的、社会的及び文化的発展を自由に追求する。
2 すべて人民は、互恵の原則に基づく国際的経済協力から生ずる義務及び国際法上の義務に違反しない限り、自己のためにその天然の富及び資源を自由に処分することができる。人民は、いかなる場合にも、その生存のための手段を奪われることはない。
3 この規約の締約国（非自治地域及び信託統治地域の施政の責任を有する国を含む。）は、国際連合憲章の規定に従い、自決の権利が実現されることを促進し及び自決の権利を尊重する。

第2部
第2条 1 この規約の各締約国は、立法措置その他のすべての適当な方法によりこの規約において認められる権利の完全な実現を漸進的に達成するため、自国における利用可能な手段を最大限に用いることにより、個々に又は国際的な援助及び協力、特に、経済上及び技術上の援助及び協力を通じて、行動をとることを約束する。
2 この規約の締約国は、この規約に規定する権利が人種、皮膚の色、性、言語、宗教、政治的意見その他の意見、国民的若しくは社会的出身、財産、出生又は他の地位によるいかなる差別もなしに行使されることを保障することを約束する。
3 開発途上にある国は、人権及び自国の経済の双方に十分な考慮を払い、この規約において認められる経済的権利をどの程度まで外国人に保障するかを決定することができる。
第3条 この規約の締約国は、この規約に定めるすべての経済的、社会的及び文化的権利の享有について男女に同等の権利を確保することを約束する。
第4条 この規約の締約国は、この規約に合致するものとして国により確保される権利の享受に関し、その権利の性質と両立しており、かつ、民主的社会における一般的福祉を増進することを目的としている場合に限り、法律で定める制限のみをその権利に課することができることを認める。
第5条 1 この規約のいかなる規定も、国、集団又は個人が、この規約において認められる権利若しくは自由を破壊し若しくはこの規約に定める制限の範囲を超えて制限することを目的とする活動に従事し又はそのようなことを目的とする行為を行う権利を有することを意味するものと解することはできない。
2 いずれかの国において法律、条約、規則又は慣習によって認められ又は存する基本的人権については、この規約がそれらの権利を認めていないこと又はその認める範囲がより狭いことを理由として、それらの権利を制限し又は侵すことは許されない。

第3部
第6条 1 この規約の締約国は、労働の権利を認めるものとし、この権利を保障するため適当な措置をとる。この権利には、すべての者が自由に選択し又は承諾する労働によって生計を立てる機会を得る権利を含む。
2 この規約の締約国が1の権利の完全な実現を達成するためとる措置には、個人に対して基本的な政治的及び経済的自由を保障する条件の下で着実な経済的、社会的及び文化的発展を実現し並びに完全かつ生産的な雇用を達成するための技術及び職業の指導及び訓練に関する計画、政策及び方法を含む。
第7条 この規約の締約国は、すべての者が公正かつ良好な労働条件を享受する権利を有することを認める。この労働条件には、特に次のものを確保する労働条件とする。
(a) すべての労働者に最小限度次のものを与える報酬
　(i) 公正な賃金及びいかなる差別もない同一価値の労働についての同一報酬。特に、女子については、同一の労働についての同一報酬とともに男子が享受する労働条件に劣らない労働条件が保障されること。
　(ii) 労働者及びその家族のこの規約に適合する相応な生活
(b) 安全かつ健康的な作業条件
(c) 先任及び能力以外のいかなる事由も考慮されることなく、すべての者がその雇用関係においてより高い過当な地位に昇進する平等な機会
(d) 休息、余暇、労働時間の合理的な制限及び定期的な有給休暇並びに公の休日についての報酬
第8条 1 この規約の締約国は、次の権利を確保することを約束する。
(a) すべての者がその経済的及び社会的利益を増進し及び保護するため、労働組合を結成し及び当該労働組合の規則にのみ従うことを条件として自ら選択する労働組合に加入する権利。この権利の行使については、法律で定める制限であって国の安全若しくは公の秩序のため又は他の者の権利及び自由の保護のため民主的社会において必要なもの以外のいかなる制限も課することができない。
(b) 労働組合が国内の連合又は総連合を設立する権利及びこれらの連合又は総連合が国際的な労働組合団体を結成し又はこれに加入する権利
(c) 労働組合が、法律で定める制限であって国の安全若しくは公の秩序のため又は他の者の権利及び自由の保護のため民主的社会において必要なもの以外のいかなる制限も受けることなく、自由に活動する権利
(d) 同盟罷業をする権利。ただし、この権利は、各国の法律に従って行使されることを条件とする。
2 この条の規定は、軍隊若しくは警察の構成員又は公務員による1の権利の行使について合法的な制限を課することを妨げるものではない。
3 この条のいかなる規定も、結社の自由及び団結権の保護に関する1948年の国際労働機関の条約の締約国が、同条約に規定する保障を阻害するような立法措置を講ずること又は同条約に規定する保障を阻害するような方法により法律

を適用することを許すものではない。

第9条 この規約の締約国は、社会保険その他の社会保障についてのすべての者の権利を認める。

第10条 この規約の締約国は、次のことを認める。
1 できる限り広範な保護及び援助が、社会の自然かつ基礎的な単位である家族に対し、特に、家族の形成のために並びに扶養児童の養育及び教育について責任を有する間に、与えられるべきである。婚姻は、両当事者の自由な合意に基づいて成立するものでなければならない。
2 産前産後の合理的な期間においては、特別な保護が母親に与えられるべきである。働いている母親には、その期間において、有給休暇又は相当な社会保障給付を伴う休暇が与えられるべきである。
3 保護及び援助のための特別な措置が、出生の他の事情を理由とするいかなる差別もなく、すべての児童及び年少者のためにとられるべきである。児童及び年少者は、経済的及び社会的な搾取から保護されるべきである。児童及び年少者を、その精神若しくは健康に有害であり、その生命に危険があり又はその正常な発育を妨げるおそれのある労働に使用することは、法律で処罰すべきである。また、国は年齢による制限を定め、その年齢に達しない児童を賃金を支払つて使用することを法律で禁止しかつ処罰すべきである。

第11条 1 この規約の締約国は、自己及びその家族のための相当な食糧、衣類及び住居を内容とする相当な生活水準についての並びに生活条件の不断の改善についてのすべての者の権利を認める。締約国は、この権利の実現を確保するために適当な措置をとり、このために、自由な合意に基づく国際協力が極めて重要であることを認める。
2 この規約の締約国は、すべての者が飢餓から免れる基本的な権利を有することを認め、個々に及び国際協力を通じて、次の目的のため、具体的な計画その他の必要な措置をとる。
(a) 技術的及び科学的知識を十分に利用することにより、栄養に関する原則についての知識を普及させることにより並びに天然資源の最も効果的な開発及び利用を達成するように農地制度を発展させ又は改革することにより、食糧の生産、保存及び分配の方法を改善すること。
(b) 食糧の輸入国及び輸出国の双方の問題に考慮を払い、需要との関連において世界の食糧の供給の衡平な分配を確保すること。

第12条 1 この規約の締約国は、すべての者が到達可能な最高水準の身体及び精神の健康を享受する権利を有することを認める。
2 この規約の締約国が1の権利の完全な実現を達成するためにとる措置には、次のことに必要な措置を含む。
(a) 死産率及び幼児の死亡率を低下させるための並びに児童の健全な発育のための対策
(b) 環境衛生及び産業衛生のあらゆる状態の改善
(c) 伝染病、風土病、職業病その他の疾病の予防、治療及び抑圧
(d) 病気の場合にすべての者に医療及び看護を確保するような条件の創出

第13条 1 この規約の締約国は、教育についてのすべての者の権利を認める。締約国は、教育が人格の完成及び人格の尊厳についての意識の十分な発達を指向し並びに人権及び基本的自由の尊重を強化すべきことに同意する。更に、締約国は、教育が、すべての者に対し、自由な社会に効果的に参加すること、諸国民の間及び人種的、種族的又は宗教的集団の間の理解、寛容及び友好を促進すること並びに平和の維持のための国際連合の活動を助長することを可能にすべきことに同意する。
2 この規約の締約国は、1の権利の完全な実現を達成するため、次のことを認める。
(a) 初等教育は、義務的なものとし、すべての者に対して無償のものとすること。
(b) 種々の形態の中等教育(技術的及び職業的中等教育を含む。)は、すべての適当な方法により、特に、無償教育の漸進的な導入により、一般的に利用可能であり、かつ、すべての者に対して機会が与えられるものとすること。
(c) 高等教育は、すべての適当な方法により、特に、無償教育の漸進的な導入により、能力に応じ、すべての者に対して均等に機会が与えられるものとすること。
(d) 基礎教育は、初等教育を受けなかった者又はその全課程を修了しなかった者のため、できる限り奨励され又は強化されること。
(e) すべての段階にわたる学校制度の発展を積極的に追求し、適当な奨学金制度を設立し及び教育職員の物質的条件を不断に改善すること。
3 この規約の締約国は、父母及び場合により法定保護者が、公の機関によって設置される学校以外の学校であつて国によって定められ又は承認される最低限度の教育上の基準に適合するものを児童のために選択する自由並びに自己の信念に従って児童の宗教的及び道徳的教育を確保する自由を有することを尊重することを約束する。
4 この条のいかなる規定も、個人及び団体が教育機関を設置し及び管理する自由を妨げるものと解してはならない。ただし、常に、1に定める原則が遵守されること及び当該教育機関において行なわれる教育が国によって定められる最低限度の基準に適合することを条件とする。

第14条 この規約の締約国となる時にその本土地域又はその管轄の下にある他の地域において無償の初等義務教育を確保するに至っていない各締約国は、すべての者に対する無償の義務教育の原則をその計画中に定める合理的な期間内に漸進的に実施するための詳細な行動計画を2年以内に作成しかつ採用することを約束する。

第15条 1 この規約の締約国は、すべての者の次の権利を認める。
(a) 文化的な生活に参加する権利
(b) 科学の進歩及びその利用による利益を享受する権利
(c) 自己の科学的、文学的又は芸術的作品により生ずる精神的及び物質的利益が保護されることを享受する権利
2 この規約の締約国が1の権利の完全な実現を達成するためにとる措置には、科学及び文化の保存、発展及び普及に必要な措置を含む。
3 この規約の締約国は、科学研究及び創作活動に不可欠な自由を尊重することを約束する。
4 この規約の締約国は、科学及び文化の分野における国際的な連絡及び協力を奨励し及び発展させることによって得られる利益を認める。

第4部

第16条 1 この規約の締約国は、この規約において認められる権利の実現のためにとった措置及びこれらの権利の実現についてもたらされた進歩に関する報告をこの部の規定に従って提出することを約束する。
2 (a) すべての報告は、国際連合事務総長に提出するものとし、同事務総長は、この規約による経済社会理事会の審議のため、その写しを同理事会に送付する。
(b) 国際連合事務総長は、また、いずれかの専門機関の加盟国であるこの規約の締結によって提出される報告又はその一部が当該専門機関の基本文書によりその任務の範囲内にある事項に関連を有するものである場合には、それらの報告又は関係部分の写しを当該専門機関に送付する。

第17条 1 この規約の締約国は、経済社会理事会が締約国及び関係専門機関との協議の後この規約の効力発生の後1年以内に作成する計画に従い、報告を段階的に提出する。

2 報告には、この規約に基づく義務の履行程度に影響を及ぼす要因及び障害を記載することができる。
3 関連情報がこの規約の締約国により国際連合又はいずれかの専門機関に既に提供されている場合には、その情報については、再び提供する必要はなく、提供に係る情報について明確に言及することで足りる。

第18条 経済社会理事会は、人権及び基本的自由の分野における国際連合憲章に規定する責任に基づき、いずれかの専門機関の任務の範囲内にある事項に関するこの規約の遵守についてもたらされた進歩に関し当該専門機関が同理事会に報告することにつき、当該専門機関と取極を行うことができる。報告には、当該専門機関の権限のある機関がこの規約の当該規定の実施に関して採択した決定及び勧告についての詳細を含ませることができる。

第19条 経済社会理事会は、第16条及び第17条の規定により締約国が提出する人権に関する報告並びに前条の規定により専門機関が提出する人権に関する報告を、検討及び一般的な性格を有する勧告のため又は適当な場合には情報用として、人権委員会に送付することができる。

第20条 この規約の締約国及び関係専門機関は、前条にいう一般的な性格を有する勧告に関する意見又は人権委員会の報告において若しくはその報告で引用されている文書において言及されている一般的な性格を有する勧告に関する意見を、経済社会理事会に提出することができる。

第21条 経済社会理事会は、一般的な性格を有する勧告を付した報告、並びにこの規約の締約国及び専門機関から得られた情報であってこの規約において認められる権利の実現のためにとられた措置及びこれらの権利の実現についてもたらされた進歩に関する情報の概要を、総会に随時提出することができる。

第22条 経済社会理事会は、技術援助の供与に関係を有する国際連合の他の機関及びこれらの補助機関並びに専門機関に対し、この部に規定する報告により提起された問題であって、これらの機関がそれぞれの権限の範囲内でこの規約の効果的かつ漸進的な実施に寄与すると認められる国際的措置をとることの適否の決定に当たって参考となるものにつき、注意を喚起することができる。

第23条 この規約の締約国は、この規約において認められる権利の実現のための国際的措置には条約の締結、勧告の採択、技術援助の供与並びに関係国の政府との連携により組織される協議及び検討のための地域会議及び専門家会議の開催のようなものが含まれることに同意する。

第24条 この規約のいかなる規定も、この規約に規定されている事項につき、国際連合の諸機関及び専門機関の任務をそれぞれ定めている国際連合憲章及び専門機関の基本文書の規定の適用を妨げるものと解してはならない。

第25条 この規約のいかなる規定も、すべての人民がその天然の富及び資源を十分かつ自由に享受し及び利用する固有の権利を害するものと解してはならない。

第5部

第26条 1 この規約は、国際連合又はいずれかの専門機関の加盟国、国際司法裁判所規程の当事国及びこの規約の締約国となるよう国際連合総会が招請する他の国による署名のために開放しておく。
2 この規約は、批准されなければならない。批准書は、国際連合事務総長に寄託する。
3 この規約は、1に規定する国による加入のために開放しておく。
4 加入は、加入書を国際連合事務総長に寄託することによって行う。
5 国際連合事務総長は、この規約に署名し又は加入したすべての国に対し、各批准書又は各加入書の寄託を通報する。

第27条 1 この規約は、35番目の批准書又は加入書が国際連合事務総長に寄託された日の後3箇月で効力を生ずる。
2 この規約は、35番目の批准書又は加入書が寄託された後に批准し又は加入する国については、その批准書又は加入書が寄託された日の後3箇月で効力を生ずる。

第28条 この規約は、いかなる制限又は例外もなしに連邦国家のすべての地域について適用する。

市民的及び政治的権利に関する国際規約（自由権規約）

採 択　1966年12月16日
効力発生　1976年3月23日
日 本 国　1979年9月21日

第1部
第1条　（社会権規約第1条と同じ）

第2部
第2条　1 この規約の各締約国は、その領域内にあり、かつ、その管轄の下にあるすべての個人に対し、人種、皮膚の色、性、言語、宗教、政治的意見その他の意見、国民的若しくは社会的出身、財産、出生又は他の地位等によるいかなる差別もなしにこの規約において認められる権利を尊重し及び確保することを約束する。
2 この規約の各締約国は、立法措置その他の措置がまだとられていない場合には、この規約において認められる権利を実現するため必要な立法措置その他の措置をとるため、自国の憲法上の手続及びこの規約の規定に従って必要な行動をとることを約束する。
3 この規約の各締約国は、次のことを約束する。
(a) この規約において認められる権利又は自由を侵害された者が、公的資格で行動する者によりその侵害が行われた場合にも、効果的な救済措置を受けることを確保すること。
(b) 救済措置を求める者の権利が権限のある司法上、行政上若しくは立法上の機関又は国の法制で定める他の権限のある機関によって決定されることを確保すること及び司法上の救済措置の可能性を発展させること。
(c) 救済措置が与えられる場合に権限のある機関によって執行されることを確保すること。

第3条　この規約の締約国は、この規約に定めるすべての市民的及び政治的権利の享有について男女に同等の権利を確保することを約束する。

第4条　1 国民の生存を脅かす公の緊急事態の場合においてその緊急事態の存在が公式に宣言されているときは、この規約の各締約国は、事態の緊急性が真に必要とする限度において、この規約に基づく義務に違反する措置をとることができる。ただし、その措置は、当該締約国が国際法に基づき負う他の義務に抵触してはならず、また、人種、皮膚の色、性、言語、宗教又は社会的出身のみを理由とする差別を含んではならない。
2 1の規定は、第6条、第7条、第8条1及び2、第11条、第15条、第16条並びに第18条の規定に違反することを許すものではない。
3 義務に違反する措置をとる権利を行使するこの規約の締約国は、違反した規定及び違反するに至った理由を国際連合事務総長を通じてこの規約の他の締約国に直ちに通知する。更に、違反が終了する日に、同事務総長を通じてその旨通知する。

第5条　1 この規約のいかなる規定も、国、集団又は個人が、この規約において認められる権利及び自由を破壊し若しくはこの規約に定める制限の範囲を超えて制限することを

目的とする活動に従事し又はそのようなことを目的とする行為を行う権利を有することを意味するものと解することはできない。
2 この規約のいずれかの締約国において法律、条約、規則又は慣習によつて認められ又は存する基本的人権については、この規約がそれらの権利を認めていないこと又はその認める範囲がより狭いことを理由として、それらの権利を制限し又は侵してはならない。

第3部

第6条 1 すべての人間は、生命に対する固有の権利を有する。この権利は、法律によつて保護される。何人も、恣意的にその生命を奪われない。
2 死刑を廃止していない国においては、死刑は、犯罪が行われた時に効力を有しており、かつ、この規約の規定及び集団殺害犯罪の防止及び処罰に関する条約の規定に抵触しない法律により、最も重大な犯罪についてのみ科することができる。この刑罰は、権限のある裁判所が言い渡した確定判決によつてのみ執行することができる。
3 生命の剥奪が集団殺害犯罪を構成する場合には、この条のいかなる規定も、この規約の締約国が集団殺害犯罪の防止及び処罰に関する条約の規定に基づいて負う義務のいかんを問わず免れることを許すものではないと了解する。
4 死刑を言い渡されたいかなる者も、特赦又は減刑を求める権利を有する。死刑に対する大赦、特赦又は減刑はすべての場合に与えることができる。
5 死刑は、18歳未満の者が行つた犯罪について科してはならず、また、妊娠中の女子に対して執行してはならない。
6 この条のいかなる規定も、この規約の締約国により死刑の廃止を遅らせ又は妨げるために援用されてはならない。

第7条 何人も、拷問又は残虐な、非人道的な若しくは品位を傷つける取扱い若しくは刑罰を受けない。特に、何人も、その自由な同意なしに医学的又は科学的実験を受けない。

第8条 1 何人も、奴隷の状態に置かれない。あらゆる形態の奴隷制度及び奴隷取引は、禁止する。
2 何人も、隷属状態に置かれない。
3 (a) 何人も、強制労働に服することを要求されない。
(b) (a)の規定は、犯罪に対する刑罰として強制労働を伴う拘禁刑を科することができる国において、権限のある裁判所による刑罰の言渡しにより強制労働をさせることを禁止するものと解してはならない。
(c) この3の規定の適用上、「強制労働」には、次のものを含まない。
  (i) 作業又は役務であつて、(b)の規定において言及されておらず、かつ、裁判所の合法的な命令によつて抑留されている者又はその抑留を条件付きで免除されている者に通常要求されるもの
  (ii) 軍事的性質の役務及び、良心的兵役拒否が認められている国においては、良心的兵役拒否者が法律によつて要求される国民的役務
  (iii) 社会の存立又は福祉を脅かす緊急事態又は災害の場合に要求される役務
  (iv) 市民としての通常の義務とされる作業又は役務

第9条 1 すべての者は、身体の自由及び安全についての権利を有する。何人も、恣意的に逮捕され又は抑留されない。何人も、法律で定める理由及び手続によらない限り、その自由を奪われない。
2 逮捕される者は、逮捕の時にその理由を告げられるものとし、自己に対する被疑事実を速やかに告げられる。
3 刑事上の罪に問われて逮捕され又は抑留された者は、裁判官又は司法権を行使することが法律によつて認められている他の官憲の面前に速やかに連れて行かれるものとし、妥当な期間内に裁判を受ける権利又は釈放される権利を有する。裁判に付される者を抑留することが原則であつてはならず、釈放に当たつては、裁判その他の司法上の手続のすべての段階における出頭及び必要な場合における判決の執行のための出頭が保証されることを条件とすることができる。
4 逮捕又は抑留によつて自由を奪われた者は、裁判所がその抑留が合法的であるかどうかを遅滞なく決定すること及びその抑留が合法的でない場合にはその釈放を命ずることができるように、裁判所において手続をとる権利を有する。
5 違法に逮捕され又は抑留された者は、賠償を受ける権利を有する。

第10条 1 自由を奪われたすべての者は、人道的にかつ人間の固有の尊厳を尊重して、取り扱われる。
2 (a) 被告人は、例外的な事情がある場合を除くほか有罪の判決を受けた者とは分離されるものとし、有罪の判決を受けていない者としての地位に相応する別個の取扱いを受ける。
(b) 少年の被告人は、成人とは分離されるものとし、できる限り速やかに裁判に付される。
3 行刑の制度は、被拘禁者の矯正及び社会復帰を基本的な目的とする処遇を含む。少年の犯罪者は、成人とは分離されるものとし、その年齢及び法的地位に相応する取扱いを受ける。

第11条 何人も、契約上の義務を履行することができないことのみを理由として拘禁されない。

第12条 1 合法的にいずれかの国の領域内にいるすべての者は、当該領域内において、移動の自由及び居住の自由についての権利を有する。
2 すべての者は、いずれの国(自国を含む。)からも自由に離れることができる。
3 1及び2の権利は、いかなる制限も受けない。ただし、その制限が、法律で定められ、国の安全、公の秩序、公衆の健康若しくは道徳又は他の者の権利及び自由を保護するために必要であり、かつ、この規約において認められる他の権利と両立するものである場合は、この限りでない。
4 何人も、自国に戻る権利を恣意的に奪われない。

第13条 合法的にこの規約の締約国の領域内にいる外国人は、法律に基づいて行われた決定によつてのみ当該領域から追放することができる。国の安全のためのやむを得ない理由がある場合を除くほか、当該外国人は、自己の追放に反対する理由を提示すること及び権限のある機関又はその機関が特に指名する者によつて自己の事案が審査されることが認められるものとし、この為にその機関又はその者に対する代理人の出頭が認められる。

第14条 1 すべての者は、裁判所の前に平等とする。すべての者は、その刑事上の罪の決定又は民事上の権利及び義務の争いについての決定のため、法律で設置された、権限のある、独立の、かつ、公平な裁判所による公正な公開審理を受ける権利を有する。報道機関及び公衆に対しては、民主的社会における道徳、公の秩序若しくは国の安全を理由として、当事者の私生活の利益のため必要な場合において又はその公開が司法の利益を害することとなる特別な状況において裁判所が真に必要があると認める限度で、裁判の全部又は一部を公開しないことができる。もつとも、刑事訴訟又は他の訴訟において言い渡される判決は、少年の利益のために必要がある場合又は当該手続が夫婦間の争い若しくは児童の後見に関するものである場合を除くほか、公開する。
2 刑事上の罪に問われているすべての者は、法律に基づいて有罪とされるまでは、無罪と推定される権利を有する。
3 すべての者は、その刑事上の罪の決定について、十分平等に、少なくとも次の保障を受ける権利を有する。
(a) その理解する言語で速やかにかつ詳細にその罪の性質

及び理由を告げられること。
(b) 防御の準備のために十分な時間及び便益を与えられ並びに自ら選任する弁護人と連絡すること。
(c) 不当に遅延することなく裁判を受けること。
(d) 自ら出席して裁判を受け及び、直接に又は自ら選任する弁護人を通じて、防御すること。弁護人がいない場合には、弁護人を持つ権利を告げられること。司法の利益のために必要な場合には、十分な支払手段を有しないときは自らその費用を負担することなく、弁護人を付されること。
(e) 自己に不利な証人を尋問し又はこれに対し尋問させること並びに自己に不利な証人と同じ条件で自己のための証人の出席及びこれに対する尋問を求めること。
(f) 裁判所において使用される言語を理解することができない場合には、無料で通訳の援助を受けること。
(g) 自己に不利益な供述又は有罪の自白を強要されないこと。
4 少年の場合には、手続は、その年齢及びその更生の促進が望ましいことを考慮したものとする。
5 有罪の判決を受けたすべての者は、法律に基づきその判決及び刑罰を上級の裁判所によつて再審理される権利を有する。
6 確定判決によつて有罪と決定された場合において、その後に、新たな事実又は新しく発見された事実により誤審のあつたことが決定的に立証されたことを理由としてその有罪の判決が破棄され又は赦免が行われたときは、その有罪の判決の結果刑罰に服した者は、法律に基づいて補償を受ける。ただし、その知られなかつた事実が適当な時に明らかにされなかつたことの全部又は一部がその者の責めに帰するものであることが証明される場合は、この限りでない。
7 何人も、それぞれの国の法律及び刑事手続に従つて既に確定的に有罪又は無罪の判決を受けた行為について再び裁判され又は処罰されることはない。

第15条 1 何人も、実行の時に国内法又は国際法により犯罪を構成しなかつた作為又は不作為を理由として有罪とされることはない。何人も、犯罪が行われた時に適用されていた刑罰よりも重い刑罰を科されない。犯罪が行われた後により軽い刑罰を科する規定が法律に設けられる場合には、罪を犯した者は、その利益を受ける。
2 この条のいかなる規定も、国際社会の認める法の一般原則により実行の時に犯罪とされていた作為又は不作為を理由として裁判しかつ処罰することを妨げるものでない。

第16条 すべての者は、すべての場所において、法律の前に人として認められる権利を有する。

第17条 1 何人も、その私生活、家族、住居若しくは通信に対して恣意的に若しくは不法に干渉され又は名誉及び信用を不法に攻撃されない。
2 すべての者は、1の干渉又は攻撃に対する法律の保護を受ける権利を有する。

第23条 1 家族は、社会の自然かつ基礎的な単位であり、社会及び国による保護を受ける権利を有する。
2 婚姻をすることができる年齢の男女が婚姻をしかつ家族を形成する権利は、認められる。
3 婚姻は、両当事者の自由かつ完全な合意なしには成立しない。
4 この規約の締約国は、婚姻中及び婚姻の解消の際に、婚姻に係る配偶者の権利及び責任の平等を確保するため、適当な措置をとる。その解消の場合には、児童に対する必要な保護のため、措置がとられる。

第24条 1 すべての児童は、人種、皮膚の色、性、言語、宗教、国民的若しくは社会的出身、財産又は出生によるいかなる差別もなしに、未成年者としての地位に必要とされる保護の措置であつて家族、社会及び国による措置について権利を有する。
2 すべての児童は、出生の後直ちに登録され、かつ、氏名を有する。
3 すべての児童は、国籍を取得する権利を有する。

第27条 種族的、宗教的又は言語的少数民族が存在する国において、当該少数民族に属する者は、その集団の他の構成員とともに自己の文化を享有し、自己の宗教を信仰しかつ実践し又は自己の言語を使用する権利を否定されない。

月その他の天体を含む宇宙空間の探査及び利用における国家活動を律する原則に関する条約（宇宙条約）

署　名　　1967年1月27日
効力発生　1967年10月10日
日本国　　1967年10月10日

この条約の当事国は、
　人間の宇宙空間への進入の結果、人類の前に展開する広大な将来性に鼓舞され、
　平和目的のための宇宙空間の探査及び利用の進歩が全人類の共同の利益であることを認識し、
　宇宙空間の探査及び利用がすべての人民のために、その経済的又は科学的発達の程度にかかわりなく、行われなければならないことを信じ、
　平和目的のための宇宙空間の探査及び利用の科学面及び法律面における広範な国際協力に貢献することを希望し、
　この国際協力が、諸国間及び諸人民間の相互理解の増進及び友好関係の強化に貢献することを信じ、
　1963年12月13日に国際連合総会が全会一致で採択した決議1962号（第18回会期）「宇宙空間の探査及び利用における国家活動を律する法原則に関する宣言」を想起し、
　核兵器若しくは他の種類の大量破壊兵器を運ぶ物体を地球を回る軌道に乗せること又はこれらの兵器を天体に設置することを慎むように諸国に要請する1963年10月17日の国際連合総会の全会一致の採択による決議1884号（第18回会期）を想起し、
　平和に対する脅威、平和の破壊又は侵略行為を誘発し若しくは助長するものを企図し、又はこれらを誘発し若しくは助長する恐れのある宣伝を非難する1947年11月3日の国際連合総会決議110号（第2回会期）を考慮し、かつ、この決議が宇宙空間に適用されることを考慮し、
　月その他の天体を含む宇宙空間の探査及び利用における国家活動を律する原則に関する条約が、国際連合憲章の目的及び原則を助長するものであることを確信して、
　次のとおり協定した。

第1条　月その他の天体を含む宇宙空間の探査及び利用は、すべての国の利益のために、その経済的又は科学的発展の程度にかかわりなく行なわれるものであり、全人類に認められる活動分野である。
　月その他の天体を含む宇宙空間は、すべての国がいかなる種類の差別もなく、平等の基礎に立ち、かつ、国際法に従つて、自由に探査し及び利用することができるものとし、また、天体のすべての地域への立入りは、自由である。
　月その他の天体を含む宇宙空間における科学的調査は、自由であり、また、諸国はこの調査における国際協力を容易にし、かつ、奨励するものとする。

第2条　月その他の天体を含む宇宙空間は、主権の主張、使用若しくは占拠又はその他のいかなる手段によつても国家による取得の対象とはならない。

第4条　条約の当事国は、核兵器及び他の種類の大量破壊兵

器を運ぶ物体を地球を回る軌道に乗せないこと、これらの兵器を天体に設置しないこと並びに他のいかなる方法によってもこれらの兵器を宇宙空間に配置しないことを約束する。

　月その他の天体は、もっぱら平和的目的のために、条約のすべての当事国によって利用されるものとする。天体上においては、軍事基地、軍事施設及び防備施設の設置、あらゆる型の兵器の実験並びに軍事演習の実施は、禁止する。科学的研究その他の平和的目的のために軍の要員を使用することは、禁止しない。月その他の天体の平和的探査のために必要なすべての装備又は施設を使用することも、また、禁止しない。

第5条　条約の当事国は、宇宙飛行士を宇宙空間への人類の使節であるとみなし、事故、遭難又は他の当事国の領域若しくは公海における緊急着陸の場合には、その宇宙飛行士にすべての可能な援助を与えるものとする。宇宙飛行士は、そのような着陸を行なつたときは、その宇宙飛行機の登録国へ安全かつ迅速に送還されるものとする。

　いずれかの当事国の宇宙飛行士は、宇宙空間及び天体上において活動を行なうときは、他の当事国の宇宙飛行士にすべての可能な援助を与えるものとする。

　条約の当事国は、宇宙飛行士の生命又は健康に危険となるおそれのある現象を月その他の天体を含む宇宙空間に発見したときは、直ちに、これを条約の他の当事国又は国際連合事務総長に通報するものとする。

第6条　条約の当事国は、月その他の天体を含む宇宙空間における自国の活動について、それが政府機関によって行なわれるか非政府団体によって行なわれるかを問わず、国際的責任を有し、自国の活動がこの条約の規定に従って行なわれることを確保する国際的責任を有する。月その他の天体を含む宇宙空間における非政府団体の活動は、条約の関係当事国の許可及び継続的監督を必要とするものとする。国際機関が月その他の天体を含む宇宙空間において活動を行なう場合には、その国際機関及びこれに参加する条約の当事国の双方がこの条約を遵守する責任を有する。

第7条　条約の当事国は、月その他の天体を含む宇宙空間に物体を発射し若しくは発射させる場合又はその領域若しくは施設から物体が発射される場合には、その物体又はその構成部分が地球上、大気空間又は月その他の天体を含む宇宙空間において条約の他の当事国又はその自然人若しくは法人に与える損害について国際的に責任を有する。

核兵器の不拡散に関する条約
採　　択　　1968年7月1日
効力発生　　1970年3月5日
日　本　国　　1976年6月8日

第1条　締約国である各核兵器国は、核兵器その他の核爆発装置又はその管理をいかなる者に対しても直接又は間接に移譲しないこと及び核兵器その他の核爆発装置の製造若しくはその他の方法による取得又は核兵器その他の核爆発装置の管理の取得につきいかなる非核兵器国に対しても何ら援助、奨励又は勧誘を行わないことを約束する。

第2条　締約国である各非核兵器国は、核兵器その他の核爆発装置又はその管理をいかなる者からも直接又は間接に受領しないこと、核兵器その他の核爆発装置を製造せず又はその他の方法によって取得しないこと及び核兵器その他の核爆発装置の製造についていかなる援助をも求めず又は受けないことを約束する。

第3条　1　締約国である各非核兵器国は、原子力が平和的利用から核兵器その他の核爆発装置に転用されることを防止するため、この条約に基づいて負う義務の履行を確認することのみを目的として国際原子力機関憲章に従い国際原子力機関の保障措置制度に従い国際原子力機関との間で交渉しかつ締結する協定に定められる保障措置を受諾することを約束する。この条の規定によって必要とされる保障措置の手続は、原料物質又は特殊核分裂性物質につき、それが主要な原子力施設において生産され、処理され若しくは使用されているか又は主要な原子力施設の外にあるかを問わず、遵守しなければならない。この条の規定によって必要とされる保障措置は、当該非核兵器国の領域内若しくはその管轄下で又は場所のいかんを問わずその管理の下で行われるすべての平和的な原子力活動に係るすべての原料物質及び特殊核分裂性物質につき、適用される。

2　各締約国は、(a)原料物質若しくは特殊核分裂性物質又は(b)特殊核分裂性物質の処理、使用若しくは生産のために特に設計され若しくは作成された設備若しくは資材を、この条の規定によって必要とされる保障措置が当該原料物質又は当該特殊各核分裂性物質について適用されない限り、平和的目的のためいかなる非核兵器国にも供給しないことを約束する。

3　この条の規定によって必要とされる保障措置は、この条の規定及び前文に規定する保障措置の原則に従い、次条の規定に適合する態様で、かつ、締約国の経済的若しくは技術的発展又は平和的な原子力活動の分野における国際協力（平和的目的のため、核物質及びその処理、使用又は生産のための設備を国際的に交換することを含む。）を妨げないような態様で、実施するものとする。

4　国際機関である非核兵器国は、この条に定める要件を満たすため、国際原子力機関憲章に従い、個々に又は他の国と共同して国際原子力機関と協定を締結するものとする。その協定の交渉は、この条約が最初に効力を生じた時から180日以内に開始しなければならない。この180日の期間の後に批准書又は加入書を寄託する国については、その協定の交渉は、当該寄託の日までに開始しなければならない。その協定は、交渉開始の日の後18箇月以内に効力を生ずるものとする。

第4条　1　この条約のいかなる規定も、無差別にかつ第1条及び第2条の規定に従って平和的目的のための原子力の研究、生産及び利用を発展させることについてのすべての締約国の奪い得ない権利に影響を及ぼすものと解してはならない。

2　すべての締約国は、原子力の平和的利用のため設備、資材並びに科学的及び技術的情報を可能な最大限度まで交換することを容易にすることを約束し、また、その交換に参加する権利を有する。締約国は、また、可能なときは、単独で又は他の国若しくは国際機関と共同して、世界の開発途上にある地域の必要に妥当な考慮を払って、平和的目的のための原子力の応用、特に締約国である非核兵器国の領域におけるその応用の一層の発展に貢献することに協力する。

第6条　各締約国は、核軍備競争の早期の停止及び核軍備の縮小に関する効果的な措置につき、並びに厳重かつ効果的な国際管理の下における全面的かつ完全な軍備縮小に関する条約について、誠実に交渉を行うことを約束する。

第9条

3　この条約は、その政府が条約の寄託者として指定される国及びこの条約の署名国である他の40の国が批准しかつその批准書を寄託した後に、効力を生ずる。この条約の適用上、「核兵器国」とは、1967年1月1日前に核兵器その他の核爆発装置を製造しかつ爆発させた国をいう。

第10条　1　各締約国は、この条約の対象である事項に関連する異常な事態が自国の至高の利益を危うくしていると認める場合には、その主権を行使してこの条約から脱退する権利を有する。当該締約国は、他のすべての締約国及び国際連

合安全保障理事会に対し3箇月前にその脱退を通知する。その通知には、自国の至高の利益を危うくしていると認める異常な事態についても記載しなければならない。
2 この条約の効力発生の25年後に、条約が無期限に効力を有するか追加の一定期間延長されるかを決定するため、会議を開催する。その決定は、締約国の過半数による議決で行う。

条約法に関するウィーン条約
採　択　1969年5月23日
効力発生　1980年1月27日
日本国　1981年8月1日

第1部 序
第1条（この条約の適用範囲）　この条約は、国の間の条約について適用する。
第2条（用語）　1　この条約の適用上、
(a)　「条約」とは、国の間において文書の形式により締結され、国際法によって規律される国際的な合意（単一の文書によるものであるか関連する2以上の文書によるものであるかを問わず、また、名称のいかんを問わない。）をいう。
(b)　「批准」、「受諾」、「承認」及び「加入」とは、それぞれ、そのように呼ばれる国際的な行為をいい、条約に拘束されることについての国の同意は、これらの行為により国際的に確定的なものとされる。
(c)　「全権委任状」とは、国の権限のある当局の発給する文書であつて、条約文の交渉、採択若しくは確定を行うため、条約に拘束されることについての国の同意を表明するため又は条約に関するその他の行為を遂行するために国を代表する1又は2以上の者を指名しているものをいう。
(d)　「留保」とは、国が、条約の特定の規定の自国への適用上その法的効果を排除し又は変更することを意図して、条約への署名、条約の批准、受諾若しくは承認又は条約への加入の際に単独に行う声明（用いられる文言及び名称のいかんを問わない。）をいう。
(e)　「交渉国」とは、条約文の作成及び採択に参加した国をいう。
(f)　「締約国」とは、条約（効力を生じているかいないかを問わない。）に拘束されることに同意した国をいう。
(g)　「当事国」とは、条約に拘束されることに同意し、かつ、自国について条約の効力が生じている国をいう。
(h)　「第3国」とは、条約の当事国でない国をいう。
(i)　「国際機関」とは、政府間機関をいう。
2　この条約における用語につき規定する1の規定は、いずれの国の国内法におけるこれらの用語の用法及び意味にも影響を及ぼすものではない。
第4条（この条約の不遡及）　この条約は、自国についてこの条約の効力が生じている国によりその効力発生の後に締結される条約についてのみ適用する。ただし、この条約に記載されている規則のうちこの条約との関係を離れ国際法に基づき条約を規律するような規則のいかなる条約についての適用も妨げるものではない。

第2部 条約の締結及び効力発生
第1節 条約の締結
第6条（国の条約締結能力）　いずれの国も、条約を締結する能力を有する。
第7条（全権委任状）　1　いずれの者も、次の場合には、条約文の採択若しくは確定又は条約に拘束されることについての国の同意の表明の目的のために国を代表するものと認められる。
(a)　当該者から適切な全権委任状の提示がある場合

(b)　当該者につきこの1に規定する目的のために国を代表するものと認めかつ全権委任状の提示を要求しないことを関係国が意図していたことが関係国の慣行又はその他の状況から明らかである場合
2　次の者は、職務の性質により、全権委任状の提示を要求されることなく、自国を代表するものと認められる。
(a)　条約の締結に関するあらゆる行為について、元首、政府の長及び外務大臣
(b)　派遣国と接受国との間の条約の条約文の採択については、外交使節団の長
(c)　国際会議又は国際機関若しくはその内部機関における条約文の採択については、当該国際会議又は国際機関若しくはその内部機関に対し国の派遣した代表者
第8条（権限が与えられることなく行われた行為の追認）　条約の締結に関する行為について国を代表する権限を有するとは前条の規定により認められない者の行つたこれらの行為は、事後に国が追認しない限り、法的効果を伴わない。
第9条（条約文の採択）　1　条約文は、2の場合を除くほか、その作成に参加したすべての国の同意により採択される。
2　国際会議においては、条約文は、出席しかつ投票する国の3分の2以上の多数による議決で採択される。ただし、出席しかつ投票する国が3分の2以上の多数による議決で異なる規則を適用することを決定した場合は、この限りでない。
第10条（条約文の確定）　条約文は、次のいずれかの方法により真正かつ最終的なものとされる。
(a)　条約文に定められている手続又は条約文の作成に参加した国が合意する手続
(b)　(a)の手続がない場合には、条約文の作成に参加した国の代表者による条約文又は条約文を含む会議の最終議定書への署名、追認を要する署名又は仮署名
第11条（条約に拘束されることについての国の同意の表明の方法）　条約に拘束されることについての国の同意は、署名、条約を構成する文書の交換、批准、受諾、承認若しくは加入により又は合意がある場合には他の方法により表明することができる。
第12条（条約に拘束されることについての同意の署名による表明）　1　条約に拘束されることについての国の同意は、次の場合には、国の代表者の署名により表明される。
(a)　署名が同意の表明の効果を有することを条約が定めている場合
(b)　署名が同意の表明の効果を有することを交渉国が合意したことが他の方法により認められる場合
(c)　署名に同意の表明の効果を付与することを国が意図していることが当該国の代表者の全権委任状から明らかであるか又は交渉の過程において表明されたかのいずれかの場合
2　1の規定の適用上、
(a)　条約文への仮署名は、交渉国の合意があると認められる場合には、条約への署名とされる。
(b)　国の代表者による条約への追認を要する署名は、当該国が追認をする場合には、条約への完全な署名とされる。
第13条（条約に拘束されることについての同意の条約構成文書の交換による表明）　国の間で交換される文書により構成されている条約に拘束されることについての国の同意は、次の場合には、当該文書の交換により表明される。
(a)　文書の交換が同意の表明の効果を有することを当該文書が定めている場合
(b)　文書の交換が同意の表明の効果を有することを国の間で合意したことが他の方法により認められる場合
第14条（条約に拘束されることについての同意の批准、受諾又は承認による表明）　1　条約に拘束されることについての国の同意は、次の場合には、批准により表明される。

(a) 同意が批准により表明されることを条約が定めている場合
(b) 批准を要することを交渉国が合意したことが他の方法により認められる場合
(c) 国の代表者が批准を条件として条約に署名した場合
(d) 批准を条件として条約に署名することを国が意図していることが当該国の代表者の全権委任状から明らかであるか又は交渉の過程において表明されたかのいずれかの場合

2 条約に拘束されることについての国の同意は、批准により表明される場合の条件と同様の条件で、受諾又は承認により表明される。

第15条（条約に拘束されることについての同意の加入による表明） 条約に拘束されることについての国の同意は、次の場合には、加入により表明される。
(a) 当該国が加入により同意を表明することができることを条約が定めている場合
(b) 当該国が加入により同意を表明することができることを交渉国が合意したことが他の方法により認められる場合
(c) 当該国が加入により同意を表明することができることをすべての当事国が後に合意した場合

第16条（批准書、受諾書、承認書又は加入書の交換又は寄託） 条約に別段の定めがない限り、批准書、受諾書、承認書又は加入書は、これらについて次のいずれかの行為が行われた時に、条約に拘束されることについての国の同意を確定的なものとする。
(a) 締約国の間における交換
(b) 寄託者への寄託
(c) 合意がある場合には、締約国又は寄託者に対する通告

第18条（条約の効力発生前に条約の趣旨及び目的を失わせてはならない義務） いずれの国も、次の場合には、それぞれに定める期間、条約の趣旨及び目的を失わせることとなるような行為を行わないようにする義務がある。
(a) 批准、受諾若しくは承認を条件として条約に署名又は条約を構成する文書を交換した場合には、その署名又は交換の時から条約の当事国とならない意図を明らかにする時までの間
(b) 条約に拘束されることについての同意を表明した場合には、その表明の時から条約が効力を生ずる時までの間。ただし、効力発生が不当に遅延する場合は、この限りでない。

第2節 留保

第19条（留保の表明） いずれの国も、次の場合を除くほか、条約への署名、条約の批准、受諾若しくは承認又は条約への加入に際し、留保を付することができる。
(a) 条約が当該留保を付することを禁止している場合
(b) 条約が、当該留保を含まない特定の留保のみを付することができる旨を定めている場合
(c) (a)及び(b)の場合以外の場合において、当該留保が条約の趣旨及び目的と両立しないものであるとき。

第20条（留保の受諾及び留保に対する異議） 1 条約が明示的に認めている留保については、条約に別段の定めがない限り、他の締約国による受諾を要しない。
2 すべての当事国の間で条約を全体として適用することが条約に拘束されることについての各当事国の同意の不可欠の条件であることが、交渉国数が限定されていること並びに条約の趣旨及び目的から明らかである場合には、留保については、すべての当事国による受諾を要する。
3 条約が国際機関の設立文書である場合には、留保については、条約に別段の定めがない限り、当該国際機関の権限のある内部機関による受諾を要する。
4 1から3までの場合以外の場合には、条約に別段の定めがない限り、
(a) 留保を付した国は、留保を受諾する他の締約国との間においては、条約がこれらの国の双方について効力を生じているときは条約の効力発生時に、条約の双方の又は一方について効力を生じていないときは双方について効力を生ずる時に、条約の当事国関係に入る。
(b) 留保に対し他の締約国が異議を申し立てることにより、留保を付した国と当該他の締約国との間における条約の効力発生が妨げられることはない。ただし、当該他の締約国が別段の意図を明確に表明する場合は、この限りでない。
(c) 条約に拘束されることについての国の同意を表明する行為で留保を伴うものは、他の締約国の少なくとも1が留保を受諾した時に有効となる。
5 2及び4の規定の適用上、条約に別段の定めがない限り、いずれの国が、留保の通告を受けた後12箇月の期間が満了する日又は条約に拘束されることについての同意を表明する日のいずれか遅い日までに、留保に対し異議を申し立てなかつた場合には、留保は、当該国により受諾されたものとみなす。

第21条（留保及び留保に対する異議の法的効果） 1 第19条、前条及び第23条の規定により他の当事国との関係において成立した留保は、
(a) 留保を付した国に関しては、当該他の当事国との関係において、留保に係る条約の規定を留保の限度において変更する。
(b) 当該他の当事国に関しては、留保を付した国との関係において、留保に係る条約の規定を留保の限度において変更する。
2 1に規定する留保は、留保を付した国以外の条約の当事国相互の関係においては、これらの国の条約の規定を変更しない。
3 留保に対し異議を申し立てた国が自国と留保を付した国との間において条約が効力を生ずることに反対しなかつた場合には、留保に係る条約の規定は、これらの2の国の間において、留保の限度において適用がない。

第22条（留保の撤回及び留保に対する異議の撤回） 1 留保は、条約に別段の定めがない限り、いつでも撤回することができるものとし、撤回については、留保を受諾した国の同意を要しない。
2 留保に対する異議は、条約に別段の定めがない限り、いつでも撤回することができる。
3 条約に別段の定めがある場合及び別段の合意がある場合を除くほか、
(a) 留保の撤回は、留保を付した国と他の締約国との関係において、当該他の締約国が当該撤回の通告を受領した時に効果を生ずる。
(b) 留保に対する異議の撤回は、留保を付した国が当該撤回の通告を受領した時に効果を生ずる。

第3節 条約の効力発生及び暫定的適用

第24条（効力発生） 1 条約は、条約に定める態様又は交渉国が合意する態様により、条約に定める日又は交渉国が合意する日に効力を生ずる。
2 1の場合以外の場合には、条約は、条約に拘束されることについての同意がすべての交渉国につき確定的なものとされた時に、効力を生ずる。
3 条約に拘束されることについての国の同意が条約の効力発生の後に確定的なものとされる場合には、条約は、条約に別段の定めがない限り、当該国につき、その同意が確定的なものとされた日に効力を生ずる。
4 条約文の確定、条約に拘束されることについての国の同意の確定、条約の効力発生の態様、寄託者の任務その他必然的に条約の効力発生前に生ずる問題について規律する規定は、条約文の採択の時から適用する。

第3部　条約の遵守、適用及び解釈
第1節　条約の遵守
第26条（「合意は守られなければならない」）　効力を有するすべての条約は、当事国を拘束し、当事国は、これらの条約を誠実に履行しなければならない。
第27条（国内法と条約の遵守）　当事国は、条約の不履行を正当化する根拠として自国の国内法を援用することができない。この規則は、第46条の規定の適用を妨げるものではない。
第2節　条約の適用
第28条（条約の不遡及）　条約は、別段の意図が条約自体から明らかである場合及びその意図が他の方法によって確認される場合を除くほか、条約の効力が当事国について生ずる日前に行われた行為、同日前に生じた事実又は同日前に消滅した事態に関し、当該当事国を拘束しない。
第29条（条約の適用地域）　条約は、別段の意図が条約自体から明らかである場合及びその意図が他の方法によって確認される場合を除くほか、各当事国をその領域全体について拘束する。
第30条（同一の事項に関する相前後する条約の適用）　1　国際連合憲章第103条の規定が適用されることを条件として、同一の事項に関する相前後する条約の当事国の権利及び義務は、2から5までの規定により決定する。
2　条約が前の若しくは後の条約に従うものであること又は前の若しくは後の条約と両立しないものとみなしてはならないことを規定している場合には、当該前の又は後の条約が優先する。
3　条約の当事国のすべてが後の条約の当事国となっている場合において、第59条の規定による条約の終了又は運用停止がされていないときは、条約は、後の条約と両立する限度においてのみ、適用する。
4　条約の当事国のすべてが後の条約の当事国となっている場合以外の場合には、
(a)　双方の条約の当事国である国の間においては、3の規則と同一の規則を適用する。
(b)　双方の条約の当事国である国といずれかの条約のみの当事国である国との間においては、これらの国が共に当事国となっている条約が、これらの国の相互の権利及び義務を規律する。
5　4の規定は、第41条の規定の適用を妨げるものではなく、また、第60条の規定による条約の終了又は運用停止の問題及びいずれかの国が条約により他の国に対し負っている義務に反することとなる規定を有する他の条約を締結し又は適用することから生ずる責任の問題に影響を及ぼすものではない。
第3節　条約の解釈
第31条（解釈に関する一般的な規則）　1　条約は、文脈によりかつその趣旨及び目的に照らして与えられる用語の通常の意味に従い、誠実に解釈するものとする。
2　条約の解釈上、文脈というときは、条約文（前文及び附属書を含む。）のほかに、次のものを含める。
(a)　条約の締結に関連してすべての当事国の間でされた条約の関係合意
(b)　条約の締結に関連して当事国の1又は2以上が作成した文書であってこれらの当事国以外の当事国が条約の関係文書として認めたもの
3　文脈とともに、次のものを考慮する。
(a)　条約の解釈又は適用につき当事国の間で後にされた合意
(b)　条約の適用につき後に生じた慣行であって、条約の解釈についての当事国の合意を確立するもの
(c)　当事国の間の関係において適用される国際法の関連規則
4　用語は、当事国がこれに特別の意味を与えることを意図していたと認められる場合には、当該特別の意味を有する。
第32条（解釈の補足的な手段）　前条の規定の適用により得られた意味を確認するため又は次の場合における意味を決定するため、解釈の補足的な手段、特に条約の準備作業及び条約の締結の際の事情に依拠することができる。
(a)　前条の規定による解釈によっては意味があいまい又は不明確である場合
(b)　前条の規定による解釈により明らかに常識に反した又は不合理な結果がもたらされる場合
第33条（2以上の言語により確定がされた条約の解釈）　1　条約について2以上の言語により確定がされた場合には、それぞれの言語による条約文がひとしく権威を有する。ただし、相違があるときは特定の言語による条約文によることを条約が定めている場合又はこのことについて当事国が合意する場合は、この限りでない。
2　条約文の確定に係る言語以外の言語による条約文は、条約に定めがある場合又は当事国が合意する場合にのみ、正文とみなされる。
3　条約の用語は、各正文において同一の意味を有すると推定される。
4　1の規定に従い特定の言語による条約文による場合を除くほか、各正文の比較により、第31条及び前条の規定を適用しても解消されない意味の相違があることが明らかとなった場合には、条約の趣旨及び目的を考慮した上、すべての正文について最大の調和が図られる意味を採用する。
第4節　条約と第3国
第34条（第3国に関する一般的な規則）　条約は、第3国の義務又は権利を当該第3国の同意なしに創設することはない。
第35条（第3国の義務について規定している条約）　いずれの第3国も、条約の当事国が条約のいずれかの規定により当該第3国に義務を課することを意図しており、かつ、当該第3国が書面により当該義務を明示的に受け入れる場合には、当該規定に係る当該義務を負う。
第36条（第3国の権利について規定している条約）　1　いずれの第3国も、条約の当事国が条約のいずれかの規定により当該第3国若しくは当該第3国の属する国の集団に又はいずれの国に対しても権利を与えることを意図しており、かつ、当該第3国が同意する場合には、当該規定に係る当該権利を取得する。同意しない旨の意思表示がない限り、第3国の同意は、存在するものと推定される。ただし、条約に別段の定めがある場合は、この限りでない。
2　1の規定により権利を行使する国は、当該権利の行使につき、条約に定められている条件又は条約に合致するものとして設定される条件を遵守する。
第38条（国際慣習となることにより第3国を拘束することとなる条約の規則）　第34条から前条までの規定のいずれも、条約に規定されている規則が国際法の慣習的規則と認められるものとして第3国を拘束することとなることを妨げるものではない。
第4部　条約の改正及び修正
第39条（条約の改正に関する一般的な規則）　条約は、当事国の間の合意によって改正することができる。当該合意については、条約に別段の定めがある場合を除くほか、第2部に定める規則を適用する。
第40条（多数国間の条約の改正）　1　多数国間の条約の改正は、当該条約に別段の定めがない限り、2から5までの規定により規律する。
2　多数国間の条約をすべての当事国の間で改正するための提案は、すべての締約国に通告しなければならない。各締約

国は、次のことに参加する権利を有する。
(a) 当該提案に関してとられる措置についての決定
(b) 当該条約を改正する合意の交渉及び締結
3 条約の当事国となる資格を有するいずれの国も、改正がされた条約の当事国となる資格を有する。
4 条約を改正する合意は、既に条約の当事国となっている国であっても当該合意の当事者とならないものについては、拘束しない。これらの国については、第30条4(b)の規定を適用する。
5 条約を改正する合意が効力を生じた後に条約の当事国となる国は、別段の意思を表明しない限り、
(a) 改正がされた条約の当事国とみなす。
(b) 条約を改正する合意に拘束されていない条約の当事国との関係においては、改正がされていない条約の当事国とみなす。

第41条（多数国間の条約を一部の当事国の間においてのみ修正する合意） 1 多数国間の条約の2以上の当事国は、次の場合には、条約を当該2以上の当事国の間においてのみ修正する合意を締結することができる。
(a) このような修正を行うことができることを条約が規定している場合
(b) 当該2以上の当事国が行おうとする修正が条約により禁止されておらずかつ次の条件を満たしている場合
(i) 条約に基づく他の当事国による権利の享有又は義務の履行を妨げるものでないこと。
(ii) 逸脱を認めれば条約全体の趣旨及び目的の効果的な実現と両立しないこととなる条約の規定に関するものでないこと。
2 条約を修正する合意を締結する意図を有する当事国は、当該合意を締結する意図及び当該合意による修正を他の当事国に通告する。ただし、1(a)の場合において条約に別段の定めがあるときは、この限りでない。

第5部 条約の無効、終了及び運用停止
第1節 総則
第42条（条約の有効性及び条約の効力の存続） 1 条約の有効性及び条約に拘束されることについての国の同意の有効性は、この条約の適用によってのみ否認することができる。
2 条約の終了若しくは廃棄又は条約からの当事国の脱退は、条約又はこの条約の適用によってのみ行うことができる。条約の運用停止についても、同様とする。

第44条（条約の可分性） 1 条約を廃棄し、条約から脱退し又は条約の運用を停止する当事国の権利であって、条約に定めるもの又は第56条の規定に基づくものは、条約全体についてのみ行使することができる。ただし、条約に別段の定めがある場合又は当事国が別段の合意をする場合は、この限りでない。
2 条約の無効若しくは終了、条約からの脱退又は条約の運用停止の根拠としてこの条約において認められるものは、3から5まで及び第60条に定める場合を除くほか、条約全体についてのみ援用することができる。
3 2に規定する根拠が特定の条項にのみ係るものであり、かつ、次の条件が満たされる場合には、当該根拠は、当該条項についてのみ援用することができる。
(a) 当該条項がその適用上条約の他の部分から分離可能なものであること。
(b) 当該条項の受諾が条約全体に拘束されることについての他の当事国の同意の不可欠の基礎を成すものでなかったことが、条約自体から明らかであるか又は他の方法によって確認されるかのいずれかであること。
(c) 条約の他の部分を引き続き履行することとしても不当ではないこと。
4 第49条及び第50条の場合には、詐欺又は買収を根拠として援用する権利を有する国は、条約全体についてこの権利を行使することができるものとし、特定の条項についても、3の規定に従うことを条件として、この権利を行使することができる。
5 第50条から第53条までの場合には、条約の分割は、認められない。

第2節 条約の無効
第46条（条約を締結する権限に関する国内法の規定） 1 いずれの国も、条約に拘束されることについての同意が条約を締結する権限に関する国内法の規定に違反して表明されたという事実を、当該同意を無効にする根拠として援用することができない。ただし、違反が明白でありかつ基本的な重要性を有する国内法の規則に係るものである場合は、この限りでない。
2 違反は、条約の締結に関し通常の慣行に従いかつ誠実に行動するいずれの国にとっても客観的に明らかであるような場合には、明白であるとされる。

第47条（国の同意を表明する権限に対する特別の制限） 特定の条約に拘束されることについての国の同意を表明する代表者の権限が特別の制限を付して与えられている場合に代表者が当該制限に従わなかったという事実は、当該制限が代表者による同意の表明に先立って他の交渉国に通告されていない限り、代表者によって表明された同意を無効にする根拠として援用することができない。

第48条（錯誤） 1 いずれの国も、条約についての錯誤が、条約の締結の時に存在すると自国が考えていた事実又は事態であって条約に拘束されることについての自国の同意の不可欠の基礎を成していた事実又は事態に係る錯誤である場合には、当該錯誤を条約に拘束されることについての自国の同意を無効にする根拠として援用することができる。
2 1の規定は、国が自らの行為を通じて当該錯誤の発生に寄与した場合又は国が何らかの状況の下で当該錯誤の発生の可能性を予見することができる状況に置かれていた場合には、適用しない。
3 条約文の字句のみに係る錯誤は、条約の有効性に影響を及ぼすものではない。このような錯誤については、第79条の規定を適用する。

第49条（詐欺） いずれの国も、他の交渉国の詐欺行為によって条約を締結することとなった場合には、当該詐欺を条約に拘束されることについての自国の同意を無効にする根拠として援用することができる。

第50条（国の代表者の買収） いずれの国も、条約に拘束されることについての自国の同意が、他の交渉国が直接又は間接に自国の代表者を買収した結果表明されることとなった場合には、その買収を条約に拘束されることについての自国の同意を無効にする根拠として援用することができる。

第51条（国の代表者に対する強制） 条約に拘束されることについての国の同意の表明は、当該国の代表者に対する行為又は脅迫による強制の結果行われたものである場合には、いかなる法的効果も有しない。

第52条（武力による威嚇又は武力の行使による国に対する強制） 国際連合憲章に規定する国際法の諸原則に違反する武力による威嚇又は武力の行使の結果締結された条約は、無効である。

第53条（一般国際法の強行規範に抵触する条約） 締結の時に一般国際法の強行規範に抵触する条約は、無効である。この条約の適用上、一般国際法の強行規範とは、いかなる逸脱も許されない規範として、また、後に成立する同一の性質を有する一般国際法の規範によってのみ変更することのできる規範として、国により構成されている国際社会全体が受け入れ、かつ、認める規範をいう。

第3節 条約の終了及び運用停止
第54条（条約又は当事国の同意に基づく条約の終了又は条

約からの脱退）　条約の終了又は条約からの当事国の脱退は、次のいずれかの場合に行うことができる。
(a)　条約に基づく場合
(b)　すべての当事国の同意がある場合。この場合には、いかなる時点においても行うことができる。もっとも、当事国となっていない締約国は、事前に協議を受ける。
第55条（多数国間の条約の効力発生に必要な数を下回る数への当事国数の減少）　多数国間の条約は、条約に別段の定めがない限り、当事国数が条約の効力発生に必要な数を下回る数に減少したことのみを理由として終了することができない。
第56条（終了、廃棄又は脱退に関する規定を含まない条約の廃棄又はこのような条約からの脱退）　1　終了に関する規定を含まずかつ廃棄又は脱退について規定していない条約については、次の場合を除くほか、これを廃棄し、又はこれから脱退することができない。
(a)　当事国が廃棄又は脱退の可能性を許容する意図を有していたと認められる場合
(b)　条約の性質上廃棄又は脱退の権利があると考えられる場合
2　当事国は、1の規定に基づき条約を廃棄し又は条約から脱退しようとする場合には、その意図を廃棄又は脱退の12箇月前までに通告する。
第57条（条約又は当事国の同意に基づく条約の運用停止）　条約の運用停止は、次のいずれかの場合に、すべての当事国又は特定の当事国について停止することができる。
(a)　条約に基づく場合
(b)　すべての当事国の同意がある場合。この場合には、いかなる時点においても停止することができる。もっとも、当事国となっていない締約国は、事前に協議を受ける。
第59条（後の条約の締結による条約の終了又は運用停止）　1　条約は、すべての当事国が同一の事項に関し後の条約を締結する場合において次のいずれかの条件が満たされるときは、終了したものとみなす。
(a)　当事国が当該事項を後の条約によって規律することを意図していたことが後の条約自体から明らかであるか又は他の方法によって確認されるかのいずれかであること。
(b)　条約と後の条約とが著しく相いれないものであるためこれらの条約を同時に適用することができないこと。
2　当事国が条約の運用を停止することのみを意図していたことが後の条約自体から明らかである場合又は他の方法によって確認される場合には、条約は、運用を停止されるにとどまるものとみなす。
第60条（条約違反の結果としての条約の終了又は運用停止）　1　2国間の条約につきその一方の当事国による重大な違反があった場合には、他方の当事国は、当該違反を条約の終了又は条約の全部若しくは一部の運用停止の根拠として援用することができる。
2　多数国間の条約につきその1の当事国による重大な違反があった場合には、
(a)　他の当事国は、一致して合意することにより、次の関係において、条約の全部若しくは一部の運用を停止し又は条約を終了させることができる。
(i)　他の当事国と違反を行った国との間の関係
(ii)　すべての当事国の間の関係
(b)　違反により特に影響を受けた当事国は、自国と違反を行った国との間の関係において、当該違反を条約の全部又は一部の運用停止の根拠として援用することができる。
(c)　条約の性質上、1の当事国による重大な違反が条約に基づく義務の履行の継続についてのすべての当事国の立場を根本的に変更するものであるときは、当該違反を行った国以外の当事国は、当該違反を自国につき条約の全部又は一部の運用を停止する根拠として援用することができる。

3　この条の規定の適用上、重大な条約違反とは、次のものをいう。
(a)　条約の否定であってこの条約により認められないもの
(b)　条約の趣旨及び目的の実現に不可欠な規定についての違反
4　1から3までの規程は、条約違反があった場合に適用される当該条約の規定に影響を及ぼすものではない。
5　1から3までの規定は、人道的性格を有する条約に定める身体の保護に関する規定、特にこのような条約により保護される者に対する報復（形式のいかんを問わない。）を禁止する規定については、適用しない。
第61条（後発的履行不能）　1　条約の実施に不可欠である対象が永久的に消滅し又は破壊された結果条約が履行不能となった場合には、当事国は、当該履行不能を条約の終了又は条約からの脱退の根拠として援用することができる。履行不能は、一時的なものである場合には、条約の運用停止の根拠としてのみ援用することができる。
2　当事国は、条約に基づく義務についての自国の違反又は他の当事国に対し負っている他の国際的な義務についての自国の違反の結果条約が履行不能となった場合には、当該履行不能を条約の終了、条約からの脱退又は条約の運用停止の根拠として援用することができない。
第62条（事情の根本的な変化）　1　条約の締結の時に存在していた事情につき生じた根本的な変化が当事国の予見しなかったものである場合には、次の条件が満たされない限り、当該変化を条約の終了又は条約からの脱退の根拠として援用することができない。
(a)　当該事情の存在が条約に拘束されることについての当事国の同意の不可欠の基礎を成していたこと。
(b)　当該変化が、条約に基づき引き続き履行しなければならない義務の範囲を根本的に変更する効果を有するものであること。
2　事情の根本的な変化は、次の場合には、条約の終了又は条約からの脱退の根拠として援用することができない。
(a)　条約が境界を確定している場合
(b)　事情の根本的な変化が、これを援用する当事国による条約に基づく義務についての違反又は他の当事国に対し負っている他の国際的な義務についての違反の結果生じたものである場合
3　当事国は、1及び2の規定に基づき事情の根本的な変化を条約の終了又は条約からの脱退の根拠として援用することができる場合には、当該変化を条約の運用停止の根拠としても援用することができる。
第63条（外交関係又は領事関係の断絶）　条約の当事国の間の外交関係又は領事関係の断絶は、当事国の間に当該条約に基づき確立されている法的関係に影響を及ぼすものではない。ただし、外交関係又は領事関係の存在が当該条約の適用に不可欠である場合は、この限りでない。
第64条（一般国際法の新たな強行規範の成立）　一般国際法の新たな強行規範が成立した場合には、当該強行規範に抵触する既存の条約は、効力を失い、終了する。

第4節　手続

第66条（司法的解決、仲裁及び調停の手続）　前条3の規定が適用された場合において、異議が申し立てられた日の後12箇月以内に何らの解決も得られなかったときは、次の手続に従う。
(a)　第53条又は第64条の規定の適用又は解釈に関する紛争の当事者のいずれも、国際司法裁判所に対し、その決定を求めるため書面の請求により紛争を付託することができる。ただし、紛争の当事者が紛争を仲裁に付することについて合意する場合は、この限りでない。
(b)　この部の他の規定の適用又は解釈に関する紛争の当事

第5節　条約の無効、終了又は運用停止の効果
第71条（一般国際法の強行規範に抵触する条約の無効の効果）　1　条約が第53条の規定により無効であるとされた場合には、当事国は、次のことができる。
(a)　一般国際法の強行規範に抵触する規定に依拠して行った行為によりもたらされた結果をできる限り除去すること。
(b)　当事国の相互の関係を一般国際法の強行規範に適合したものとすること。
2　第64条の規定により効力を失い、終了するとされた条約については、その終了により、
(a)　当事国は、条約を引き続き履行する義務を免除される。
(b)　条約の終了前に条約の実施によって生じていた当事国の権利、義務及び法的状態は、影響を受けない。ただし、これらの権利、義務及び法的状態は、条約の終了後は、一般国際法の新たな強行規範に抵触しない限度においてのみ維持することができる。

第6部　雑則
第73条（国家承継、国家責任及び敵対行為の発生の場合）
この条約は、国家承継、国の国際責任又は国の間の敵対行為の発生により条約に関連して生ずるいかなる問題についても予断を下しているものではない。

航空機の不法な奪取の防止に関する条約
署　　名　1970年12月16日
効力発生　1971年10月14日
日 本 国　1971年10月14日

第1条　飛行中の航空機内における次の行為は、犯罪とする。その行為は、以下「犯罪行為」という。
(a)　暴力、暴力による脅迫その他の威嚇手段を用いて当該航空機を不法に奪取し又は管理する行為（未遂を含む。）
(b)　(a)の行為（未遂を含む。）に加担する行為
第2条　各締約国は、犯罪行為について重い刑罰を科することができるようにすることを約束する。
第4条　1　いずれの締約国も、次の場合には、犯罪行為及びその容疑者が犯罪行為の実行にあたり旅客又は乗組員に対して行なったその他のすべての暴力行為につき、自国の裁判権を設定するために必要な措置をとる。
(a)　犯罪行為が当該締約国において登録された航空機内で行なわれた場合
(b)　機内で犯罪行為の行なわれた航空機が容疑者を乗せたまま当該締約国の領域内に着陸する場合
(c)　犯罪行為が、当該締約国内に主たる営業所を有する賃借人又は主たる営業所を有しないが当該締約国内に住所を有する賃借人に対して乗組員なしに賃貸された航空機内で行なわれた場合
2　犯罪行為の容疑者が領域内に所在する締約国は、1(a)、(b)又は(c)の場合に該当する他のいずれの締約国に対しても第8条の規定に従ってその容疑者を引き渡さない場合に当該犯罪行為につき自国の裁判権を設定するため、必要な措置をとる。
3　この条約は、国内法に従って行使される刑事裁判権を排除するものではない。
第7条　犯罪行為の容疑者が領域内で発見された締約国は、その容疑者を引き渡さない場合には、その犯罪行為が自国の領域内で行なわれたものであるかどうかを問わず、いかなる例外もなしに、訴追のため自国の権限のある当局に事件を付託する義務を負う。その当局は、自国の法令に規定する通常の重大な犯罪の場合と同様の方法で決定を行なう。
第8条　1　犯罪行為は、締約国間の現行の犯罪人引渡条約における引渡犯罪とみなす。締約国は、相互間で将来締結されるすべての犯罪人引渡条約に犯罪行為を引渡犯罪として含めることを約束する。
第12条　1　この条約の解釈又は適用に関する締約国間の紛争で交渉によって解決することができないものは、それらの締約国のうちいずれか1国の要請によって仲裁に付託される。紛争当事国が仲裁の要請の日から6箇月以内に仲裁の組織について合意に達しない場合には、それらの紛争当事国のうちいずれの1国も、国際司法裁判所規程に従って国際司法裁判所に紛争を付託することができる。
2　各国は、この条約の署名若しくは批准又はこの条約への加入の時に、1の規定に拘束されないことを宣言することができる。他の締約国は、そのような留保をした締約国との関係において1の規定に拘束されない。
3　2の規定に基づいて留保をした締約国は、寄託国政府に対する通告によっていつでもその留保を撤回することができる。

1949年8月12日のジュネーヴ諸条約の国際的な武力紛争の犠牲者の保護に関する追加議定書（議定書I）（第1追加議定書）
採　　択　1977年12月12日
効力発生　1978年12月7日
日 本 国　2005年2月28日

第1条（一般原則及び適用範囲）　1　締約国は、すべての場合において、この議定書を尊重し、かつ、この議定書の尊重を確保することを約束する。
2　文民及び戦闘員は、この議定書その他の国際取極がその対象としていない場合においても、確立された慣習、人道の諸原則及び公共の良心に由来する国際法の諸原則に基づく保護並びにこのような国際法の諸原則の支配の下に置かれる。
3　この議定書は、戦争犠牲者の保護に関する1949年8月12日のジュネーヴ諸条約を補完するものであり、同諸条約のそれぞれの第2条に共通して規定する事態について適用する。
4　3に規定する事態には、国際連合憲章並びに国際連合憲章による諸国間の友好関係及び協力についての国際法の諸原則に関する宣言にうたう人民の自決の権利の行使として人民が植民地支配及び外国による占領並びに人種差別体制に対して戦う武力紛争を含む。
第35条（基本原則）　1　いかなる武力紛争においても、紛争当事者が戦闘の方法及び手段を選ぶ権利は、無制限ではない。
2　過度の傷害又は無用の苦痛を与える兵器、投射物及び物質並びに戦闘の方法を用いることは、禁止する。
3　自然環境に対して広範、長期的かつ深刻な損害を与えることを目的とする又は与えることが予測される戦闘の方法及び手段を用いることは、禁止する。
第43条（軍隊）　1　紛争当事者の軍隊は、部下の行動について当該紛争当事者に対して責任を負う司令部の下にある組織され及び武装したすべての兵力、集団及び部隊から成る（当該紛争当事者を代表する政府又は当局が敵対する紛争当事者によって承認されているか否かを問わない。）。このような軍隊は、内部規律に関する制度、特に武力紛争の際に適用される国際法の諸規則を遵守させる内部規律に関する制度に従う。

2 紛争当事者の軍隊の構成員(第3条約第33条に規定する衛生要員及び宗教要員を除く。)は、戦闘員であり、すなわち、敵対行為に直接参加する権利を有する。

第44条(戦闘員及び捕虜) 1 前条に規定する戦闘員であって敵対する紛争当事者の権力内に陥ったものは、捕虜とする。

3 戦闘員は、文民たる住民を敵対行為の影響から保護することを促進するため、攻撃又は攻撃の準備のための軍事行動を行っている間、自己と文民たる住民とを区別する義務を負う。もっとも、武装した戦闘員は、武力紛争において敵対行為の性質のため自己と文民たる住民とを区別することができない状況があると認められるので、当該状況において次に規定する間武器を公然と携行することを条件として、戦闘員としての地位を保持する。
(a) 交戦の間
(b) 自己が参加する攻撃に先立つ軍事展開中に敵に目撃されている間
この3に定める条件に合致する行為は、第37条1(c)に規定する背信行為とは認められない。

第48条(基本原則) 紛争当事者は、文民たる住民及び民用物を尊重し及び保護することを確保するため、文民たる住民と戦闘員とを、また、民用物と軍事目標とを常に区別し、及び軍事目標のみを軍事行動の対象とする。

第51条(文民たる住民の保護) 1 文民たる住民及び個々の文民は、軍事行動から生ずる危険からの一般的保護を受ける。この保護を実効的なものとするため、適用される他の国際法の諸規則に追加される2から8までに定める規則は、すべての場合において、遵守する。
2 文民たる住民それ自体及び個々の文民は、攻撃の対象としてはならない。文民たる住民の間に恐怖を広めることを主たる目的とする暴力行為又は暴力による威嚇は、禁止する。
3 文民は、敵対行為に直接参加していない限り、この部の規定によって与えられる保護を受ける。
4 無差別な攻撃は、禁止する。無差別な攻撃とは、次の攻撃であって、それぞれの場合において、軍事目標と文民又は民用物とを区別しないでこれらに打撃を与える性質を有するものをいう。
(a) 特定の軍事目標のみを対象としない攻撃
(b) 特定の軍事目標を対象とすることのできない戦闘の方法及び手段を用いる攻撃
(c) この議定書で定める限度を超える影響を及ぼす戦闘の方法及び手段を用いる攻撃
5 特に、次の攻撃は、無差別なものと認められる。
(a) 都市、町村その他の文民又は民用物の集中している地域に位置する多数の軍事目標であって相互に明確に分離された別個のものを単一の軍事目標とみなす方法及び手段を用いる砲撃又は爆撃による攻撃
(b) 予期される具体的かつ直接的な軍事的利益との比較において、巻き添えによる文民の死亡、文民の傷害、民用物の損傷又はこれらの複合した事態を過度に引き起こすことが予測される攻撃
6 復仇の手段として文民たる住民又は個々の文民を攻撃することは、禁止する。

第85条(この議定書に対する違反行為の防止) 1 この部の規定によって補完される違反行為及び重大な違反行為の防止に関する諸条約の規定は、この議定書に対する違反行為及び重大な違反行為の防止について適用する。
2 諸条約において重大な違反行為とされている行為は、敵対する紛争当事者の権力内にある者であって第44条、第45条及び第73条の規定によって保護されるもの、敵対する紛争当事者の傷者、病者及び難船者であってこの議定書によって保護されるもの又は敵対する紛争当事者の支配の下にある医療要員、宗教要員、医療組織若しくは医用輸送手段であってこの議定書によって保護されるものに対して行われる場合には、この議定書に対する重大な違反行為とする。
3 第11条に規定する重大な違反行為のほか、次の行為は、この議定書関連規定に違反して故意に行われ、死亡又は身体若しくは健康に対する重大な傷害を引き起こす場合には、この議定書に対する重大な違反行為とする。
(a) 文民たる住民又は個々の文民を攻撃の対象とすること。
(b) 第57条2(a)(iii)に規定する文民の過度の死亡若しくは傷害又は民用物の過度な損傷を引き起こすことを知りながら、文民たる住民又は民用物に影響を及ぼす無差別な攻撃を行うこと。
(c) 第57条2(a)(iii)に規定する文民の過度な死亡若しくは傷害又は民用物の過度の損傷を引き起こすことを知りながら、危険な力を内蔵する工作物又は施設に対する攻撃を行うこと。
(d) 無防備地区及び非武装地帯を攻撃の対象とすること。
(e) 戦闘外にある者であることを知りながら、その者を攻撃の対象とすること。
(f) 赤十字、赤新月若しくは赤のライオン及び太陽の特殊標章又は諸条約若しくはこの議定書によって認められている他の保護標章を第37条の規定に違反して背信的に使用すること。
4 2及び3並びに諸条約に定める重大な違反行為のほか、次の行為は、諸条約又はこの議定書に違反して故意に行われる場合には、この議定書に対する重大な違反行為とする。
(a) 占領国が、第4条約第49条の規定に違反して、その占領地域に自国の文民たる住民の一部を移送すること又はその占領地域の住民の全部若しくは一部を当該占領地域の内において若しくはその外に追放し若しくは移送すること。
(b) 捕虜又は文民の送還を不当に遅延させること。
(c) アパルトヘイトの慣行その他の人種差別に基づき個人の尊厳に対する侵害をもたらす非人道的で体面を汚す慣行
(d) 明確に認められている歴史的建造物、芸術品又は礼拝所であって、国民の文化的又は精神的遺産を構成し、かつ、特別の取極(例えば、権限のある国際機関の枠内におけるもの)によって特別の保護が与えられているものについて、敵対する紛争当事者が第53条(b)の規定に違反しているという証拠がなく、かつ、これらの歴史的建造物、芸術品及び礼拝所が軍事目標に極めて近接して位置していない場合において、攻撃の対象とし、その結果広範な破壊を引き起こすこと。
(e) 諸条約によって保護される者又は2に規定する者から公正な正式の裁判を受ける権利を奪うこと。
5 諸条約及びこの議定書に対する重大な違反行為は、これらの文書の適用を妨げることなく、戦争犯罪と認める。

海洋法に関する国際連合条約(国連海洋法条約)
採 択 1982年4月30日
効力発生 1994年11月16日
日 本 国 1996年7月20日

第2部 領海及び接続水域
第1節 総則

第2条(領海、領海の上空並びに領海の海底及びその下の法的地位) 1 沿岸国の主権は、その領土若しくは内水又は群島国の場合にはその群島水域に接続する水域で領海といわれるものに及ぶ。
2 沿岸国の主権は、領海の上空並びに領海の海底及びその下に及ぶ。

3　領海に対する主権は、この条約及び国際法の他の規則に従って行使される。

第2節　領海の限界

第3条（領海の幅）　いずれの国も、この条約の定めるところにより決定される基線から測定して12海里を超えない範囲でその領海の幅を定める権利を有する。

第5条（通常の基線）　この条約に別段の定めがある場合を除くほか、領海の幅を測定するための通常の基線は、沿岸国が公認する大縮尺海図に記載されている海岸の低潮線とする。

第7条（直線基線）　1　海岸線が著しく曲折しているか又は海岸に沿って至近距離に一連の島がある場所においては、領海の幅を測定するための基線を引くに当たって、適当な点を結ぶ直線基線の方法を用いることができる。

2　三角州その他の自然条件が存在するために海岸線が非常に不安定な場所においては、低潮線上の海へ向かって最も外側の適当な諸点を選ぶことができるものとし、直線基線は、その後、低潮線が後退する場合においても、沿岸国がこの条約に従って変更するまで効力を有する。

3　直線基線は、海岸の全般的な方向から著しく離れて引いてはならず、また、その内側の水域は、内水としての規制を受けるために陸地と十分に密接な関連を有しなければならない。

4　直線基線は、低潮高地との間に引いてはならない。ただし、恒久的に海面上にある灯台その他これに類する施設が低潮高地の上に建設されている場合及び低潮高地との間に基線を引くことが一般的な国際的承認を受けている場合は、この限りでない。

5　直線基線の方法が1の規定に基づいて適用される場合には、特定の基線を決定するに当たり、その地域に特有な経済的利益でその現実性及び重要性が長期間の慣行によって明白に証明されているものを考慮に入れることができる。

6　いずれの国も、他の国の領海を公海又は排他的経済水域から切り離すように直線基線の方法を適用することができない。

第10条（湾）　1　この条は、海岸が単一の国に属する湾についてのみ規定する。

2　この条約の適用上、湾とは、奥行が湾口の幅との対比において十分に深いため、陸地に囲まれた水域を含み、かつ、単なる海岸のわん曲以上のものを構成する明白な湾入をいう。ただし、湾入は、その面積が湾口を横切って引いた線を直径とする半円の面積以上のものでない限り、湾とは認められない。

3　測定上、湾入の面積は、その海岸の低潮線と天然の入口の両側の低潮線上の点を結ぶ線とにより囲まれる水域の面積とする。島が存在するために湾入が2以上の湾口を有する場合には、それぞれの湾口に引いた線の長さの合計に等しい長さの線上に半円を描くものとする。湾入内にある島は、湾入の水域の一部とみなす。

4　湾の天然の入口の両側の低潮線上の点の間の距離が24海里を超えないときは、これらの点を結ぶ閉鎖線を引き、その線の内側の水域を内水とする。

5　湾の天然の入口の両側の低潮線上の点の間の距離が24海里を超えるときは、24海里の直線基線を、この長さの線で囲むことができる最大の水域を囲むような方法で湾内に引く。

6　この条の規定は、いわゆる歴史的湾について適用せず、また、第7条に定める直線基線の方法が適用される場合についても適用しない。

第11条（港）　領海の限界の画定上、港湾の不可分の一部を成す恒久的な港湾工作物で最も外側にあるものは、海岸の一部を構成するものとみなされる。沖合の施設及び人工島は、恒久的な港湾工作物とはみなされない。

第3節　領海における無害通航
A　すべての船舶に適用される規則

第17条（無害通航権）　すべての国の船舶は、沿岸国であるか内陸国であるかを問わず、この条約に従うことを条件として、領海において無害通航権を有する。

第19条（無害通航の意味）　1　通航は、沿岸国の平和、秩序又は安全を害しない限り、無害とされる。無害通航は、この条約及び国際法の他の規則に従って行わなければならない。

2　外国船舶の通航は、当該外国船舶が領海において次の活動のいずれかに従事する場合には、沿岸国の平和、秩序又は安全を害するものとされる。

(a)　武力による威嚇又は武力の行使であって、沿岸国の主権、領土保全若しくは政治的独立に対するもの又はその他の国際連合憲章に規定する国際法の諸原則に違反する方法によるもの
(b)　兵器（種類のいかんを問わない。）を用いる訓練又は演習
(c)　沿岸国の防衛又は安全を害することとなるような情報の収集を目的とする行為
(d)　沿岸国の防衛又は安全に影響を与えることを目的とする宣伝行為
(e)　航空機の発着又は積込み
(f)　軍事機器の発着又は積込み
(g)　沿岸国の通関上、財政上、出入国管理上又は衛生上の法令に違反する物品、通貨又は人の積込み又は積卸し
(h)　この条約に違反する故意のかつ重大な汚染行為
(i)　漁獲行為
(j)　調査活動又は測量活動の実施
(k)　沿岸国の通信系又は他の施設への妨害を目的とする行為
(l)　通航に直接の関係を有しないその他の活動

第20条（潜水船その他の水中航行機器）　潜水船その他の水中航行機器は、領海においては、海面上を航行し、かつ、その旗を掲げなければならない。

第21条（無害通航に係る沿岸国の法令）　1　沿岸国は、この条約及び国際法の他の規則に従い、次の事項の全部又は一部について領海における無害通航に係る法令を制定することができる。

(a)　航行の安全及び海上交通の規制
(b)　航行援助施設及び他の施設の保護
(c)　電線及びパイプラインの保護
(d)　海洋生物資源の保存
(e)　沿岸国の漁業に関する法令の違反の防止
(f)　沿岸国の環境の保全並びにその汚染の防止、軽減及び規制
(g)　海洋の科学的調査及び水路測量
(h)　沿岸国の通関上、財政上、出入国管理上又は衛生上の法令の違反の防止

2　1に規定する法令は、外国船舶の設計、構造、乗組員の配乗又は設備については、適用しない。ただし、当該法令が一般的に受け入れられている国際的な規則又は基準を実施する場合は、この限りでない。

3　沿岸国は、1に規定するすべての法令を適当に公表する。

4　領海において無害通航権を行使する外国船舶は、1に規定するすべての法令及び海上における衝突の予防に関する一般的に受け入れられているすべての国際的な規則を遵守する。

第22条（領海における航路帯及び分離通航帯）　1　沿岸国は、航行の安全を考慮して必要な場合には、自国の領海において無害通航権を行使する外国船舶に対し、船舶の通航を規

制するために自国が指定する航路帯及び設定する分離通航帯を使用するよう要求することができる。
2 沿岸国は、特に、タンカー、原子力船及び核物質又はその他の本質的に危険若しくは有害な物質若しくは原料を運搬する船舶に対し、1の航路帯のみを通航するよう要求することができる。
3 沿岸国は、この条の規定により航路帯の指定及び分離通航帯の設定を行うに当たり、次の事項を考慮する。
(a) 権限のある国際機関の勧告
(b) 国際航行のために慣習的に使用されている水路
(c) 特定の船舶及び水路の特殊な性質
(d) 交通のふくそう状況
4 沿岸国は、この条に定める航路帯及び分離通航帯を海図上に明確に表示し、かつ、その海図を適当に公表する。
第24条(沿岸国の義務) 1 沿岸国は、この条約に定めるところによる場合を除くほか、領海における外国船舶の無害通航を妨害してはならない。沿岸国は、特に、この条約又はこの条約に従って制定される法令の適用に当たり、次のことを行ってはならない。
(a) 外国船舶に対し無害通航権を否定し又は害する実際上の効果を有する要件を課すること。
(b) 特定の国の船舶に対し又は特定の国へ、特定の国から若しくは特定の国のために貨物を運搬する船舶に対して法律上又は事実上の差別を行うこと。
2 沿岸国は、自国の領海内における航行上の危険で自国が知っているものを適当に公表する。
第25条(沿岸国の保護権) 1 沿岸国は、無害でない通航を防止するため、自国の領海内において必要な措置をとることができる。
2 沿岸国は、また、船舶が内水に向かって航行している場合又は内水の外にある港湾施設に立ち寄る場合には、船舶が内水に入るため又は内水の外にある港湾施設に立ち寄るために従うべき条件に違反することを防止するため、必要な措置をとる権利を有する。
3 沿岸国は、自国の安全の保護(兵器を用いる訓練を含む。)のため不可欠である場合には、その領海内の特定の水域において、外国船舶の間に法律上又は事実上の差別を設けることなく、外国船舶の無害通航を一時的に停止することができる。このような停止は、適当な方法で公表された後においてのみ、効力を有する。
B 商船及び商業的目的のために運航する政府船舶に適用される規則
第27条(外国船舶内における刑事裁判権) 1 沿岸国の刑事裁判権は、次の場合を除くほか、領海を通航している外国船舶内において、その通航中に当該外国船舶内で行われた犯罪に関連していずれかの者を逮捕し又は捜査を行うために行使してはならない。
(a) 犯罪の結果が当該沿岸国に及ぶ場合
(b) 犯罪が当該沿岸国の安寧又は領海の秩序を乱す性質のものである場合
(c) 当該外国船舶の船長又は旗国の外交官若しくは領事官が当該沿岸国の当局に対して援助を要請する場合
(d) 麻薬又は向精神薬の不正取引を防止するために必要である場合
2 1の規定は、沿岸国が、内水を出て領海を通航している外国船舶内において逮捕又は捜査を行うため、自国の法令で認められている措置をとる権利に影響を及ぼすものではない。
3 1及び2に定める場合においては、沿岸国は、船長の要請があるときは、措置をとる前に当該外国船舶の旗国の外交官又は領事官に通報し、かつ、当該外交官又は領事官と当該外国船舶の乗組員との間の連絡を容易にする。緊急の場合には、その通報は、当該措置をとっている間に行うことができる。
4 沿岸国の当局は、逮捕すべきか否か、また、いかなる方法によって逮捕すべきかを考慮するに当たり、航行の利益に対して妥当な考慮を払う。
5 沿岸国は、第12部に定めるところによる場合及び第5部に定めるところにより制定する法令の違反に関する場合を除くほか、外国の港を出て、内水に入ることなく単に領海を通航している外国船舶内にある外国船舶に入る前に船内において行われた犯罪に関連していずれかの者を逮捕し又は捜査を行うため、いかなる措置もとることができない。
第28条(外国船舶に関する民事裁判権) 1 沿岸国は、領海を通航している外国船舶内にある者に関して民事裁判権を行使するために当該外国船舶を停止させてはならず、又はその航路を変更させてはならない。
2 沿岸国は、外国船舶が沿岸国の水域を航行している間に又はその水域を航行するために当該外国船舶について生じた債務又は責任に関する場合を除くほか、当該外国船舶に対し民事上の強制執行又は保全処分を行うことができない。
3 2の規定は、沿岸国が、領海に停泊しているか又は内水を出て領海を通航している外国船舶に対し、自国の法令に従って民事上の強制執行又は保全処分を行う権利を害するものではない。
第29条(軍艦の定義) この条約の適用上、「軍艦」とは、1の国の軍隊に属する船舶であって、当該国の国籍を有するそのような船舶であることを示す外部標識を掲げ、当該国の政府によって正式に任命されてその氏名が軍務に従事する者の適当な名簿又はこれに相当するものに記載されている士官の指揮の下にあり、かつ、正規の軍隊の規律に服する乗組員が配置されているものをいう。
第30条(軍艦による沿岸国の法令の違反) 軍艦が領海の通航に係る沿岸国の法令を遵守せず、かつ、当該軍艦に対して行われた当該法令の遵守の要請を無視した場合には、当該沿岸国は、その軍艦に対し当該領海から直ちに退去することを要求することができる。

第4節 接続水域

第33条(接続水域) 1 沿岸国は、自国の領海に接続する水域で接続水域といわれるものにおいて、次のことに必要な規制を行うことができる。
(a) 自国の領土又は領海内における通関上、財政上、出入国管理上又は衛生上の法令の違反を防止すること。
(b) 自国の領土又は領海内で行われた(a)の法令の違反を処罰すること。
2 接続水域は、領海の幅を測定するための基線から24海里を超えて拡張することができない。

第3部 国際航行に使用されている海峡
第2節 通過通航

第37条(この節の規定の適用範囲) この節の規定は、公海又は排他的経済水域の一部分と公海又は排他的経済水域の他の部分との間にある国際航行に使用されている海峡について適用する。
第38条(通過通航権) 1 すべての船舶及び航空機は、前条に規定する海峡において、通過通航権を有するものとし、この通過通航は、害されない。ただし、海峡が海峡沿岸国の島及び本土から構成されている場合において、その島の海側に航行上及び水路上の特性において同様に便利な公海又は排他的経済水域の航路が存在するときは、通過通航は、認められない。
2 通過通航とは、この部の規定に従い、公海又は排他的経済水域の一部分と公海又は排他的経済水域の他の部分との間にある海峡において、航行及び上空飛行の自由が継続的かつ迅速な通過のためのみに行使されることをいう。ただし、

継続的かつ迅速な通過という要件は、海峡沿岸国への入国に関する条件に従い当該海峡沿岸国への入国又は当該海峡沿岸国からの出国若しくは帰航の目的で海峡を通航することを妨げるものではない。
3 海峡における通過通航権の行使に該当しないいかなる活動も、この条約の他の適用される規定に従うものとする。
第41条（国際航行に使用されている海峡における航路帯及び分離通航帯） 1 海峡沿岸国は、船舶の安全な通航を促進するために必要な場合には、この部の規定により海峡内において航行のための航路帯を指定し及び分離通航帯を設定することができる。
2 1の海峡沿岸国は、必要がある場合には、適当に公表した後、既に指定した航路帯又は既に設定した分離通航帯を他の航路帯又は分離通航帯に変更することができる。
3 航路帯及び分離通航帯は、一般的に受け入れられている国際的な規則に適合したものとする。
4 海峡沿岸国は、航路帯の指定若しくは変更又は分離通航帯の設定若しくは変更を行う前に、これらの採択のための提案を権限のある国際機関に行う。当該権限のある国際機関は、当該海峡沿岸国が同意する航路帯及び分離通航帯のみを採択することができるものとし、当該海峡沿岸国は、その採択の後にそれに従って航路帯の指定若しくは変更又は分離通航帯の設定若しくは変更を行うことができる。
5 ある海峡において2以上の海峡沿岸国の水域を通る航路帯又は分離通航帯が提案される場合には、関係国は、権限のある国際機関と協議の上、その提案の作成に協力する。
6 海峡沿岸国は、自国が指定したすべての航路帯及び設定したすべての分離通航帯を海図上に明確に表示し、かつ、その海図を適当に公表する。
7 通過通航中の船舶は、この条の規定により設定された適用される航路帯及び分離通航帯を尊重する。
第44条（海峡沿岸国の義務） 海峡沿岸国は、通過通航を妨害してはならず、また、海峡内における航行上又はその上空における飛行上の危険で自国が知っているものを適当に公表する。通過通航は、停止してはならない。

第3節 無害通航

第45条（無害通航） 1 第2部第3節の規定に基づく無害通航の制度は、国際航行に使用されている海峡のうち次の海峡について適用する。
(a) 第38条1の規定により通過通航の制度の適用から除外される海峡
(b) 公海又は1の国の排他的経済水域の一部と他の国の領海との間にある海峡
2 1の海峡における無害通航は、停止してはならない。

第4部 群島国

第46条（用語） この条約の適用上、
(a) 「群島国」とは、全体が1又は2以上の群島から成る国をいい、他の島を含めることができる。
(b) 「群島」とは、島の集団又はその一部、相互に連結する水域その他の天然の地形が極めて密接に関係しているため、これらの島、水域その他天然の地形が本質的に1の地理的、経済的及び政治的単位を構成しているか又は歴史的にそのような単位と認識されているものをいう。
第52条（無害通航権） 1 すべての国の船舶は、第50条の規定の適用を妨げることなく、第2部第3節の規定により群島水域において無害通航権を有する。ただし、次条の規定に従うものとする。
2 群島国は、自国の安全の保護のため不可欠である場合には、その群島水域内の特定の水域において、外国船舶の間に法律上又は事実上の差別を設けることなく、外国船舶の無害通航を一時的に停止することができる。このような停止は、適当な方法で公表された後においてのみ、効力を有する。

第53条（群島航路帯通航権） 1 群島国は、自国の群島水域、これに接続する領海及びそれらの上空における外国の船舶及び航空機の継続的かつ迅速な通航に適した航路帯及びその上空における航空路を指定することができる。
2 すべての船舶及び航空機は、1の航路帯及び航空路において群島航路帯通航権を有する。
3 群島航路帯通航とは、この条約に従い、公海又は排他的経済水域の一部分と公海又は排他的経済水域の他の部分との間において、通常の形態での航行及び上空飛行の権利が継続的かつ迅速な妨げられることのない通過のためのみに行使されることをいう。
4 1の航路帯及び航空路は、群島水域並びにこれに接続する領海を貫通するものとし、これらの航路帯及び航空路には、群島水域又はその上空において国際航行のため通常使用されているすべての通航のための航路及び船舶に関してはその航路に係るすべての通常の航行のための水路を含める。ただし、同一の入口及び出口の間においては、同様に便利な2以上の航路は必要としない。
5 1の航路帯及び航空路は、通航のための航路の入口の点から出口の点までの一連の連続する中心線によって定める。群島航路帯を通航中の船舶及び航空機は、これらの中心線のいずれの側についても25海里を超えて離れて通航してはならない。ただし、その船舶及び航空機は、航路帯を挟んで向かい合っている島と島とを結ぶ最短距離の10パーセントの距離よりも海岸に近づいて通航してはならない。
6 この条の規定により航路帯を指定する群島国は、また、当該航路帯内の狭い水路における船舶の安全な通航のために分離通航帯を設定することができる。
7 群島国は、必要がある場合には、適当に公表した後、既に指定した航路帯又は既に設定した分離通航帯を他の航路帯又は分離通航帯に変更することができる。
8 航路帯及び分離通航帯は、一般的に受け入れられている国際的な規則に適合したものとする。
9 群島国は、航路帯の指定若しくは変更又は分離通航帯の設定若しくは変更を行うに当たり、これらの採択のための提案を権限のある国際機関に行う。当該権限のある国際機関は、当該群島国が同意する航路帯及び分離通航帯のみを採択することができるものとし、当該群島国は、その採択の後にそれに従って航路帯の指定若しくは変更又は分離通航帯の設定若しくは変更を行うことができる。
10 群島国は、自国が指定した航路帯の中心線及び設定した分離通航帯を海図上に明確に表示し、かつ、その海図を適当に公表する。
11 群島航路帯を通航中の船舶は、この条の規定により設定された適用される航路帯及び分離通航帯を尊重する。
12 群島国が航路帯又は航空路を指定しない場合には、群島航路帯通航権は、通常国際航行に使用されている航路において行使することができる。

第5部 排他的経済水域

第55条（排他的経済水域の特別の法制度） 排他的経済水域とは、領海に接続する水域であって、この部に定める特別の法制度によるものをいう。この法制度の下において、沿岸国の権利及び管轄権並びにその他の国の権利及び自由は、この条約の関連する規定によって規律される。
第56条（排他的経済水域における沿岸国の権利、管轄権及び義務） 1 沿岸国は、排他的経済水域において、次のものを有する。
(a) 海底の上部水域並びに海底及びその下の天然資源（生物資源であるか非生物資源であるかを問わない。）の探査、開発、保存及び管理のための主権的権利並びに排他的経済水域における経済的な目的で行われる探査及び開発のためのその他の活動（海水、海流及び風からのエネルギーの生産等）

に関する主権的権利
(b) この条約の関連する規定に基づく次の事項に関する管轄権
　(i) 人工島、施設及び構築物の設置及び利用
　(ii) 海洋の科学的調査
　(iii) 海洋環境の保護及び保全
(c) この条約に定めるその他の権利及び義務
2 沿岸国は、排他的経済水域においてこの条約により自国の権利を行使し及び自国の義務を履行するに当たり、他の国の権利及び義務に妥当な考慮を払うものとし、また、この条約と両立するように行動する。
3 この条に定める海底及びその下についての権利は、第6部の規定により行使する。

第57条（排他的経済水域の幅） 排他的経済水域は、領海の幅を測定するための基線から200海里を超えて拡張してはならない。

第58条（排他的経済水域における他の国の権利及び義務）
1 すべての国は、沿岸国であるか内陸国であるかを問わず、排他的経済水域において、この条約の関連する規定に定めるところにより、第87条に定める航行及び上空飛行の自由並びに海底電線及び海底パイプラインの敷設の自由並びにこれらの自由に関連し及びこの条約のその他の規定と両立するその他の国際的に適法な海洋の利用（船舶及び航空機の運航並びに海底電線及び海底パイプラインの運用に係る海洋の利用等）の自由を享有する。
2 第88条から第115条までの規定及び国際法の他の関連する規則は、この部の規定に反しない限り、排他的経済水域について適用する。
3 いずれの国も、排他的経済水域においてこの条約により自国の権利を行使し及び自国の義務を履行するに当たり、沿岸国の権利及び義務に妥当な考慮を払うものとし、また、この部の規定に反しない限り、この条約及び国際法の他の規則に従って沿岸国が制定する法令を遵守する。

第61条（生物資源の保存） 1 沿岸国は、自国の排他的経済水域における生物資源の漁獲可能量を決定する。
2 沿岸国は、自国が入手することのできる最良の科学的証拠を考慮して、排他的経済水域における生物資源の維持が過度の開発によって脅かされないことを適当な保存措置及び管理措置を通じて確保する。このため、沿岸国及び権限のある国際機関（小地域的なもの、地域的なもの又は世界的なもののいずれであるかを問わない。）は、協力する。
3 2に規定する措置は、また、環境上及び経済上の関連要因（沿岸漁業社会の経済上のニーズ及び開発途上国の特別の要請を含む。）を勘案し、かつ、漁獲の態様、資源間の相互依存関係及び一般的に勧告されている国際的な最低限度の基準（小地域的なもの、地域的なもの又は世界的なもののいずれであるかを問わない。）を考慮して、最大持続生産量を実現することのできる水準に漁獲される種の資源量を維持し又は回復することのできるようなものとする。
4 沿岸国は、2に規定する措置をとるに当たり、漁獲される種に関連し又は依存する種の資源量をその再生産が著しく脅威にさらされることとなるような水準よりも高く維持し又は回復するために、当該関連し又は依存する種に及ぼす影響を考慮する。
5 入手することのできる科学的情報、漁獲量及び漁獲努力量に関する統計その他魚類の保存に関連するデータについては、適当な場合には権限のある国際機関（小地域的なもの、地域的なもの又は世界的なもののいずれであるかを問わない。）を通じ及びすべての関係国（その国民が排他的経済水域における漁獲を認められている国を含む。）の参加を得て、定期的に提供し及び交換する。

第62条（生物資源の利用） 1 沿岸国は、前条の規定の適用を妨げることなく、排他的経済水域における生物資源の最適利用の目的を促進する。
2 沿岸国は、排他的経済水域における生物資源についての自国の漁獲能力を決定する。沿岸国は、自国が漁獲可能量のすべてを漁獲する能力を有しない場合には、協定その他の取極により、4に規定する条件及び法令に従い、第69条及び第70条の規定（特に開発途上国に関するもの）に特別の考慮を払って漁獲可能量の余剰分の他の国による漁獲を認める。
3 沿岸国は、この条の規定に基づく他の国による自国の排他的経済水域における漁獲を認めるに当たり、すべての関連要因、特に、自国の経済その他の国家的利益にとっての当該排他的経済水域における生物資源の重要性、第69条及び第70条の規定、小地域又は地域の開発途上国が余剰分の一部を漁獲する必要性、その国民が伝統的に当該排他的経済水域で漁獲を行ってきた国又は資源の調査及び識別に実質的な努力を払ってきた国における経済的混乱を最小のものにとどめる必要性等の関連要因を考慮する。
4 排他的経済水域において漁獲を行う他の国の国民は、沿岸国の法令に定める保存措置及び他の条件を遵守する。これらの法令は、この条約に適合するものとし、また、特に次の事項に及ぶことができる。
(a) 漁業者、漁船及び設備に関する許可証の発給（手数料その他の形態の報酬の支払を含む。これらの支払は、沿岸国である開発途上国の場合については、水産業に関する財政、設備及び技術の分野での十分な補償から成ることができる。）
(b) 漁獲することのできる種及び漁獲割当ての決定。この漁獲割当てについては、特定の資源若しくは資源群の漁獲、一定の期間における1隻当たりの漁獲又は特定の期間におけるいずれかの国の国民による漁獲のいずれについてのものであるかを問わない。
(c) 漁期及び漁場、漁具の種類、大きさ及び数量並びに利用することのできる漁船の種類、大きさ及び数の規制
(d) 漁獲することのできる魚その他の種の年齢及び大きさの決定
(e) 漁船に関して必要とされる情報（漁獲量及び漁獲努力量に関する統計並びに漁船の位置に関する報告を含む。）の明示
(f) 沿岸国の許可及び規制の下で特定の漁業に関する調査計画の実施を要求すること並びにそのような調査の実施（漁獲物の標本の抽出、標本の処理及び関連する科学的データの提供を含む。）を規制すること。
(g) 沿岸国の監視員又は訓練生の漁船への乗船
(h) 漁船による漁獲量の全部又は一部の沿岸国の港への陸揚げ
(i) 合弁事業に関し又はその他の協力についての取決めに関する条件
(j) 要員の訓練及び漁業技術の移転（沿岸国の漁業に関する調査を行う能力の向上を含む）のための要件
(k) 取締手続
5 沿岸国は、保存及び管理に関する法令について適当な通報を行う。

第63条（2以上の沿岸国の排他的経済水域内に又は排他的経済水域内及び当該排他的経済水域に接続する水域内の双方に存在する資源） 1 同一の資源又は関連する種の資源が2以上の沿岸国の排他的経済水域内に存在する場合には、これらの沿岸国は、この部の他の規定の適用を妨げることなく、直接に又は適当な小地域的若しくは地域的機関を通じて、当該資源の保存及び開発を調整し及び確保するために必要な措置について合意するよう努める。
2 同一の資源又は関連する種の資源が排他的経済水域内及

び当該排他的経済水域に接続する水域内の双方に存在する場合には、沿岸国及び当該資源を漁獲する水域において当該資源を漁獲する国は、直接に又は適当な小地域的若しくは地域的機関を通じて、当該接続する水域における当該資源の保存のために必要な措置について合意するよう努める。

第64条（高度回遊性の種）　1　沿岸国その他その国民がある地域において附属書Ⅰに掲げる高度回遊性の種を漁獲する国は、排他的経済水域の内外を問わず当該地域全体において当該種の保存を確保しかつ最適利用の目的を促進するため、直接に又は適当な国際機関を通じて協力する。適当な国際機関が存在しない地域においては、沿岸国その他その国民が当該地域において高度回遊性の種を漁獲する国は、そのような機関を設立し及びその活動に参加するため、協力する。
2　1の規定は、この部の他の規定に加えて適用する。

第65条（海産哺乳動物）　この部のいかなる規定も、沿岸国又は適当な場合には国際機関が海産哺乳動物の開発についてこの部に定めるよりも厳しく禁止し、制限し又は規制する権利又は権限を制限するものではない。いずれの国も、海産哺乳動物の保存のために協力するものとし、特に、鯨類については、その保存、管理及び研究のために適当な国際機関を通じて活動する。

第66条（溯河性資源）　1　溯河性資源の発生する河川の所在する国は、当該溯河性資源について第一義的利益及び責任を有する。
2　溯河性資源の母川国は、自国の排他的経済水域の外側の限界より陸地側のすべての水域における漁獲及び3(b)に規定する漁獲のための適当な規制措置を定めることによって溯河性資源の保存を確保する。母川国は、当該溯河性資源を漁獲する3及び4に規定する他の国と協議の後、自国の河川に発生する資源の総漁獲可能量を定めることができる。
3　(a)　溯河性資源の漁獲は、排他的経済水域の外側の限界より陸地側の水域においてのみ行われる。ただし、これにより母川国以外の国に経済的混乱がもたらされる場合は、この限りでない。排他的経済水域の外側の限界を越える溯河性資源の漁獲に関しては、関係国は、当該溯河性資源に係る保存上の要請及び母川国のニーズに妥当な考慮を払い、当該漁獲の条件に関する合意に達するため協議を行う。
(b)　母川国は、溯河性資源を漁獲する他の国の通常の漁獲量及び操業の形態並びにすべての漁獲が行われてきたすべての水域を考慮して、当該他の国の経済的混乱を最小のものにとどめるために協力する。
(c)　母川国は、(b)に規定する他の国が自国との合意により溯河性資源の再生産のための措置に参加し、特に、そのための経費を負担する場合には、当該他の国に対して、自国の河川に発生する資源の漁獲について特別の考慮を払う。
(d)　排他的経済水域を越える水域における溯河性資源に関する規制の実施は、母川国と他の関係国との間の合意による。
4　溯河性資源が母川国以外の国の排他的経済水域の外側の限界より陸地側の水域に入り又はこれを通過して回遊する場合には、母川国は、当該溯河性資源の保存及び管理について母川国と協力する。
5　溯河性資源の母川国及び当該溯河性資源を漁獲するその他の国は、適当な場合には、地域的機関を通じて、この条の規定を実施するための取極を締結する。

第67条（降河性の種）　1　降河性の種がその生活史の大部分を過ごす水域の所在する沿岸国は、当該降河性の種の管理について責任を有し、及び回遊する魚が出入りすることができ

るようにする。
2　降河性の種の漁獲は、排他的経済水域の外側の限界より陸地側の水域においてのみ行われる。その漁獲は、排他的経済水域において行われる場合には、この条の規定及び排他的経済水域における漁獲に関するこの条約のその他の規定に定めるところによる。
3　降河性の魚が稚魚又は成魚として他の国の排他的経済水域を通過して回遊する場合には、当該魚の管理（漁獲を含む。）は、1の沿岸国と当該他の国との間の合意により行われる。この合意は、種の合理的な管理が確保され及び1の沿岸国が当該種の維持について有する責任が考慮されるようなものとする。

第69条（内陸国の権利）　1　内陸国は、自国と同一の小地域又は地域の沿岸国の排他的経済水域における生物資源の余剰分の適当な部分の開発につき、すべての関係国の関連する経済的及び地理的状況を考慮し、この条、第61条及び第62条に定めるところにより、衡平の原則に基づいて参加する権利を有する。
2　1に規定する参加の条件及び方法は、関係国が2国間の、小地域的又は地域的な協定により定めるものとし、特に次の事項を考慮する。
(a)　沿岸国の漁業社会又は水産業に対する有害な影響を回避する必要性
(b)　内陸国が、この条の規定に基づき、現行の2国間の、小地域的又は地域的な協定により、他の沿岸国の排他的経済水域における生物資源の開発に参加しており又は参加する権利を有する程度
(c)　その他の内陸国及び地理的不利国が沿岸国の排他的経済水域における生物資源の開発に参加している程度及びその結果としていずれかの単一の沿岸国又はその一部が特別の負担を負うことを回避する必要性が生ずること。
(d)　それぞれの国の国民の栄養上の必要性
3　沿岸国の漁獲能力がその排他的経済水域における生物資源の漁獲可能量のすべてを漁獲することのできる点に近づいている場合には、当該沿岸国その他の関係国は、同一の小地域又は地域の内陸国である開発途上国が当該小地域又は地域の沿岸国の排他的経済水域における生物資源の開発について状況により適当な方法で及びすべての当事者が満足すべき条件の下で　参加することを認めるため、2国間の、小地域的又は地域的な及び衡平な取極の締結に協力する。この規定の実施に当たっては、2に規定する要素も考慮する。
4　内陸国である先進国は、この条の規定に基づき、自国と同一の小地域又は地域の沿岸国である先進国の排他的経済水域においてのみ生物資源の開発に参加することができる。この場合において、当該沿岸国である先進国がその排他的経済水域における生物資源について他の国による漁獲を認めるに当たり、その国民が伝統的に当該排他的経済水域で漁獲を行ってきた国の漁業社会に対する有害な影響及び経済的混乱を最小のものにとどめる必要性をどの程度考慮してきたかが勘案される。
5　1から4までの規定は、沿岸国が自国と同一の小地域又は地域の内陸国に対して排他的経済水域における生物資源の開発のための平等又は優先的な権利を与えることを可能にするため当該小地域又は地域において合意される取極に影響を及ぼすものではない。

第70条（地理的不利国の権利）　1　地理的不利国は、自国と同一の小地域又は地域の沿岸国の排他的経済水域における生物資源の余剰分の適当な部分の開発につき、すべての関係国の関連する経済的及び地理的状況を考慮し、この条、第61条及び第62条に定めるところにより、衡平の原則に基づいて参加する権利を有する。
2　この部の規定の適用上、「地理的不利国」とは、沿岸国（閉

鎖海又は半閉鎖海に面した国を含む。）であって、その地理的状況のため自国民又はその一部の栄養上の目的のための魚の十分な供給を自国と同一の小地域又は地域の他の国の排他的経済水域における生物資源の開発に依存するもの及び自国の排他的経済水域を主張することができないものをいう。
3 1に規定する参加の条件及び方法は、関係国が2国間の、小地域的な又は地域的な協定により定めるものとし、特に次の事項を考慮する。
(a) 沿岸国の漁業社会又は水産業に対する有害な影響を回避する必要性
(b) 地理的不利国が、この条の規定に基づき、現行の2国間の、小地域的な又は地域的な協定に基づいて、他の沿岸国の排他的経済水域における生物資源の開発に参加しており又は参加する権利を有する程度
(c) その他の地理的不利国及び内陸国が沿岸国の排他的経済水域における生物資源の開発に参加している程度及びその結果としていずれかの単一の沿岸国又はその一部が特別の負担を負うことを回避する必要性が生ずること。
(d) それぞれの国の国民の栄養上の必要性
4 沿岸国の漁獲能力がその排他的経済水域における生物資源の漁獲可能量のすべてを漁獲することのできる点に近づいている場合には、当該沿岸国その他の関係国は、同一の小地域又は地域の地理的不利国である開発途上国が当該小地域又は地域の沿岸国の排他的経済水域における生物資源の開発について状況により適当な方法で及びすべての当事者が満足すべき条件の下で参加することを認めるため、2国間の、小地域的な又は地域的な及び衡平な取極の締結に協力する。この規定の実施に当たっては、3に規定する要素も考慮する。
5 地理的不利国である先進国は、この条の規定に基づき、自国と同一の小地域又は地域の沿岸国である先進国の排他的経済水域においてのみ生物資源の開発に参加することができる。この場合において、当該沿岸国である先進国がその排他的経済水域における生物資源の開発について他の国による漁獲を認めるに当たり、その国民が伝統的に当該排他的経済水域で漁獲を行ってきた国の漁業社会に対する有害な影響及び経済的混乱を最小のものにとどめる必要性をどの程度考慮してきたかが勘案される。
6 1から5までの規定は、沿岸国が自国と同一の小地域又は地域の地理的不利国に対して排他的経済水域における生物資源の開発のための平等又は優先的な権利を与えることを可能にするため当該小地域又は地域において合意される取極に影響を及ぼすものではない。
第74条（向かい合っているか又は隣接している海岸を有する国の間における排他的経済水域の境界画定） 1 向かい合っているか又は隣接している海岸を有する国の間における排他的経済水域の境界画定は、衡平な解決を達成するために、国際司法裁判所規程第38条に規定する国際法に基づいて合意により行う。
2 関係国は、合理的な期間内に合意に達することができない場合には、第15部に定める手続に付する。
3 関係国は、1の合意に達するまでの間、理解及び協力の精神により、実際的な性質を有する暫定的な取極を締結するため及びそのような過渡的な期間において最終的な合意への到達を危うくし又は妨げないためにあらゆる努力を払う。暫定的な取極は、最終的な境界画定に影響を及ぼすものではない。
4 関係国間において効力を有する合意がある場合には、排他的経済水域の境界画定に関する問題は、当該合意に従って解決する。

第6部 大陸棚

第76条（大陸棚の定義） 1 沿岸国の大陸棚とは、当該沿岸国の領海を越える海面下の区域の海底及びその下であってその領土の自然の延長をたどって大陸縁辺部の外縁に至るまでのもの又は、大陸縁辺部の外縁が領海の幅を測定するための基線から200海里の距離まで延びていない場合には、当該沿岸国の領海を越える海面下の区域の海底及びその下であって当該基線から200海里の距離までのものをいう。
2 沿岸国の大陸棚は、4から6までに定める限界を越えないものとする。
3 大陸縁辺部は、沿岸国の陸塊の海面下まで延びている部分から成るものとし、棚、斜面及びコンチネンタル・ライズの海底及びその下で構成される。ただし、大洋底及びその海洋海嶺又はその下を含まない。
4 (a) この条約の適用上、沿岸国は、大陸縁辺部が領海の幅を測定するための基線から200海里を超えて延びている場合には、次のいずれかの線により大陸縁辺部の外縁を設定する。
 (i) ある点における堆積岩の厚さが当該点から大陸斜面の脚部までの最短距離の1パーセント以上であるとの要件を満たすときにこのような点のうち最も外側のものを用いて7の規定に従って引いた線
 (ii) 大陸斜面の脚部から60海里を超えない点を用いて7の規定に従って引いた線
(b) 大陸斜面の脚部は、反証のない限り、当該大陸斜面の基部における勾配が最も変化する点とする。
5 4(a)の(i)又は(ii)の規定に従って引いた海底における大陸棚の外側の限界線は、これを構成する各点において、領海の幅を測定するための基線から350海里を超え又は2500メートル等深線（2500メートルの水深を結ぶ線をいう。）から100海里を超えてはならない。
6 5の規定にかかわらず、大陸棚の外側の限界は、海底海嶺の上においては領海の幅を測定するための基線から350海里を超えてはならない。この6の規定は、海台、海膨、キャップ、堆及び海膨のような大陸縁辺部の自然の構成要素である海底の高まりについては、適用しない。
7 沿岸国は、自国の大陸棚が領海の幅を測定するための基線から200海里を超えて延びている場合には、その大陸棚の外側の限界線を経緯度によって定める点を結ぶ60海里を超えない長さの直線によって引く。
8 沿岸国は、領海の幅を測定するための基線から200海里を超える大陸棚の限界に関する情報を、衡平な地理的代表の原則に基づき附属書IIに定めるところにより設置される大陸棚の限界に関する委員会に提出する。この委員会は、当該大陸棚の外側の限界の設定に関する事項について当該沿岸国に対し勧告を行う。沿岸国がその勧告に基づいて設定した大陸棚の限界は、最終的なものとし、かつ、拘束力を有する。
9 沿岸国は、自国の大陸棚の外側の限界が恒常的に表示された海図及び関連する情報（測地原子を含む。）を国際連合事務総長に寄託する。同事務総長は、これらを適当に公表する。
10 この条の規定は、向かい合っているか又は隣接している海岸を有する国の間における大陸棚の境界画定の問題に影響を及ぼすものではない。
第77条（大陸棚に対する沿岸国の権利） 1 沿岸国は、大陸棚を探査し及びその天然資源を開発するため、大陸棚に対して主権的権利を行使する。
2 1の権利は、沿岸国が大陸棚を探査せず又はその天然資源を開発しない場合においても、当該沿岸国の明示の同意なしにそのような活動を行うことができないという意味にお

3　大陸棚に対する沿岸国の権利は、実効的な若しくは名目上の先占又は明示の宣言に依存するものではない。
4　この部に規定する天然資源は、海底及びその下の鉱物その他の非生物資源並びに定着性の種族に属する生物、すなわち、採捕に適した段階において海底若しくはその下で静止しており又は絶えず海底若しくはその下に接触していなければ動くことのできない生物から成る。

第82条（200海里を超える大陸棚の開発に関する支払及び拠出）　1　沿岸国は、領海の幅を測定する基線から200海里を超える大陸棚の非生物資源の開発に関して金銭による支払又は現物による拠出を行う。
2　支払又は拠出は、鉱区における最初の5年間の生産の後、当該鉱区におけるすべての生産に関して毎年行われる、6年目の支払又は拠出の割合は、当該鉱区における生産額又は生産量の1パーセントとする。その割合は、12年目まで毎年1パーセントずつ増加するものとし、その後は7パーセントとする。生産には、開発に関連して使用された資源を含めない。
3　その大陸棚から生産される鉱物資源の純輸入国である開発途上国は、当該鉱物資源に関する支払又は拠出を免除される。
4　支払又は拠出は、機構を通じて行われるものとし、機構は、開発途上国、特に後発開発途上国及び内陸国である開発途上国の利益及びニーズに考慮を払い、衡平な配分基準に基づいて締約国にこれらを配分する。

第83条（向かい合っているか又は隣接している海岸を有する国の間における大陸棚の境界画定）　1　向かい合っているか又は隣接している海岸を有する国の間における大陸棚の境界画定は、衡平な解決を達成するために、国際司法裁判所規程第38条に規定する国際法に基づいて合意により行う。
2　関係国は、合理的な期間内に合意に達することができない場合には、第15部に定める手続に付する。
3　関係国は、1の合意に達するまでの間、理解及び協力の精神により、実際的な性質を有する暫定的な取極を締結するため及びそのような過渡期間において最終的な合意への到達を危うくし又は妨げないためにあらゆる努力を払う。暫定的な取極は、最終的な境界画定に影響を及ぼすものではない。
4　関係国間において効力を有する合意がある場合には、大陸棚の境界画定に関する問題は、当該合意に従って解決する。

第7部　公海
第1節　総則

第86条（この部の規定の適用）　この部の規定は、いずれの国の排他的経済水域、領海若しくは内水又はいずれの群島国の群島水域にも含まれない海洋のすべての部分に適用する。この条の規定は、第58条のすべての国が排他的経済水域において享有する自由にいかなる制約も課するものではない。

第87条（公海の自由）　1　公海は、沿岸国であるか内陸国であるかを問わず、すべての国に開放される。公海の自由は、この条約及び国際法の他の規則に定める条件に従って行使される。この公海の自由には、沿岸国及び内陸国のいずれについても、特に次のものが含まれる。
(a)　航行の自由
(b)　上空飛行の自由
(c)　海底電線及び海底パイプラインを敷設する自由。ただし、第6部の規定の適用が妨げられるものではない。
(d)　国際法によって認められる人工島その他の施設を建設する自由。ただし、第6部の規定の適用が妨げられるものではない。
(e)　第2節に定める条件に従って漁獲を行う自由
(f)　科学的調査を行う自由。ただし、第6部及び第13部の規定の適用が妨げられるものではない。

2　1に規定する自由は、すべての国により、公海の自由を行使する他の国の利益及び深海底における活動に関するこの条約に基づく権利に妥当な考慮を払って行使されなければならない。

第88条（平和的目的のための公海の利用）　公海は、平和的目的のために利用されるものとする。

第89条（公海に対する主権についての主張の無効）　いかなる国も、公海のいずれかの部分をその主権の下に置くことを有効に主張することができない。

第90条（航行の権利）　いずれの国も、沿岸国であるか内陸国であるかを問わず、自国を旗国とする船舶を公海において航行させる権利を有する。

第91条（船舶の国籍）　1　いずれの国も、船舶に対する国籍の許与、自国の領域内における船舶の登録及び自国の旗を掲げる権利に関する条件を定める。船舶は、その旗を掲げる権利を有する国の国籍を有する。その国と当該船舶との間には、真正な関係が存在しなければならない。
2　いずれの国も、自国の旗を掲げる権利を許与した船舶に対し、その旨の文書を発給する。

第92条（船舶の地位）　1　船舶は、1の国のみの旗を掲げて航行するものとし、国際条約又はこの条約に明文の規定がある特別の場合を除くほか、公海においてその国の排他的管轄権に属する。船舶は、所有権の現実の移転又は登録の変更の場合を除くほか、航海中又は寄港中にその旗を変更することができない。
2　2以上の国の旗を適宜に使用して航行する船舶は、そのいずれの国の国籍も第3国に対して主張することができないものとし、また、このような船舶は、国籍のない船舶とみなすことができる。

第94条（旗国の義務）　1　いずれの国も、自国を旗国とする船舶に対し、行政上、技術上及び社会上の事項について有効に管轄権を行使し及び有効に規制を行う。
2　いずれの国も、特に次のことを行う。
(a)　自国を旗国とする船舶の名称及び特徴を記載した登録簿を保持すること、ただし、その船舶が小さいため一般的に受け入れられている国際的な規則から除外されているときは、この限りでない。
(b)　自国を旗国とする船舶並びにその船長、職員及び乗組員に対し、当該船舶に関する行政上、技術上及び社会上の事項について国内法に基づく管轄権を行使すること。
3　いずれの国も、自国を旗国とする船舶について、特に次の事項に関し、海上における安全を確保するために必要な措置をとる。
(a)　船舶の構造、設備及び堪航性
(b)　船舶における乗組員の配乗並びに乗組員の労働条件及び訓練。この場合において、適用のある国際文書を考慮に入れるものとする。
(c)　信号の使用、通信の維持及び衝突の予防
4　3の措置には、次のことを確保するために必要な措置を含める。
(a)　船舶が、その登録前に及びその後は適当な間隔で、資格のある船舶検査員による検査を受けること並びに船舶の安全な航行のために適当な海図、航海用刊行物、航行設備及び航行器具を船内に保持すること。
(b)　船舶が、特に運用、航海、通信及び機関について適当な資格を有する船長及び職員の管理の下にあること並びに乗組員の資格及び人数が船舶の型式、大きさ、機関及び設備に照らして適当であること。
(c)　船長、職員及び適当な限度において乗組員が海上における人命の安全、衝突の予防、海洋汚染の防止、軽減及び規制並びに無線通信の維持に関して適用される国際的な規則

十分に精通しており、かつ、その規則の遵守を要求されていること。
5　いずれの国も、3及び4に規定する措置をとるに当たり、一般的に受け入れられている国際的な規則、手続及び慣行を遵守し並びにその遵守を確保するために必要な措置をとることを要求される。
6　船舶について管轄権が適正に行使されず又は規制が適正に行われなかったと信ずるに足りる明白な理由を有する国は、その事実を旗国に通報することができる。旗国は、その通報を受領したときは、その問題の調査を行うものとし、適当な場合には、事態を是正するために必要な措置をとる。
7　自国を旗国とする船舶の公海における海事損害又は航行上の事故であって、他の国の国民に死亡若しくは重大な傷害をもたらし又は他の国の船舶若しくは施設若しくは海洋環境に重大な損害をもたらすものについては、適正な資格を有する者によって又その立会いの下で調査が行われるようにしなければならない。旗国及び他の国は、海事損害又は航行上の事故について当該他の国が行う調査の実施において協力する。

第97条（衝突その他の航行上の事故に関する刑事裁判権）
1　公海上の船舶につき衝突その他の航行上の事故が生じた場合において、船長その他当該船舶に勤務する者の刑事上又は懲戒上の責任が問われるときは、これらの者に対する刑事上又は懲戒上の手続は、当該船舶の旗国又はこれらの者が属する国の司法当局又は行政当局においてのみとることができる。
2　懲戒上の問題に関しては、船長免状その他の資格又は免許の証明書を発給した国のみが、有者がその国の国民でない場合においても、適正な法律上の手続を経てこれらを取り消す権限を有する。
3　船舶の拿捕又は抑留は、調査の手段としても、旗国の当局以外の当局が命令してはならない。

第99条（奴隷の運送の禁止）　いずれの国も、自国の旗を掲げることを認めた船舶による奴隷の運送を防止し及び処罰するため並びに奴隷の運送のため自国の旗が不法に使用されることを防止するため、実効的な措置をとる。いずれの船舶（旗国のいかんを問わない。）に避難する奴隷も、避難したという事実によって自由となる。

第101条（海賊行為の定義）　海賊行為とは、次の行為をいう。
(a)　私有の船舶又は航空機の乗組員又は旅客が私的目的のために行うすべての不法な暴力行為、抑留又は略奪行為であって次のものに対して行われるもの
　(i)　公海における他の船舶若しくは航空機又はこれらの内にある人若しくは財産
　(ii)　いずれの国の管轄権にも服さない場所にある船舶、航空機、人又は財産
(b)　いずれかの船舶又は航空機を海賊船舶又は海賊航空機とする事実を知って当該船舶又は航空機の運航に自発的に参加するすべての行為
(c)　(a)又は(b)に規定する行為を扇動し又は故意に助長するすべての行為

第105条（海賊船舶又は海賊航空機の拿捕）　いずれの国も、公海その他いずれの国の管轄権にも服さない場所において、海賊船舶、海賊航空機又は海賊行為によって奪取され、かつ、海賊の支配下にある船舶又は航空機を拿捕し及び当該船舶又は航空機内の人を逮捕し又は財産を押収することができる。拿捕を行った国の裁判所は、科すべき刑罰を決定することができるものとし、また、善意の第三者の権利を尊重することを条件として、当該船舶、航空機又は財産についてとるべき措置を決定することができる。

第110条（臨検の権利）　1　条約上の権限に基づいて行われる干渉行為によるものを除くほか、公海において第95条及び第96条の規定に基づいて完全な免除を与えられている船舶以外の外国船舶に遭遇した軍艦が当該外国船舶を臨検することは、次のいずれかのことを疑うに足りる十分な根拠がない限り、正当と認められない。
(a)　当該外国船舶が海賊行為を行っていること。
(b)　当該外国船舶が奴隷取引に従事していること。
(c)　当該外国船舶が許可を得ていない放送を行っており、かつ、当該軍艦の旗国が前条の規定に基づく管轄権を有すること。
(d)　当該外国船舶が国籍を有していないこと。
(e)　当該外国船舶が、他の国の旗を掲げているか又は当該外国船舶の旗を示すことを拒否したが、実際には当該軍艦と同一の国籍を有すること。
2　軍艦は、1に規定する場合において、当該外国船舶がその旗を掲げる権利を確認することができる。このため、当該軍艦は、疑いがある当該外国船舶に対し士官の指揮の下にボートを派遣することができる。文書を検閲した後もなお疑いがあるときは、軍艦は、その船舶内において更に検査を行うことができるが、その検査は、できる限り慎重に行わなければならない。
3　疑いに根拠がないことが証明され、かつ、臨検を受けた外国船舶が疑いを正当とするいかなる行為も行っていなかった場合には、当該外国船舶は、被った損失又は損害に対する補償を受ける。
4　1から3までの規定は、軍用航空機について準用する。
5　1から3までの規定は、政府の公務に使用されていることが明らかに表示されておりかつ識別されることのできるその他の船舶又は航空機で正当な権限を有するものについても準用する。

第111条（追跡権）　1　沿岸国の権限のある当局は、外国船舶が自国の法令に違反したと信ずるに足りる十分な理由があるときは、当該外国船舶の追跡を行うことができる。この追跡は、外国船舶又はそのボートが追跡国の内水、群島水域、領海又は接続水域にある時に開始しなければならず、また、中断されない限り、領海又は接続水域の外において引き続き行うことができる。領海又は接続水域にある外国船舶が停船命令を受ける時に、その命令を発する船舶も領海又は接続水域にあることは必要でない。外国船舶が第33条に定める接続水域にあるときは、追跡は、当該接続水域の設定によって保護しようとする権利の侵害があった場合に限り、行うことができる。
2　追跡権については、排他的経済水域又は大陸棚（大陸棚上の施設の周囲の安全水域を含む。）において、この条約に従いその排他的経済水域又は大陸棚（当該安全水域を含む。）に適用される沿岸国の法令の違反がある場合に準用する。
3　追跡権は、被追跡船舶がその旗国又は第3国の領海に入ると同時に消滅する。
4　追跡は、追跡船舶がそのボート若しくは被追跡船艇を母船としてこれと一団となって作業する舟艇が領海又は、場合により、接続水域、排他的経済水域若しくは大陸棚の上部にあることを追跡船舶がその場における実行可能な手段により確認しない限り、開始されたものとされない。追跡は、視覚的又は聴覚的停船信号を外国船舶が視認し又は聞くことができる距離から発した後にのみ、開始することができる。
5　追跡権は、軍艦、軍用航空機その他政府の公務に使用されていることが明らかに表示されておりかつ識別されることのできる船舶又は航空機でそのための権限を与えられているものによってのみ行使することができる。
6　追跡が航空機によって行われる場合には、
(a)　1から4までの規定を準用する。

(b) 停船命令を発した航空機は、船舶を自ら拿捕することができる場合を除くほか、自己が呼び寄せた沿岸国の船舶又は他の航空機が到着して追跡を引き継ぐまで、当該船舶を自ら積極的に追跡しなければならない。当該船舶が停船命令を受け、かつ、当該航空機又は追跡を中断することなく引き続き行う他の航空機若しくは船舶によって追跡されているのでない限り、当該航空機が当該船舶を違反を犯したもの又は違反の疑いがあるものとして発見しただけでは、領海の外における拿捕を正当とするために十分ではない。

7 いずれかの国の管轄権の及ぶ範囲内で拿捕され、かつ、権限のある当局の審理を受けるためその国の港に護送される船舶は、事情により護送の途中において排他的経済水域又は公海の一部を航行することが必要である場合に、その航行のみを理由として釈放を要求することができない。

8 追跡権の行使が正当とされない状況の下に領海の外において船舶が停止され又は拿捕されたときは、その船舶は、これにより被った損失又は損害に対する補償を受ける。

第2節 公海における生物資源の保存及び管理

第116条（公海における漁獲の権利） すべての国は、自国民が公海において次のものに従って漁獲を行う権利を有する。
(a) 自国の条約上の義務
(b) 特に第63条2及び第64条から第67条までに規定する沿岸国の権利、義務及び利益
(c) この節の規定

第117条（公海における生物資源の保存のための措置を自国民についてとる義務） すべての国は、公海における生物資源の保存のために必要とされる措置を自国民についてとる義務及びその措置をとるに当たって他の国と協力する義務を有する。

第118条（生物資源の保存及び管理における国の間の協力） いずれの国も、公海における生物資源の保存及び管理について相互に協力する。2以上の国の国民が同種の植物資源を開発し又は同一の水域において異なる種類の生物資源を開発する場合には、これらの国は、これらの生物資源の保存のために必要とされる措置をとるために交渉を行う。このため、これらの国は、適当な場合には、小地域的又は地域的な漁業機関の設立のために協力する。

第119条（公海における生物資源の保存） 1 いずれの国も、公海における生物資源の漁獲可能量を決定し及び他の保存措置をとるに当たり、次のことを行う。
(a) 関係国が入手することのできる最良の科学的証拠に基づく措置であって、環境上及び経済上の関連要因（開発途上国の特別の要請を含む。）を勘案し、かつ、漁獲の態様、資源間の相互依存関係及び一般的に勧告される国際的な最低限度の基準（小地域的なもの、地域的なもの又は世界的なもののいずれであるかを問わない。）を考慮して、最大持続生産量を実現することのできる水準に漁獲される種の資源量を維持し又は回復することのできるものであること。
(b) 漁獲される種に関連し又は依存する種の資源量をその再生産が著しく脅威にさらされることとなるような水準よりも高く維持し又は回復するために、当該関連し又は依存する種に及ぼす影響を考慮すること。

2 入手することのできる科学的情報、漁獲量及び漁獲努力量に関する統計その他魚類の保存に関連するデータは、適当な場合には権限のある国際機関（小地域的なもの、地域的なもの又は世界的なもののいずれであるかを問わない。）を通じ及びすべての関係国の参加を得て、定期的に提供し、及び交換する。

3 関係国は、保存措置及びその実施がいずれの国の漁業者に対しても法律上又は事実上の差別を設けるものではないことを確保する。

第8部 島の制度

第121条（島の制度） 1 島とは、自然に形成された陸地であって、水に囲まれ、高潮時においても水面上にあるものをいう。

2 3に定める場合を除くほか、島の領海、接続水域、排他的経済水域及び大陸棚は、他の領土に適用されるこの条約の規定に従って決定される。

3 人間の居住又は独自の経済的生活を維持することのできない岩は、排他的経済水域又は大陸棚を有しない。

第11部 深海底

第2節 深海底を規律する原則

第136条（人類の共同の財産） 深海底及びその資源は、人類の共同の財産である。

第137条（深海底及びその資源の法的地位） 1 いずれの国も深海底又はその資源のいかなる部分についても主権又は主権的権利を主張し又は行使してはならず、また、いずれの国又は自然人若しくは法人も深海底又はその資源のいかなる部分も専有してはならない。このような主権若しくは主権的権利の主張又は行使若しくは専有は、認められない。

2 深海底の資源に関するすべての権利は、人類全体に付与されるものとし、機構は、人類全体のために行動する。当該資源は、譲渡の対象とはならない。ただし、深海底から採取された鉱物は、この部の規定並びに機構の規則及び手続に従うことによってのみ譲渡することができる。

3 いずれの国又は自然人若しくは法人も、この部の規定に従う場合を除くほか、深海底から採取された鉱物について権利を主張し、取得し又は行使することはできず、このような権利のいかなる主張、取得又は行使も認められない。

第140条（人類の利益） 1 深海底における活動については、沿岸国であるか内陸国であるかの地理的位置にかかわらず、また、開発途上国の利益及びニーズ並びに国際連合総会決議第514号（第15回会期）及び他の関連する総会決議に基づいて国際連合によって認められた完全な独立又はその他の自治的地位を獲得していない人民の利益及びニーズに特別の考慮を払って、この部に明示的に定めるところに従い、人類全体の利益のために行う。

2 機構は、第160条2(f)(i)の規定により、深海底における活動から得られる金銭的利益その他の経済的利益の衡平な配分を適当な制度を通じて、かつ、無差別の原則に基づいて行うことについて定める。

第141条（専ら平和的目的のための深海底の利用） 深海底は、無差別に、かつ、この部の他の規定の適用を妨げることなく、すべての国（沿岸国であるか内陸国であるか問わない。）による専ら平和的目的のための利用に開放する。

第3節 深海底の資源の開発

第151条（生産政策）

10 総会は、深海底における活動によって影響を受けた鉱物の価格の下落又は当該鉱物の輸出量の減少によりその輸出所得又は経済が深刻な悪影響を受ける開発途上国を、当該下落又は減少が深海底における活動によって生じた限度において援助するため、経済計画委員会の助言に基づく理事会の勧告に従って、補償制度を設け又は経済調整を援助する他の措置（専門機関及び他の国際機関との協力を含む。）をとる。機構は、要請に基づき、最も深刻な影響を受けることが予想される国の困難を最小のものとし、当該国の経済調整を援助するため、当該国が有する問題について研究を開始する。

第153条（探査及び開発の制度）

2 深海底における活動は、3に定めるところに従って次の者が行う。
(a) 事業体

(b) 機構と提携することを条件として、締約国、国営企業又は締約国の国籍を有し若しくは締約国若しくはその国民によって実効的に支配されている自然人若しくは法人であって当該締約国によって保証されているもの並びにこの(b)に規定する者の集団であってこの部及び附属書に定める要件を満たすもの

第4節 機構
A 総則

第157条（機構の性質及び基本原則）　1　機構は、締約国が、特に深海底の資源を管理することを目的として、この部の規定に従って深海底における活動を組織し及び管理するための機関である。

2　機構の権限及び任務は、この条約によって明示的に規定される。機構は、深海底における活動についての権限の行使及び任務の遂行に含まれ、かつ、必要である付随的な権限であって、この条約に適合するものを有する。

3　機構は、そのすべての構成国の主権平等の原則に基礎を置くものである。

4　機構のすべての構成国は、すべての構成国が構成国としての地位から生ずる権利及び利益を享受することができるよう、この部の規定に基づいて負う義務を誠実に履行する。

E 事業体

第170条（事業体）　1　事業体は、機構の機関であり、第153条2(a)の規定に基づいて深海底における活動を直接に行い、並びに深海底から採取された鉱物の輸送、製錬及び販売を行う。

2　事業体は、機構の国際法上の法人格の枠内で、附属書Ⅳの規程に定める法律上の能力を有する。事業体は、この条約、機構の規則及び手続並びに総会の定める一般的な政策に従って行動し、かつ、理事会の指示及び管理に服する。

第12部　海洋環境の保護及び保全
第1節　総則

第192条（一般的義務）　いずれの国も、海洋環境を保護し及び保全する義務を有する。

第194条（海洋環境の汚染を防止し、軽減し及び規制するための措置）　1　いずれの国も、あらゆる発生源からの海洋環境の汚染を防止し、軽減し及び規制するため、利用することができる実行可能な最善の手段を用い、かつ、自国の能力に応じ、単独で又は適当なときは共同して、この条約に適合するすべての必要な措置をとるものとし、また、この点に関して政策を調和させるよう努力する。

2　いずれの国も、自国の管轄又は管理の下における活動が他の国及びその環境に対し汚染による損害を生じさせないように行われること並びに自国の管轄又は管理の下における事件又は活動から生ずる汚染がこの条約に従って自国が主権的権利を行使する区域を越えて拡大しないことを確保するためのすべての必要な措置をとる。

3　この部の規定によりとる措置は、海洋環境の汚染のすべての発生源を取り扱う。この措置には、特に、次のことをできる限り最小にするための措置を含める。

(a) 毒性の又は有害な物質（特に持続性のもの）の陸にある発生源からの放出、大気からの若しくは大気を通ずる放出又は投棄による放出

(b) 船舶からの汚染（特に、事故を防止し及び緊急事態を処理し、海上における運用の安全を確保し、意図的な及び意図的でない排出を防止し並びに船舶の設計、構造、設備、運航及び乗組員の配乗を規制するための措置を含む。）

(c) 海底及びその下の天然資源の探査又は開発に使用される施設及び機器からの汚染（特に、事故を防止し及び緊急事態を処理し、海上における運用の安全を確保し並びにこのような施設又は機器の設計、構造、設備、運用及び人員の配置を規制するための措置を含む。）

(d) 海洋環境において運用される他の施設及び機器からの汚染（特に、事故を防止し及び緊急事態を処理し、海上における運用の安全を確保し並びにこのような施設又は機器の設計、構造、設備、運用及び人員の配置を規制するための措置を含む。）

第5節　海洋環境の汚染を防止し、軽減し及び規制するための国際的規則及び国内法

第210条（投棄による汚染）　1　いずれの国も、投棄による海洋環境の汚染を防止し、軽減し及び規制するため法令を制定する。

第211条（船舶からの汚染）

2　いずれの国も、自国を旗国とし又は自国において登録された船舶からの海洋環境の汚染を防止し、軽減し及び規制するための法令を制定する。この法令は、権限のある国際機関又は一般的な外交会議を通じて定められる一般的に受け入れられている国際的な規則及び基準と少なくとも同等の効果を有するものとする。

5　沿岸国は、第6節に規定する執行の目的のため、自国の排他的経済水域について、船舶からの汚染を防止し、軽減し及び規制するための法令であって、権限のある国際機関又は一般的な外交会議を通じて定められる一般的に受け入れられている国際的な規則及び基準に適合し、かつ、これら実施するための法令を制定することができる。

第6節　執行

第216条（投棄による汚染に関する執行）　1　この条約に従って制定する法令並びに権限のある国際機関又は外交会議を通じて定められる適用のある国際的な規則及び基準であって、投棄による海洋環境の汚染を防止し、軽減し及び規制するためのものについては、次の国が執行する。

(a) 沿岸国の領海若しくは排他的経済水域における投棄又は大陸棚への投棄については当該沿岸国

(b) 自国を旗国とする船舶については当該旗国又は自国において登録された船舶若しくは航空機についてはその登録国

(c) 国の領土又は沖合の係留施設において廃棄物その他の物を積み込む行為については当該国

第217条（旗国による執行）　1　いずれの国も、自国を旗国とし又は自国において登録された船舶が、船舶からの海洋環境の汚染の防止、軽減及び規制のため、権限のある国際機関又は一般的な外交会議を通じて定められる適用のある国際的な規則及び基準に従うこと並びにこの条約に従って制定する自国の法令を遵守することを確保するものとし、これらの規則、基準及び法令を実施するために必要な法令を制定し及び他の措置をとる。旗国は、違反が生ずる場所のいかんを問わず、これらの規則、基準及び法令が効果的に執行されるよう必要な手段を講ずる。

4　船舶が権限のある国際機関又は一般的な外交会議を通じて定められる規則及び基準に違反する場合には、旗国は、違反が生じた場所又は当該違反により引き起こされる汚染が発生し若しくは発見された場所のいかんを問わず、当該違反について、調査を直ちに行うために必要な措置をとるものとし、適当なときは手続を開始する。ただし、次条、第220条及び第228条の規定の適用を妨げるものではない。

第218条（寄港国による執行）　1　いずれの国も、船舶が自国の港又は沖合の係留施設に任意にとどまる場合には、権限のある国際機関又は一般的な外交会議を通じて定められる適用のある国際的な規則及び基準に違反する当該船舶からの排出であって、当該国の内水、領海又は排他的経済水域の外で生じたものについて、調査を実施することができるものとし、証拠により正当化される場合には、手続を開始することができる。

第220条（沿岸国による執行）
2　いずれの国も、自国の領海を航行する船舶が当該領海の通航中にこの条約に従って制定する自国の法令又は適用のある国際的な規則及び基準であって、船舶からの汚染の防止、軽減及び規制のためのものに違反したと信ずるに足りる明白な理由がある場合には、第2節及び第3節の関連する規定の適用を妨げることなく、その違反について当該船舶の物理的な検査を実施することができ、また、証拠により正当化されるときは、第7節の規定に従うことを条件として、自国の法律に従って手続（船舶の抑留を含む。）を開始することができる。
6　いずれの国も、自国の排他的経済水域又は領海を航行する船舶が当該排他的経済水域において3に規定する規則及び基準又は法令に違反し、その違反により自国の沿岸若しくは関係利益又は自国の領海若しくは排他的経済水域の資源に対し著しい損害をもたらし又はもたらすおそれのある排出が生じたとの明白かつ客観的な証拠がある場合には、第7節の規定に従うこと及び証拠により正当化されることを条件として、自国の法律に従って手続（船舶の抑留を含む。）を開始することができる。

第9節　責任
235条　1　いずれの国も、海洋環境の保護及び保全に関する自国の国際的義務を履行するものとし、国際法に基づいて責任を負う。
2　いずれの国も、自国の管轄の下にある自然人又は法人による海洋環境の汚染によって生ずる損害に関し、自国の法制度に従って迅速かつ適正な補償その他の救済のための手段が利用し得ることを確保する。

第15部　紛争の解決
第1節　総則
第279条（平和的手段によって紛争を解決する義務）　締約国は、国際連合憲章第2条3の規定に従いこの条約の解釈又は適用に関する締約国間の紛争を平和的手段によって解決するものとし、このため、同憲章第33条1に規定する手段によって解決を求める。
第281条（紛争当事者によって解決が得られない場合の手続）　1　この条約の解釈又は適用に関する紛争の当事者である締約国が、当該締約国が選択する平和的手段によって紛争の解決を求めることについて合意した場合には、この部に定める手続は、当該平和的手段によって解決が得られず、かつ、当該紛争の当事者間の合意が他の手続の可能性を排除していないときに限り適用される。
2　紛争当事者が期限についても合意した場合には、1の規定は、その期限の満了のときに限り適用される。
第284条（調停）　1　この条約の解釈又は適用に関する紛争の当事者である締約国は、他の紛争当事者に対し、附属書V第1節に定める手続その他の調停手続に従って紛争を調停に付するよう要請することができる。

第2節　拘束力を有する決定を伴う義務的手続
第287条（手続の選択）　1　いずれの国も、この条約に署名し、これを批准し若しくはこれに加入する時に又はその後いつでも、書面による宣言を行うことにより、この条約の解釈又は適用に関する紛争の解決のための次の手段のうち又は2以上の手段を自由に選択することができる。
(a)　附属書VIによって設立される国際海洋法裁判所
(b)　国際司法裁判所
(c)　附属書VIIによって組織される仲裁裁判所
(d)　附属書VIIIに規定する1又は2以上の種類の紛争のために同附属書によって組織される特別仲裁裁判所
5　紛争当事者が紛争の解決のために同一の手続を受け入れていない場合には、当該紛争については、紛争当事者が別段の合意をしない限り、附属書VIIに従って仲裁にのみ付する

ことができる。
第290条（暫定措置）　1　紛争が裁判所に適正に付託され、当該裁判所がこの部の下は第11部第5節の規定に従い管轄権を有すると推定する場合には、当該裁判所は、終局裁判を行うまでの間、紛争当事者のそれぞれの権利を保全し又は海洋環境に対して生ずる重大な害を防止するため、状況に応じて適当と認める暫定措置を定めることができる。
5　この節の規定に従って紛争の付託される仲裁裁判所が構成されるまでの間、紛争当事者が合意する裁判所又は暫定措置に対する要請が行われた日から2週間以内に紛争当事者が合意しない場合には国際海洋法裁判所若しくは深海底における活動に関しては海底紛争裁判部は、構成される仲裁裁判所が紛争について管轄権を有すると推定し、かつ、事態の緊急性により必要と認める場合には、この条の規定に基づき暫定措置を定め、修正し又は取り消すことができる。紛争が付託された仲裁裁判所が構成された後は、当該仲裁裁判所は、1から4までの規定に従い暫定措置を修正し、取り消し又は維持することができる。
第296条（裁判が最終的なものであること及び裁判の拘束力）　1　この節の規定に基づいて管轄権を有する裁判所が行う裁判は、最終的なものとし、すべての紛争当事者は、これに従う。
2　1の裁判は、紛争当事者間において、かつ、当該紛争に関してのみ拘束力を有する。

気候変動に関する国際連合枠組条約
採　択　　1992年5月9日
効力発生　1994年3月21日
日　本　国　1994年3月21日

第2条（目的）　この条約及び締約国会議が採択する法的文書には、この条約の関連規定に従い、気候系に対して危険な人為的干渉を及ぼすこととならない水準において大気中の温室効果ガスの濃度を安定化させることを究極的な目的とする。そのような水準は、生態系が気候変動に自然に適応し、食糧の生産が脅かされず、かつ、経済開発が持続可能な態様で進行することができるような期間内に達成されるべきである。

気候変動に関する国際連合枠組条約の京都議定書
採　択　　1997年12月11日
効力発生　2005年2月16日
日　本　国　2005年2月16日

第3条　1　附属書Iに掲げる締約国は、附属書Iに掲げる締約国についてこの附属書Aに掲げる温室効果ガスの全体の量を2008年から2012年までの約束期間中に1990年の水準より少なくとも5パーセント削減することを目的として、個別に又は共同して、当該温室効果ガスの二酸化炭素に換算した人為的な排出量の合計が、附属書Bに記載する排出の抑制及び削減に関する数量化された約束に従って並びにこの条の規定に従って算定される割当量を超えないことを確保する。
2　附属書Iに掲げる締約国は、2005年までに、この議定書に基づく約束の達成について明らかな前進を示す。
3　土地利用の変化及び林業に直接関係する人の活動（1990年以降の新規植林、再植林及び森林を減少させることに限

る。）に起因する温室効果ガスの発生源による排出量及び吸収源による除去量の純変化（各約束期間における炭素蓄積の検証可能な変化量として計測されるもの）は、附属書Iに掲げる締約国がこの条の規定に基づく約束を履行するために用いられる。これらの活動に関連する温室効果ガスの発生源による排出量及び吸収源による除去については、透明性のあるかつ検証可能な方法により報告し、第7条及び第8条の規定に従って検討する。
4　附属書Iに掲げる締約国は、この議定書の締約国の会合としての役割を果たす締約国会議の第1回会合に先立ち、科学上及び技術上の助言に関する補助機関による検討のため、1990年における炭素蓄積の水準を設定し及びその後の年における炭素蓄積の変化量に関する推計を可能とするための資料を提供する。この議定書の締約国の会合としての役割を果たす締約国会議は、第1回会合において又はその後できる限り速やかに、不確実性、報告の透明性、検証可能性、気候変動に関する政府間パネルによる方法論に関する作業、第5条の規定に従い科学上及び技術上の助言に関する補助機関により提供される助言並びに締約国会議の決定を考慮に入れて、農用地の土壌並びに土地利用の変化及び林業の区分における温室効果ガスの発生源による排出量及び吸収源による除去量の変化に関連する追加的な人の活動のいずれかに基づき、附属書Iに掲げる締約国の割当量をどのように増加させ又は減らすかについての方法、規則及び指針を決定する。この決定は、2回目及びその後の約束期間について適用する。締約国は、当該決定の対象となる追加的な人の活動が1990年以降に行われたものである場合には、当該決定を1回目の約束期間について適用することを選択することができる。
5　附属書Iに掲げる締約国のうち市場経済への移行の過程にある国であって、当該国の基準となる年又は期間が締約国会議の第2回会合の決定第9号（第2回会合）に従って定められているものは、この条の規定に基づく約束の履行のために当該基準となる年又は期間を用いる。附属書Iに掲げる締約国のうち市場経済への移行の過程にある他の締約国であって、条約第12条の規定に基づく1回目の自国の情報を送付していなかったものも、この議定書の締約国の会合としての役割を果たす締約国会議に対して、この条の規定に基づく約束の履行のために1990年以外の過去の基準となる年又は期間を用いる意図を有する旨を通告することができる。この議定書の締約国の会合としての役割を果たす締約国会議は、当該通告の受諾について決定する。
6　この議定書の締約国の会合としての役割を果たす締約国会議は、条約第4条6の規定を考慮して、附属書Iに掲げる締約国のうち市場経済への移行の過程にある締約国によるこの議定書に基づく約束（この条の規定に基づくものを除く。）の履行については、ある程度の弾力的適用を認める。
7　附属書Iに掲げる締約国の割当量は、排出の抑制及び削減に関する数量化された約束に係る1回目の期間（2008年から2012年まで）においては、1990年又は5の規定に従って決定される基準となる年若しくは期間における附属書Aに掲げる温室効果ガスの二酸化炭素に換算した人為的な排出量の合計に附属書Bに記載する百分率を乗じたものに5を乗じて得た値に等しいものとする。土地利用の変化及び林業が1990年において温室効果ガスの排出の純発生源を成す附属書Iに掲げる締約国は、自国の割当量を算定するため、1990年又は基準となる年若しくは期間における排出量に、土地利用の変化に起因する1990年における二酸化炭素に換算した発生源による人為的な排出量の合計であって吸収源による除去量を除くものを含める。
8　附属書Iに掲げる締約国は、7に規定する算定のため、ハイドロフルオロカーボン、パーフルオロカーボン及び六ふっ化硫黄について基準となる年として1995年を用いることができる。
9　附属書Iに掲げる締約国のその後の期間に係る約束については、第21条7の規定に従って採択される附属書Bの改正において決定する。この議定書の締約国の会合としての役割を果たす締約国会議は、1に定める1回目の約束期間が満了する少なくとも7年前に当該約束の検討を開始する。
10　第6条又は第17条の規定に基づいて1の締約国が他の締約国から取得する排出削減単位又は割当量の一部は、取得する締約国の割当量に加える。
11　第6条又は第17条の規定に基づいて1の締約国が他の締約国に移転する排出削減単位又は割当量の一部は、移転する締約国の割当量から減ずる。
12　第12条の規定に基づいて1の締約国が他の締約国から取得する認証された排出削減量は、取得する締約国の割当量に加える。
13　1の附属書Iに掲げる締約国の約束期間における排出量がこの条の規定に基づく割当量より少ない場合には、その量の差は、当該附属書Iに掲げる締約国の要請により、その後の約束期間における当該附属書Iに掲げる締約国の割当量に加える。
14　附属書Iに掲げる締約国は、開発途上締約国（特に条約第4条8及び9に規定する国）に対する社会上、環境上及び経済上の悪影響を最小限にするような方法で、1に規定する約束を履行するよう努力する。条約第4条8及び9の規定の実施に関する締約国会議の関連する決定に従い、この議定書の締約国の会合としての役割を果たす締約国会議は、第1回会合において、条約第4条8及び9に規定する締約国に対する気候変動の悪影響又は対応措置の実施による影響を最小限にするためにとるべき措置について検討する。検討すべき問題には、資金供与、保険及び技術移転の実施を含める。

第4条　1　前条の規定に基づく約束を共同で履行することについて合意に達した附属書Iに掲げる締約国は、附属書Aに掲げる温室効果ガスの二酸化炭素に換算した人為的な排出量の合計についての当該附属書Iに掲げる締約国の総計が、附属書Bに記載する排出の抑制及び削減に関する数量化された約束に従って並びに前条の規定に従って算定された割当量について当該附属書Iに掲げる締約国の総計を超えない場合には、約束を履行したものとみなされる。当該附属書Iに掲げる締約国にそれぞれ割り当てられる排出量の水準は、当該合意で定める。
2　1の合意に達した締約国は、この議定書の批准書、受諾書若しくは承認書又はこの議定書への加入書の寄託の日に、事務局に対し当該合意の条件を通報する。事務局は、当該合意の条件を条約の締約国及び署名国に通報する。
3　1の合意は、前条7に規定する約束期間を通じて維持される。
4　共同して行動する締約国が地域的な経済統合のための機関の枠組みにおいて、かつ、当該地域的な経済統合のための機関と共に行動する場合には、この議定書の採択の後に行われる当該地域的な経済統合のための機関の構成のいかなる変更も、この議定書に基づく既存の約束に影響を及ぼすものではない。当該地域的な経済統合のための機関の構成のいかなる変更も、その変更の後に採択される前条の規定に基づく約束についてのみ適用する。
5　1の合意に達した締約国が排出削減について当該締約国の総計の水準を達成することができない場合には、当該締約国は、当該合意に規定する自国の排出量の水準について責任を負う。
6　共同して行動する締約国が、この議定書の締約国である地域的な経済統合のための機関の枠組みにおいて、かつ、当該地域的な経済統合のための機関と共に行動する場合にお

いて、排出削減量の総計の水準を達成することができないときは、当該地域的な経済統合の構成国は、個別に、かつ、第24条の規定に従って行動する当該地域的な経済統合のための機関と共に、この条の規定に従って通報した自国の排出量の水準について責任を負う。

国際水路の非航行的利用の法に関する条約
採　択　1997年5月21日

第5条（衡平かつ合理的な利用と参加）　1　水路国は、それぞれの領域内において、衡平かつ合理的な方法で国際水路を利用する。特に、国際水路は、関係水路国の利益を考慮しつつ、最適かつ持続可能な利用とこれによる利益を達成するため、当該水路の適当な保護と両立するかたちで、利用及び開発される。
2　水路国は、衡平かつ合理的な方法における国際水路の利用、開発及び保護に参加する。この参加には、この条約の規定する水路の利用権と水路の保護及び開発における協力義務の双方が含まれる。
第7条（重大な損害を発生させない義務）　1　水路国は、自国領域内の国際水路を利用するにあたり、他の水路国に対する重大な損害の発生を防止するためにすべての適当な措置をとる。
2　1の措置にもかかわらず、重大な損害が他の水路国に発生した場合、自国の水路利用が当該損害を発生させた国は、当該利用に関する協定がなければ、第5条及び第6条の規定に妥当な考慮を払いつつ、影響を受ける国と協議して、当該損害を排除又は緩和するために、あるいは適当な場合には、補償の問題を討議するために、すべての適当な措置をとる。
第8条（一般的協力義務）　1　水路国は、国際水路の最適利用及び保護を達成するために、主権平等、領土保全、互恵及び信義に基づき、協力する。
2　当該協力の方法を決定するにあたり、水路国は、必要と考えるときは、様々な地域に存在する共同の制度及び委員会における協力を通じて得られた経験に照らして、関連措置及び手続に関する協力を促進するため、共同の制度又は委員会の設置を検討することができる。
第10条（異なる種類の利用間の関係）　1　反対の協定ないし慣習のない場合、国際水路のいかなる利用も、他の利用に対して固有の優先権をもたない。
2　国際水路の利用間に抵触のある場合、人間の死活的必要性の条件に特別な考慮を払いつつ、第5条ないし第7条を参照して解決される。

国際刑事裁判所に関するローマ規程
採　択　1998年7月17日
効力発生　2002年7月1日
日　本　国　2007年10月1日

第1条（裁判所）　この規程により国際刑事裁判所（以下「裁判所」という。）を設立する。裁判所は、常設機関とし、この規程に定める国際的な関心事である最も重大な犯罪を行った者に対して管轄権を行使する権限を有し、及び国家の刑事裁判権を補完する。裁判所の管轄権及び任務については、この規程によって規律する。
第5条（裁判所の管轄権の範囲内にある犯罪）　1　裁判所の管轄権は、国際社会全体の関心事である最も重大な犯罪に限定する。裁判所は、この規程に基づき次の犯罪について管轄権を有する。
(a)　集団殺害犯罪
(b)　人道に対する犯罪
(c)　戦争犯罪
(d)　侵略犯罪
2　第121条及び123条の規定に従い、侵略犯罪を定義し、及び裁判所がこの犯罪について管轄権を行使する条件を定める規定が採択された後に、裁判所は、この犯罪について管轄権を行使する。この規定は、国際連合憲章の関連する規定に適合したものとする。
第12条（管轄権を行使する前提条件）　1　この規程の締約国となる国は、第5条に規定する犯罪についての裁判所の管轄権を受諾する。
2　裁判所は、次条(a)又は(c)に規定する場合において、次の(a)又は(b)に掲げる国の1又は2以上がこの規程の締約国であるとき又は3の規定に従い裁判所の管轄権を受諾しているときは、その管轄権を行使することができる。
(a)　領域内において問題となる行為が発生した国又は犯罪が船舶内若しくは航空機内で行われた場合の当該船舶若しくは航空機の登録国
(b)　犯罪の被疑者の国籍国
3　この規程の締約国でない国が2の規定に基づき裁判所の管轄権の受諾を求められている場合には、当該国は、裁判所書記に対して行う宣言により、問題となる犯罪について裁判所が管轄権を行使することを受諾することができる。受諾した国は、第9部の規定に従い遅滞なくかつ例外なく裁判所に協力する。
第13条（管轄権の行使）　裁判所は、次の場合において、この規程に基づき、第5条に規定する犯罪について管轄権を行使することができる。
(a)　締約国が次条の規定に従い、これらの犯罪の1又は2以上が行われたと考えられる事態を検察官に付託する場合
(b)　国際連合憲章第7章の規定に基づいて行動する安全保障理事会がこれらの犯罪の1又は2以上が行われたと考えられる事態を検察官に付託する場合
(c)　検察官が第15条の規定に従いこれらの犯罪に関する捜査に着手した場合

国及びその財産の裁判権からの免除に関する国際連合条約（国連国家免除条約）
採　択　2004年12月2日
効力発生　未発効
日　本　国　2009年6月10日（国会承認）

第1部　序
第1条（この条約の範囲）　この条約は、国及びその財産の他の国の裁判所の裁判権からの免除について適用する。
第2条（用語）
2　契約又は取引が1に定める「商業的取引」であるか否かを決定するに当たっては、その契約又は取引の性質を主として考慮すべきものとする。ただし、契約若しくは取引の当事者間でその契約若しくは取引の目的も考慮すべきことについて合意した場合又は法廷地国の慣行により契約若しくは取引の目的がその契約若しくは取引の非商業的な性質を決定することに関係を有する場合には、当該契約又は取引の目的も考慮すべきものとする。

第2部　一般原則
第5条（免除）　いずれの国も、この条約に従い、自国及びその財産に関し、他の国の裁判所の裁判権からの免除を享有する。

第3部　免除を援用することができない裁判手続
第10条（商業的取引）　1　いずれの国も、自国以外の国の

自然人又は法人との間で商業的取引を行う場合において、適用のある国際私法の規則に基づき他の国の裁判所が当該商業的取引に関する紛争について管轄権を有するときは、当該商業的取引から生じた裁判手続において、当該他の国の裁判所の裁判権からの免除を援用することができない。
2 1の規定は、次の場合には、適用しない。
(a) 国の間で行う商業的取引の場合
(b) 商業的取引の当事者間で明示的に別段の合意をした場合
3 独立の法人格を有し、かつ、次の(a)及び(b)の能力を有する国営企業その他の国によって設立された団体が、当該団体が行う商業的取引に関する裁判手続に関与する場合であっても、当該国が享有する裁判権からの免除は、影響を受けない。
(a) 訴え、又は訴えられる能力
(b) 財産（当該国が当該団体による運用又は管理を許可した財産を含む。）を取得し、所有し、又は占有し、及び処分する能力

世界人権宣言
採 択　1948年12月10日（国連総会決議217（III））

人類社会のすべての構成員の固有の尊厳と平等で譲ることのできない権利とを承認することは、世界における自由、正義及び平和の基礎であるので、

人権の無視及び軽侮が、人類の良心を踏みにじった野蛮行為をもたらし、言論及び信仰の自由が受けられ、恐怖及び欠乏のない世界の到来が、一般の人々の最高の願望として宣言されたので、

人間が専制と圧迫とに対する最後の手段として反逆に訴えることがないようにするためには、法の支配によって人権を保護することが肝要であるので、

諸国間の友好関係の発展を促進することが、肝要であるので、

国際連合の諸国民は、国際連合憲章において、基本的人権、人間の尊厳及び価値並びに男女の同権についての信念を再確認し、かつ、一層大きな自由のうちで社会的進歩と生活水準の向上とを促進することを決意したので、

加盟国は、国際連合と協力して、人権及び基本的自由の普遍的な尊重及び遵守の促進を達成することを誓約したので、

これらの権利及び自由に対する共通の理解は、この誓約を完全にするためにもっとも重要であるので、

よって、ここに、国際連合総会は、

社会の各個人及び各機関が、この世界人権宣言を常に念頭に置きながら、加盟国自身の人民の間にも、また、加盟国の管轄下にある地域の人民の間にも、これらの権利と自由との尊重を指導及び教育によって促進すること並びにそれらの普遍的かつ効果的な承認と尊守とを国内的及び国際的な漸進的措置によって確保することに努力するように、すべての人民とすべての国とが達成すべき共通の基準として、この世界人権宣言を公布する。

第1条　すべての人間は、生れながらにして自由であり、かつ、尊厳と権利とについて平等である。人間は、理性と良心とを授けられており、互いに同胞の精神をもって行動しなければならない。

第2条　1 すべて人は、人種、皮膚の色、性、言語、宗教、政治上その他の意見、国民的若しくは社会的出身、財産、門地その他の地位又はこれに類するいかなる事由による差別をも受けることなく、この宣言に掲げるすべての権利と自由とを享有することができる。

2 さらに、個人の属する国又は地域が独立国であると、信託統治地域であると、非自治地域であると、又は他のなんらかの主権制限の下にあるとを問わず、その国又は地域の政治上、管轄上又は国際上の地位に基づくいかなる差別もしてはならない。

第3条　すべて人は、生命、自由及び身体の安全に対する権利を有する。

第4条　何人も、奴隷にされ、又は苦役に服することはない。奴隷制度及び奴隷売買は、いかなる形においても禁止する。

第5条　何人も、拷問又は残虐な、非人道的な若しくは屈辱的な取扱若しくは刑罰を受けることはない。

第6条　すべて人は、いかなる場所においても、法の下において、人として認められる権利を有する。

第7条　すべての人は、法の下において平等であり、また、いかなる差別もなしに法の平等な保護を受ける権利を有する。すべての人は、この宣言に違反するいかなる差別に対しても、また、そのような差別をそそのかすいかなる行為に対しても、平等な保護を受ける権利を有する。

第8条　すべて人は、憲法又は法律によって与えられた基本的権利を侵害する行為に対し、権限を有する国内裁判所による効果的な救済を受ける権利を有する。

第9条　何人も、ほしいままに逮捕、拘禁、又は追放されることはない。

第10条　すべて人は、自己の権利及び義務並びに自己に対する刑事責任が決定されるに当っては、独立の公平な裁判所による公正な公開の審理を受けることについて完全に平等の権利を有する。

第11条　1 犯罪の訴追を受けた者は、すべて、自己の弁護に必要なすべての保障を与えられた公開の裁判において法律に従って有罪の立証があるまでは、無罪と推定される権利を有する。

2 何人も、実行の時に国内法又は国際法により犯罪を構成しなかった作為又は不作為のために有罪とされることはない。また、犯罪が行われた時に適用される刑罰より重い刑罰を課せられない。

第12条　何人も、自己の私事、家族、家庭若しくは通信に対して、ほしいままに干渉され、又は名誉及び信用に対して攻撃を受けることはない。人はすべて、このような干渉又は攻撃に対して法の保護を受ける権利を有する。

第13条　1 すべて人は、各国の境界内において自由に移転及び居住する権利を有する。

2 すべて人は、自国その他いずれの国をも立ち去り、及び自国に帰る権利を有する。

第14条　1 すべて人は、迫害を免れるため、他国に避難することを求め、かつ、避難する権利を有する。

2 この権利は、もっぱら非政治犯罪又は国際連合の目的及び原則に反する行為を原因とする訴追の場合には、援用することはできない。

第15条　1 すべて人は、国籍をもつ権利を有する。

2 何人も、ほしいままにその国籍を奪われ、又はその国籍を変更する権利を否認されることはない。

第16条　1 成年の男女は、人種、国籍又は宗教によるいかなる制限をも受けることなく、婚姻し、かつ家庭をつくる権利を有する。成年の男女は、婚姻中、及びその解消に際し、婚姻に関し平等の権利を有する。

2 婚姻は、婚姻の意思を有する両当事者の自由かつ完全な合意によってのみ成立する。

3 家庭は、社会の自然かつ基礎的な集団単位であって、社会及び国の保護を受ける権利を有する。

第17条　1 すべて人は、単独で又は他の者と共同して財産を所有する権利を有する。

2 何人も、ほしいままに自己の財産を奪われることはない。

第 18 条 すべて人は、思想、良心及び宗教の自由に対する権利を有する。この権利は、宗教又は信念を変更する自由並びに単独で又は他の者と共同して、公的又は私的に、布教、行事、礼拝及び儀式によって宗教又は信念を表明する自由を含む。

第 19 条 すべて人は、意見及び表現の自由に対する権利を有する。この権利は、干渉を受けることなく自己の意見をもつ自由並びにあらゆる手段により、また、国境を越えると否とにかかわりなく、情報及び思想を求め、受け、及び伝える自由を含む。

第 20 条 1 すべて人は、平和的集会及び結社の自由に対する権利を有する。

2 何人も、結社に属することを強制されない。

第 23 条 1 すべて人は、勤労し、職業を自由に選択し、公正かつ有利な勤労条件を確保し、及び失業に対する保護を受ける権利を有する。

2 すべて人は、いかなる差別をも受けることなく、同等の勤労に対し、同等の報酬を受ける権利を有する。

3 勤労する者は、すべて、自己及び家族に対して人間の尊厳にふさわしい生活を保障する公正かつ有利な報酬を受け、かつ、必要な場合には、他の社会的保護手段によって補充を受けることができる。

4 すべて人は、自己の利益を保護するために労働組合を組織し、及びこれに参加する権利を有する。

第 24 条 すべて人は、労働時間の合理的な制限及び定期的な有給休暇を含む休息及び余暇をもつ権利を有する。

第 25 条 1 すべて人は、衣食住、医療及び必要な社会的施設等により、自己及び家族の健康及び福祉に十分な生活水準を保持する権利並びに失業、疾病、心身障害、配偶者の死亡、老齢その他不可抗力による生活不能の場合は、保障を受ける権利を有する。

2 母と子とは、特別の保護及び援助を受ける権利を有する。すべての児童は、嫡出であると否とを問わず、同じ社会的保護を受ける。

第 26 条 1 すべて人は、教育を受ける権利を有する。教育は、少なくとも初等の及び基礎的の段階においては、無償でなければならない。初等教育は、義務的でなければならない。技術教育及び職業教育は、一般に利用できるものでなければならず、また、高等教育は、能力に応じ、すべての者にひとしく開放されていなければならない。

2 教育は、人格の完全な発展並びに人権及び基本的自由の尊重の強化を目的としなければならない。教育は、すべての国又は人種的若しくは宗教的集団の相互間の理解、寛容及び友好関係を増進し、かつ、平和の維持のため、国際連合の活動を促進するものでなければならない。

3 親は、子に与える教育の種類を選択する優先的権利を有する。

第 27 条 1 すべて人は、自由に社会の文化生活に参加し、芸術を鑑賞し、及び科学の進歩とその恩恵とにあずかる権利を有する。

2 すべて人は、その創作した科学的、文学的又は美術的作品から生ずる精神的及び物質的利益を保護される権利を有する。

安全保障理事会決議 678
採　択　1990 年 11 月 29 日

安全保障理事会は、
（中略）
国際連合によるあらゆる努力にもかかわらず、イラクが、安全保障理事会を甚だしく無視して、決議 661（1990 年）及びそれに続く上記の関連する諸決議に従って、その義務に応じることを拒否していることに留意し、

平和及び安全の維持の確保のための、安全保障理事会の国際連合憲章の下での義務及び責任を自覚し、

安全保障理事会の決定の完全な遵守を確保することを決意し、

国際連合憲章第 7 章の下で行動して、

1 イラクが決議 661（1990 年）及びそれに続くすべての関連する決議を完全に遵守することを要求し、かつ、すべての安全保障理事会の決定を維持しつつ、善意の猶予として、イラクに決議遵守のための最後の機会を与えることを決定する。

2 イラクが 1991 年 1 月 15 日以前に、上記 1 の規定に示されたように、決議を完全に履行しない場合には、クウェート政府に協力している加盟国に対し、決議 660（1990 年）及びそれに続くすべての関連する決議を支持及び履行し、かつ、その地域における国際の平和及び安全を回復するために、すべての必要な措置をとる権限を与える。

3 すべての国に対し、上記 2 の規定に従ってとられる行動に適切な支援を与えるよう要請する。

安全保障理事会決議 687
採　択　1991 年 4 月 3 日

安全保障理事会は、
（中略）
憲章第 7 章の下で行動して次の措置をとる必要があることを認識して、

1 この決議の目的（正式な停戦を含む。）を達成するため以下で明示的に変更されたものを除いて、上記の 13 のすべての決議を確認する。

8 イラクが国際的監視の下で以下に掲げるものを破壊、撤去又は無害化することを無条件に受け入れるべきことを決定する。

(a) すべての化学兵器及び生物兵器並びにすべての化学剤及び生物剤の在庫並びにすべての関連補助装置及び構成要素並びにそれらに関連するすべての研究、開発、支援及び製造のための施設

(b) 射程距離 150 キロメートルを超えるすべての弾道ミサイル及び主要関連部品並びに修理及び生産施設

9 8 の規定の実施のため、以下のとおり決定する。

(a) イラクは、この決議の採択から 15 日以内に、8 の規定に定めるすべてのものの所在地、数量、種類に関する申告書を国連事務総長に提出し、以下に定める緊急現地査察に同意しなければならない。

(b) 国連事務総長は、適当な政府、また、適当と認める場合には世界保健機関事務局長と協議して、この決議の採択から 45 日以内に、安全保障理事会の承認を得るために、その承認から 45 日以内に以下の行動の完了を要請する計画を作成し、同理事会に提出する。

　　(i) イラクの生物兵器、化学兵器及びミサイルの能力の即時現地査察を実施するための特別委員会を設置すること。この査察は、イラクによる申告及び特別委員会自身による追加的所在地の指定に基づいて行われる。

　　(ii) 公共の安全の必要性を考慮して、破壊、撤去又は無害化するため、8(a)の規定に定めるすべてのもの（(i)の規定の下で特別委員会が指定する追加的所在地にあるものを含む。）を、イラクが特別委員会に引き渡すこと、及び、8(b)の規定に定めるすべてのミサイルの能力（発射装置を含む。）

を特別委員会の監視の下でイラクが破壊すること。
　(iii)　12及び13の規定において要請若しくは支援及び協力を国際原子力機関事務局長に対して特別委員会が提供すること。
12　イラクが次のことに無条件に同意しなければならないことを決定する。イラクが、核兵器若しくは核兵器に利用可能な資材、核兵器のいかなる補助装置若しくは構成要素又はこれらに関係するいかなる研究、開発、支援若しくは製造のための施設の取得又は開発も行わないこと。イラクが、この決議の採択から15日以内に、上記に定めるすべてのものの所在地、数量及び種類の申告書を国連事務総長及び国際原子力機関事務局長に提出すること。イラクが、核兵器に利用可能な同国の資材のすべてを、9(b)の規定にいう国連事務総長の計画に定められる特別委員会の支援及び協力の下、保管及び撤去のために、国際原子力機関の排他的管理の下に置くこと。イラクが、13の規定に定められる取極に従って、緊急現地査察及び上記に定めるすべてのものの適切な破壊、撤去又は無害化を受け入れること。並びに、イラクが、同国のこれらの約束の遵守を将来にわたって継続的に監視し検証するための13の規定にいう計画を受け入れること。
13　国連事務総長を通じて、9(b)にいう国連事務総長の計画に定められる特別委員会の支援及び協力で、国際原子力機関事務局長に次のことを要請する。イラクの申告及び特別委員会による追加的所在地の指定に基づいて、イラクの核能力の現地査察を直ちに実施すること。12の規定に掲げるすべてのものの適切な破壊、撤去又は無害化を要請する計画を安全保障理事会に45日以内に提出するために作成すること。同理事会の承認後45日以内に計画を実施すること。及び、核兵器の不拡散に関する条約に基づくイラクの権利及び義務を考慮して、イラクの12の規定の遵守を将来にわたって継続的に監視し検証するための計画（国際原子力機関の保障措置がイラクにおけるすべての関連原子力活動に適用されることを確認するための同機関の検証及び査察の対象となるイラクにおけるすべての核物質の一覧表を含む。）を作成し、この決議の採択から120日以内に承認を得るために理事会に提出すること。
32　イラクに対し、同国がいかなる国際テロリズムの行為も実行若しくは支援せず、又は、そのような行為の実行を目指すいかなる組織にも同国の領域内での活動を許さないことを安全保障理事会に通報すること、及び、テロリズムのすべての行為、方法及び実行を無条件に非難し、放棄することを要請する。

安全保障理事会決議1441
　採　　択　2002年11月8日

安全保障理事会は、
　（中略）
　イラクによる理事会決議の不遵守と大量破壊兵器及び長距離ミサイルの拡散が国際の平和及び安全に対してもたらす脅威を認め、
　（中略）
　理事会決議の完全な遵守を確保することを決意し、
　国際連合憲章第7章の下で行動して、
1　イラクが、特に、国際連合の査察団並びに国際原子力機関と協力せず、決議687(1991)の8から13の規定の下で要求される行動を完了しないことによって、同決議を含む、関連する決議の下での義務の重大な違反をしてきたこと及び依然として違反していることを決定する。
2　上記1の規定を認識しつつ、本決議によって、イラクに理事会の関連する決議の下での武装解除の義務に従う最後の機会を与えることを決定する。そして、この決定に応じて、決議687(1991)とその後の理事会の諸決議によって設定された武装解除の過程を、完全かつ検証化されたかたちで完了させる目的をもって強化された査察体制を構築することを決定する。
12　国際の平和及び安全を確保するために、事態及びすべての理事会の関連する決議の完全な遵守の必要性を検討するために、上記4又は11の規定に従った報告書の受領に基づいて、直ちに会合を開くことを決定する。
13　その関連において、理事会が、イラクに対して、継続した義務違反の結果として、イラクが深刻な結果に直面することを、繰り返し警告してきたことを想起する。
14　この問題に引き続き取り組むことを決定する。

国際違法行為に対する国の責任に関する条文（国家責任条文）
　採　　択　2001年12月12日（国連国際法委員会第53会期）

第1部　国の国際違法行為
第1章　一般原則
第1条（国際違法行為に対する国の責任）　国の国際違法行為はすべて当該国の国際責任を伴う。
第2条（国の国際違法行為の要素）　国の国際違法行為が存在するのは、作為又は不作為からなる行為が
(a)　国際法上、当該国に帰属し、かつ、
(b)　当該国の国際義務の違反を構成する、場合である。
第3条（国の行為の国際違法性の性質決定）　国の行為を国際的に違法とする性質決定は国際法によって規律される。このような性質決定は、同一の行為が国内法によれば合法との性質決定に影響されるものではない。
第2章　行為の国への帰属
第4条（国の機関の行為）　1　いかなる国の機関の行為も、当該機関が立法・行政・司法あるいはその他いずれの任務を遂行するものであるか否か、国の組織のなかでいかなる地位を保有するか、国の中央政府あるいは地域的単位の機関としていかなる性格のものであるかを問わず、国際法上当該国の行為とみなされるものとする。
2　機関は、国の国内法に従って、そのような地位を有するあらゆる人又は団体を含む。
第5条（公権力の要素を行使する人又は団体の行為）　第4条に基づく国の機関の行為ではないが、当該国の法により、公権力の要素を行使する権限を与えられている人又は団体の行為は、国際法上当該国の行為とみなされるものとする。ただし、当該人又は団体が特定の事案において前記の資格で行動していることを条件とする。
第6条（国の使用に供される他国機関の行為）　国の使用に供される他国機関の行為は、当該機関が、その使用に供される国の公権力の要素を行使している場合には、国際法上当該使用国の行為とみなされるものとする。
第7条（権限踰越と指示の違反）　国の機関あるいは公権力の要素を行使する権限を与えられている人又団体の行為は、当該機関、人又は団体がその資格において行動している場合には、たとえそれが権限を踰越したり、指示に違反したりするものであったとしても、当該国の行為とみなされるものとする。
第8条（国により指揮又は監督された行為）　人又は人の集団の行為は、当該人又は人の集団が当該行為を行うにあたり、事実上、国の指示に基づき、あるいはその指揮又は監督の下

で行動している場合には、国際法上当該国の行為とみなされるものとする。

第9条（公の機関の不存在あるいは機能不全の場合に行われる行為）　人又は人の集団の行為は、公の機関の不在あるいは機能不全の場合で、かつ公権力の要素の行使を要求されるような状況の下で、当該人又は人の集団が事実上公権力の要素を行使している場合には、国際法上国の行為とみなされるものとする。

第10条（反乱団体その他の団体の行為）　1　国の新政府となった反乱団体の行為は、国際法上当該国の行為とみなされるものとする。

2　既存の国の領域の一部あるいはその施政の下にある領域で新国家を設立することに成功した反乱団体その他の団体の行為は、国際法上当該新国家の行為とみなされるものとする。

3　本条は、たとえ関連団体の行為に関係するものであったとしても、第4条から第9条の規定に基づき国の行為とみなされるべき、あらゆる行為の当該国への帰属に影響を及ぼすものではない。

第11条（国により自国のものと認められかつ採用された行為）　前諸条の規定の下では帰属しえない行為でも、当該国が問題となっている行為を自国のものと認めかつ採用する場合にはその限度において、国際法上当該国の行為とみなされるものとする。

第3章　国際義務の違反

第12条（国際義務の違反の存在）　国による国際義務の違反が存在するのは、義務の淵源や性格のいかんを問わず、当該国の行為が国際義務により当該国に対して要求されているところと合致しない場合である。

第5章　違法性阻却事由

第20条（同意）　国が他国による特定の行為の遂行に対して与えた有効な同意が、この同意の範囲内にとどまる限り、同意国との関係において当該行為の違法性を阻却する。

第21条（自衛）　国の行為の違法性は、当該行為が国連憲章に従ってとられた合法な自衛措置を構成する場合には阻却される。

第22条（国際違法行為に関する対抗措置）　他国に対して負う国際義務と合致しない当該国の行為の違法性は、当該行為が第3部第2章に従って当該他国に対してとられる対抗措置を構成する場合には、その限りで阻却される。

第23条（不可抗力）　1　国の国際義務と合致しない当該国の行為の違法性は、当該行為が不可抗力、すなわち当該国の管理を超えた、抗しがたい力や予見不可能な事態の発生に起因し、このような事情の下で義務を履行することが実質的に不可能となるような場合には、阻却される。

2　第1項が適用されないのは、
(a)　不可抗力の状況が、単独であるいは他の要因と結合して、これを援用する国の行為に起因するものであるか、又は
(b)　当該国が、この状況が発生する危険を予想していた場合である。

第24条（遭難）　1　国の国際義務と合致しない当該国の行為の違法性は、この行為の実行者が遭難の状況において自己の生命又はその者の保護に委ねられた他の人たちの生命を守るために他の合理的な方法をもたない場合には、阻却される。

2　第1項が適用されないのは、
(a)　遭難の状況が、単独であるいは他の要因と結合して、これを援用する国の行為に起因するものであるか、又は
(b)　問題となっている行為が、それと同等のあるいはより大きな危難を生み出す可能性がある場合である。

第25条（緊急避難）　1　国は、以下の場合を除くほか、当該国の国際義務と合致しない当該国の行為の違法性を阻却するための根拠として、緊急避難を援用することができない。
(a)　当該行為が、当該国にとって重大かつ差し迫った危難から不可欠の利益を守るための唯一の方法であり、かつ、
(b)　当該行為が、義務の存在する相手方の1又はそれ以上の国、あるいは国際社会全体の不可欠の利益を深刻なかたちで侵害しない場合

2　以下の場合にはいずれも、違法性を阻却するための根拠として国は緊急避難を援用することができない。
(a)　問題となっている国際義務が緊急避難を援用する可能性を排除している場合
(b)　国が緊急避難の状況に寄与した場合

第26条（強行規範の遵守）　本章のいかなる規定も、一般国際法の強行規範の下で生じる義務と合致しない国の行為の違法性を阻却するものではない。

第27条（違法性阻却事由を援用する帰結）　本章に従った違法性阻却事由の援用は、以下のことに影響を及ぼすものではない。
(a)　違法性阻却事由がもはや存在しない場合は、その限りで、問題となっている国際義務の遵守
(b)　問題となっている行為によって引き起こされたあらゆる物理的損失に対する補償の問題

第2部　国の国際責任の内容

第1章　一般原則

第30条（中止と再発防止）　国際違法行為に対して責任を有する国は、以下の義務を負う。
(a)　違法行為が継続している場合には、当該行為を中止すること。
(b)　事情により必要と認めるときは、適当な再発防止の確約と保証を申し出ること。

第31条（賠償）　1　責任国は国際違法行為によって引き起こされた被害に対して完全な賠償を行うべき義務を負う。

2　被害とは、物理的であると精神的であるとを問わず、国の国際違法行為によって引き起こされたあらゆる損害を含む。

第32条（国内法の無関係性）　責任国は、この部に基づく義務を遵守しないための正当化として、自国の国内法の規定に依拠することはできない。

第33条（この部に定める国際義務の範囲）　1　この部に定める責任国の義務は、特に国際義務の性格及び内容と違反の状況に応じて、他の1国、2以上の国、あるいは国際社会全体に対して負うことができる。

2　この部は、国の国際責任から生じ、国以外の人又は団体に直接付与されるういかなる権利にも影響を及ぼすものではない。

第2章　被害に対する賠償

第34条（賠償の形態）　国際違法行為によって引き起こされた被害に対する完全な賠償は、本章の規定に従って、原状回復、金銭賠償及び満足の形態をとり、単独であるいは組み合わせて行われるものとする。

第35条（原状回復）　国際違法行為に対して責任を有する国は、原状回復、すなわち違法行為が行われる以前に存在していた状況を回復する義務を負う。ただし、原状回復が以下の条件と範囲で行われる場合に限る。
(a)　物理的に不可能でない場合
(b)　金銭賠償の代わりに原状回復から生じる利益と著しく均衡を失する負担を伴わない場合

第36条（金銭賠償）　1　国際違法行為に対して責任を有する国は、損害が原状回復によって填補されない限りにおいて、違法行為によって引き起こされた損害につき金銭賠償を行う義務を負う。

2 金銭賠償は、立証される限りで逸失利益を含めた、金銭的に評価可能なあらゆる損害を対象とするものとする。

第37条（満足） 1 国際違法行為に対して責任を有する国は、原状回復や金銭賠償で填補されえない限りにおいて、当該行為によって引き起こされた被害につき満足を与える義務を負う。

2 満足は、違反の承認、遺憾の意の表明、公式の謝罪あるいはその他の適当な態様により行われる。

3 満足は、被害と均衡を失してはならず、責任国に対して侮辱的な形式をとることはできない。

第3章 一般国際法の強行規範に基づく義務の重大な違反

第40条（本章の適用） 1 本章は一般国際法の強行規範の下で生じる義務の国による重大な違反により発生する国際責任に適用される。

2 このような義務の違反は、責任国による当該義務の甚大で組織的な不履行を伴う場合に、重大となる。

第41条（本章に基づく義務の重大な違反の特別な帰結） 1 国は、合法的な手段を通じて、第40条の意味の範囲内におけるすべての重大な違反を終了させるよう協力しなければならない。

2 いかなる国も、第40条の意味の範囲内における重大な違反によって生み出された状況を合法と承認したり、この状況を維持するために支援又は援助を行ったりしてはならない。

3 本条は、この部で述べたその他の帰結、及び本章が適用される違反が国際法の下でもたらしうるような更なる帰結に対して影響を及ぼすものではない。

第3部 国の国際責任の実施
第1章 国の責任の追及

第42条（被害国による責任の追及） 国が被害国として他国の責任を追及する権利を与えられるのは、違反のあった義務が、
(a) 当該国に対して個別に課されている場合、又は、
(b) 当該国を含めた国家集団、あるいは国際社会全体に対して課されている場合で、当該義務の違反が、
(i) 当該国に特に影響を与える場合、もしくは、
(ii) 義務の履行の継続について、当該義務を負っている他のすべての国の立場を根本的に変更する者である場合、である。

第43条（被害国による請求の通告） 1 他国の責任を追及する被害国は当該他国に対する自国の請求を通告しなければならない。

2 被害国は、特に以下のことを特定することができる。
(a) 違法行為が継続している場合には、それを中止するために責任国がとらなければならない行為
(b) 第2部の規定に従ってとられるべき賠償の形態

第44条（請求の受理可能性） 国の責任は、以下の場合には、追及することができない。
(a) 請求が、請求の国籍に関して適用のある規則に従って提起されていない場合
(b) 国内的救済完了の規則が適用されるもので、かつすべての利用可能な実効的救済が尽くされていない場合

第48条（被害国以外の国による責任の追及） 1 被害国以外の国はいずれも、以下の場合には第2項に従って他国の責任を追及する権利を与えられる。
(a) 違反のあった義務が当該国を含む国家集団に対して課されているものであって、集団の集合的利益の保護のために設定されている場合
(b) 違反のあった義務が国際社会全体に対して課されている場合

2 第1項の下で責任を追及する権利を与えられた国はいずれも、責任国から以下のものを請求することができる。

(a) 第30条に従った国際違法行為の中止及び再発防止の確約と保証
(b) 被害国又は違反のあった義務の受益者の利益のために、前記諸条項に従った賠償義務の履行

3 第43条、第44条及び第45条に基づく被害国による責任の追及に関する条件は、第1項に基づいて責任追及権を与えられる国による責任の追及に適用される。

第2章 対抗措置

第49条（対抗措置の目的と範囲） 1 被害国は、国際違法行為に責任を有する国に対して、当該責任国が第2部に定める義務を遵守するよう促すためにのみ、対抗措置をとることができる。

2 対抗措置は、当該措置をとる国が責任国に対して負っている国際義務の一時的不履行に限定される。

3 対抗措置は、できる限り、第2項にいう義務の履行の再開を可能にするような方法で行われなければならない。

第50条（対抗措置によって影響を受けない義務） 1 対抗措置は、以下の義務に影響を与えるものではない。
(a) 国際連合憲章に具体化された武力による威嚇又は武力の行使を慎む義務
(b) 基本的人権の保護に関する義務
(c) 復仇を禁止する人道的性格の義務
(d) 一般国際法の強行規範に基づくその他の義務

2 対抗措置をとる国は、以下の義務の履行を免れない。
(a) 当該国と責任国との間で適用のあるすべての紛争解決手続に基づく義務
(b) 外交官又は領事官、それらの公館、公文書及び書類の不可侵を尊重する義務

第51条（均衡性） 対抗措置は、国際違法行為の重大性と問題となっている権利を考慮しつつ、被った損害に相応するものでなければならない。

第52条（対抗措置に訴えるための条件） 1 対抗措置をとる前に、被害国は以下のことを行わなければならない。
(a) 第43条に従って、第2部の下での義務の履行を責任国に求めること。
(b) 対抗措置をとる決定はいずれも責任国に通告しかつ当該責任国との交渉を申し出ること。

2 第1項(b)にもかかわらず、被害国は自らの権利を保全するために必要な緊急の対抗措置をとることができる。

3 対抗措置は、以下の場合にはとってはならないし、又すでにとられている場合には、遅滞なく停止されなければならない。
(a) 違法行為が停止し、かつ、
(b) 当事者に拘束力ある決定を行う権限を有している裁判所に、紛争が継続している場合

4 第3項は、責任国が誠実に紛争解決手続を実施しない場合には、適用されない。

第53条（対抗措置の終了） 対抗措置は、責任国が国際違法行為に関して第2部に基づく義務を遵守したときは、速やかに終了しなければならない。

第54条（被害国以外の国によってとられる措置） 本章は、第48条1項に基づき他国の責任を追及する権利を有する国が、当該他国に対して違反の中止や被害国又は違反のあった義務の受益者の利益のために賠償を確保する目的で、合法的な措置をとる権利を害するものではない。

1 北海大陸棚事件

国際司法裁判所　判決（1969年2月20日）
西ドイツ 対 デンマーク、西ドイツ 対 オランダ

I．事　実

　北海大陸棚事件は、北海における西ドイツ、デンマークおよびオランダ3国間での大陸棚の境界画定において、1958年の大陸棚条約6条に定められている等距離原則が、同条約の当事国ではない西ドイツに対して、慣習国際法上の規則として適用できるか否かが争われた事件である。

　北海に面して隣接しているデンマークと西ドイツおよびオランダと西ドイツの間では、沿岸近くで等距離線方式に基づいて部分的画定がなされていたが、沖合区域の境界画定については意見が対立していた。沖合区域にも等距離線方式を適用すると、地形上内側に凹んでいる西ドイツは大陸棚の配分において不利になることが予想されていたためである。

　1966年、デンマークとオランダは西ドイツの沖合の区域に等距離線方式に基づく両国間の境界線を設定し、これが西ドイツに対しても有効であると主張したが、西ドイツは、この境界線は自国には効力をもたないと反論した。3国は交渉したが合意できず、問題は国際司法裁判所に付託された。

II．判　旨

　大陸棚に対する沿岸国の権利は、大陸棚が海中に向かって領土の自然の延長を構成している関係から、領土に対する主権に基づいて当然にかつ原初的に存在する。デンマークとオランダは、大陸棚の境界画定は関係国の沿岸に最も近いすべての区域を残す方法で行わなければならず、等距離線のみがこれを可能にすると主張するが、「近接性の観念よりも根本的なのは、沿岸国の完全な主権の下にあるその領海の海底を経由して、公海の中および下に向かうその国の領土または領土主権の自然な延長または連続という原則……であるように思われる」。領土の自然の延長を構成していなければ、いかに近くともその区域は沿岸国に属しない。したがって、等距離線方式は大陸棚制度に固有のものではない。

　デンマークとオランダは、大陸棚条約6条は現存する規則を宣言したものにすぎないというわけではなく、現れつつある慣習法が、国際法委員会の作業、政府の反応およびジュネーブ会議を通じ明確化・凝固し、条約採択によって結晶化したという。しかし、国際法委員会において6条はかなりの躊躇をもってあるべき法（*de lege ferenda*）として提案されており、また、6条には留保が許されているので、同条は慣習法の規則ではなく、純粋に条約上の規則として制定されたものである。また、6条が後の国家の慣行を通じ慣習法の規則になったかについては、等距離線方式に従って境界線を引く実行が拘束的なものであるという法的確信に基づいて展開されている証拠はなく、大陸棚条約の等距離原則は慣習法の規則を創設したとはいえない。

　大陸棚の境界画定において法的確信を反映してきた原則は、境界画定は合意によらなければならず、その合意は衡平原則に従って達成されなければならないということである。したがって、①当事国は、合意に到達するために交渉する義務を負い、交渉が有意義であるように行動する義務を負う。②当事国は、すべての事情を考慮に入れて、衡平原則が適用される

ように行動する義務を負う。③大陸棚は領土の自然の延長でなければならず、他国領土の自然の延長に侵入してはならない。

Ⅲ. 解　説

1. 自然延長論と衡平原則
　裁判所は、大陸棚に対する沿岸国の権利は「領土の自然の延長」という考え方に基づいているとし、陸地領土との地形的・地質的連続性を重視した。大陸棚が「領土の自然の延長」であるとの観念は、国連海洋法条約上の大陸棚の定義（76条）にも見られるが、境界画定に関しては、後に200カイリ排他的経済水域概念が導入されると、自然延長論は距岸200カイリまでの海底については否定されることになった（リビア・マルタ大陸棚事件、本書14参照）。
　本件では、衡平原則が慣習法上の境界画定原則であることもはじめて示された。裁判所は、衡平原則の適用を要請するのは法の規則であり、「衡平及び善」に基づく判断とは異なるとしたものの、どのような方法で境界画定を行うことが衡平な解決を導くのか、その具体的な基準は明確ではない。しかし、衡平な解決を導くために考慮されるべき関連事情として本件であげられた、大陸棚区域の範囲と海岸線の長さの釣り合いという要素は、後の判決にも影響を与えた。
　実際の境界画定では、現実的な解決が図られることが多い。たとえば日韓の間では、日本は中間線を、韓国は自然延長論を主張していたが、1974年に北部と南部に分けて協定を締結し、北部協定では中間線に基づいて画定を行い、南部協定では両国の主張が重複する部分を共同開発区域とした。

2. 慣習法の成立要件
　裁判所は、条約と慣習法との関係について、条約上の規則が①既存の慣習法を宣言する性格をもつ場合（宣言的効果）、②生成途上にあった慣習法を結晶化する性格をもつ場合（結晶化効果）、③条約採択後の国家実行を促し慣習法規則を創設する性格をもつ場合（創設的効果）に整理し、各々条約上の規則が慣習法であると認められるための条件を明確にしようと試みた（漁業管轄権事件、本書4も参照）。
　①と②については条約の審議過程を、③については条約採択後の国家実行および法的確信を重視して、最終的には、等距離原則は慣習法として認められないと判断した。本件は慣習法の成立には国家実行と法的確信が必要と説いたが、国家実行につき、その期間は短くてもよいが、特定利害関係国の実行が含まれなければならないと述べた点が注目されている（ニカラグアに対する軍事活動事件、本書27も参照）。
　また、裁判所は大陸棚条約1～3条は慣習法上の規則であり留保が禁止されているが、6条には留保が許されているとしてその慣習法的性格を否定した。裁判所が述べたように、条約規則の慣習法的性格を、当該規則に留保が許容されているか否かで判断できるのかについては、議論がある。

3. 交渉命令判決
　裁判所は、大陸棚の境界画定において依拠すべき原則が衡平原則であることを明らかにし、これに従って当事国に最終的な紛争解決を目指して交渉することを命じた（漁業管轄権事件、本書4も参照）。本件では交渉の末、1971年に条約が締結され、紛争は最終的に解決した。

〔皆川　誠〕

2 プレア・ビヘア寺院事件

国際司法裁判所　本案判決（1962年6月15日）
カンボジア 対 タイ

I. 事　実

　プレア・ビヘア寺院事件は、カンボジアとタイとの国境地帯にあるプレア・ビヘア寺院および周辺地域の帰属に関して、過去の国境画定作業に関連する地図上の国境線を、実際には異なっているとされたにもかかわらずタイが受け入れてきたか否かが争われた事件である。
　1904年のフランス（カンボジアの保護国）とシャム（1939年よりタイ）の条約は、両国間の国境はダングレク山脈の分水嶺に沿うことを定めた。この条約で設置された1907年の混合委員会は、寺院をカンボジア側とする地図を作成し公表した。その後のシャムの独自調査によると、地図の線と実際の分水嶺とが一致せず、本来寺院はシャム側に含まれるはずであることが判明したとされるが、シャムはこれを特に問題としなかった。これが第2次世界大戦後紛争に発展し、カンボジアは寺院の領有権と、1954年以来駐留していたタイ軍の撤退を求めて、国際司法裁判所に提訴した。タイは裁判所の管轄権の有無を争い先決的抗弁を提出したが、裁判所は1961年にこれを却下し、本案審理を認めた。

II. 判　旨

　カンボジアの請求は地図に依拠しているが、この地図は、混合委員会によって公式に承認されていない。したがってその地図は、作成時には何ら拘束力をもたなかった。しかし問題は、「当事者が附属書Ⅰの地図およびそこに示された線を、プレア・ビヘア地域における国境画定作業の結果を示すものとして、それにより地図に拘束的な性格を付与して、まさに採択したか否かである」。タイはこれを否定するが、もし地図に同意せず、重大な疑問を有していたのであれば、合理的な期間内に何らかの対応をとるべきであったにもかかわらず、タイはそうしなかった。したがって、タイは黙認したものとされなければならない。
　タイは、地図を受け取った際には認識しえなかった錯誤があったと主張するが、地図を参照したタイ側の人々の立場と資格だけをみても、このような主張は受け入れ難い。
　タイは、その後1958年に至るまで、地図に関して疑問を提起したことはなく、1934～1935年に独自の調査を行った後も、寺院をカンボジア側に置く地図を継続して使用した。また、フランスとの間で何度か国境の修正を求める絶好の機会があったにもかかわらず、タイはそのような主張を行わなかった。さらに、1930年にシャムのダムロン殿下が寺院を公式に訪問した際、カンボジア駐在のフランス代表による公式接待を受けている。「明らかに対抗的な主張に直面して、権原を確認しまたは維持するために反応することを求められた際に、何ら反応しなかったことによって、シャムはプレア・ビヘアに対する（フランスの保護下の）カンボジアの主権を黙示的に承認したことになると思われる。」
　以上からの結論として、裁判所は、タイが1908年に地図およびその国境線を受諾したことについてたとえ何らかの問題があっても、その後の一連の事実に照らせば、タイが地図を受け入れなかったとの主張は、自らの行為によって排除されると考える。

III. 解 説

1. 地図の法的位置づけ

　本件は、プレア・ビヘア寺院周辺地域の帰属をめぐる領土紛争であったが、問題の焦点は以前に行われた国境画定作業に関連する地図をどのように評価するかであった。

　一般的に地図は、国境画定条約などの法的文書に付属している場合以外は法的効果をもたず、付属している場合でも条約の文言が優先するとされている。このような立場は、国際司法裁判所における 1986 年のブルキナファソ・マリ国境紛争事件（本書⑩）などでも踏襲されている。

　本件において裁判所は、地図が混合委員会の任務停止後に作成されたもので、委員会から公式に承認されたものではないことを理由として、地図自体の拘束力については否定した。

2. 黙認と禁反言（エストッペル）

　地図の拘束力は否定されたが、中心的な問題は、地図上の線と分水嶺が一致しなかったにもかかわらず、その地図についてタイが長期間異議を唱えなかったことをどのように評価するか、ということであった。裁判所は、タイによる一連の態度について地図を「黙認」したものとみなし、1908 年の時点でタイによる地図の受諾に疑義がありえたとしても、その後の一連の事態に鑑みれば、タイが地図を受諾していないと主張することはできないとした。この点をとらえて、本件は禁反言の原則を適用したものであるとの見解もある。

　禁反言とは、一度承認したことと矛盾する事後の主張や行動は許されないという原則である。禁反言はもともと英米法上の原則であるが、証拠法上の規則として厳密に解釈適用すべきか、実体法上の規則として扱われるべきかについては争いがある。判決は、禁反言について明示的には言及しておらず、厳密な意味で禁反言を適用したか否か明らかではない。

　この点に関して、一方では、禁反言は単なる証拠または手続の規則とみなされるべきではなく、実体的な性格を有する法の一般原則である、と述べた個別意見があった。他方、禁反言は真実の司法的探求を相対的な真実によって代替することになるので注意して適用されなければならず、本件では禁反言概念の誤った適用や許容できない拡張の結果、タイのものであったはずの領土がカンボジアに与えられることになってしまった、との反対意見もあった。

3. 錯誤の抗弁

　タイは、地図を受け入れていないと主張しつつも、もし受け入れたとすれば、それは錯誤によるものであると主張した。しかし裁判所は、「錯誤の抗弁を申し出る当事者が自らの行為によって錯誤の発生に寄与した場合、またはそれを避けることができた場合、あるいは可能性のある錯誤に気づくことができる状況にその当事者が置かれていた場合には、合意を無効にする要素としての錯誤の抗弁は認められない、というのが確立した法の規則である」としてその主張を認めなかった。この点については、条約法条約 48 条 2 項に同義の規定がある。

　　　　　　　　　　　　　　　　　　　　　　　　　　　　　　　［皆川　誠］

③ ジェノサイド条約留保事件

国際司法裁判所　勧告的意見（1951年5月28日）
諮問機関：国連総会

I. 事　実

　ジェノサイド条約留保事件は、1948年に国連総会で採択されたジェノサイド条約への留保は可能か否かについて、国際司法裁判所が勧告的意見を求められた事件である。
　条約への署名開放後、旧ソ連など8か国が、条約9条を中心に留保を付して批准書・加入書を寄託し、これに一部の署名国が異議を申し立てる事態となった。
　この問題に関して、国連総会は1950年11月16日の決議で、以下の点につき国際司法裁判所の勧告的意見を要請した。(1) 留保表明国は、1または2以上の当事国によって異議を申し立てられてはいるが、他の当事国からは異議がない場合に、その留保を維持したままでも条約当事国とみなされうるか、(2) 条約当事国とみなされる場合、①表明国と異議国との関係、および②表明国と受諾国との関係で留保の効果はどうなるか、(3) 留保に対する異議が、①条約に署名したが批准していない国、②署名または加入の資格があるがまだしていない国から申し立てられた場合、その異議の法的効果はいかなるものか。

II. 意見要旨

　国は、同意なしで条約に拘束されることはなく、いかなる留保も同意がなければ他国に対抗できない。この原則は条約の一体性に結びつく。しかしジェノサイド条約については、条約の普遍性など、この原則をより柔軟に適用しなければならないさまざまな事情が存在する。
　ジェノサイドを「国際法上の犯罪」として非難し処罰するという条約の趣旨および目的は、できるだけ多数の国々を参加させるという締約国の意図を示しているが、締約国が、そのために条約の目的そのものを犠牲にしようとしていたと考えることもできない。したがって条約の趣旨および目的は、留保を行う自由にも、それに異議を申し立てる自由にも限界を設ける。「加入に際して留保を行う国およびそれに対して異議を申し立てるべきだと考える国の態度につき基準を提供すべきものは、条約の趣旨および目的とのその留保の両立性である。」
　いずれの国も自らが同意しない留保には拘束されないので、留保に対し異議を申し立てる国は、上述の趣旨および目的という基準の範囲内での個別的評価に基づき、留保を付した国を条約当事国とみなすか、または当事国でないとみなすことになる。
　以上の理由により、ジェノサイド条約に関する限り、(1) については、留保が条約の趣旨および目的と両立する場合には、条約当事国とみなされうる。(2) については、①異議国は事実上、表明国を条約当事国ではないとみなすことができるが、②他方、受諾国は事実上、表明国を条約当事国とみなすことができる。(3) については、①条約に署名したが批准していない国による異議は、批准したときにのみ法的効果をもつが、そのときまでは将来の態度通告の効果しかもたず、②署名も批准もしていない国による異議は、何ら法的効果を生じない。

Ⅲ. 解　説

1. 両立性の基準

　留保は条約の特定の規定の適用を排除し、または変更する効果を有するため、どの程度までなら認められるのか（許容性）が議論されてきた。国際連盟では、1か国でも反対すれば留保を表明した国は条約の当事国にはなれないという慣行が存在した（全員一致原則）。これに対して、米州機構（OAS）は、表明国と受諾国との間では留保部分を除いて条約の効力が発生するが、異議国との間では条約は実施されないとする方式を採用した。

　本意見は、全員一致原則は国際連盟の行政慣行にすぎないとし、留保の許容性の基準として、「両立性の基準」を新たに示した。この基準はそれまでの国家実行や学説を反映したものではなかったため、その妥当性をめぐってさまざまな見解の相違がみられた（本意見は7対5の僅差であった）。4人の裁判官からは両立性の基準を批判する共同反対意見が付され、また、同時期にこの問題の研究を委託された国際法委員会は、同基準の適用に反対した。しかし1952年に国連総会は、ジェノサイド条約に関しては本意見に従うべきことを加盟国に勧告する決議を採択し、また、国際法委員会も、条約法条約を起草する過程で方針を転換して両立性の基準を採用し、結局この基準は条約法条約に規定されることとなった（19条）。しかし、条約の趣旨および目的との両立性を誰が、どのように判断するのかは本意見でも条約法条約でも明らかにされておらず、実際には条約当事国の個別的判断に任されることになった。

　なお、1994年に自由権規約委員会によって採択された一般的意見24は、自由権規約の諸規定のなかでも慣習国際法の規則を反映するものと両立しない留保は認められない、との見解を示している（北海大陸棚事件、本書1も参照）。

　また、条約の署名または批准の際に、条約規定の意味内容を特定するための「解釈宣言」が付されることがあるが、これは留保とは異なり、条約の法的効果を排除・変更するものではない。そのため、他国による受諾は必要ではない。

2. 人権条約に対する留保

　第2次世界大戦後、人権分野を中心として、本件におけるジェノサイド条約のように必ずしも相互主義的な関係を前提としない種類の多数国間条約が登場してきた。本意見要請当時は、このような多数国間条約の場合、条約の一体性と普遍性のいずれを重視すべきなのか、また、このような条約の権利義務の構造をどのように考えるべきなのかがまさに議論されはじめた時期であった（ジェノサイド条約上の義務の性格に関して、ジェノサイド条約適用事件、本書23も参照）。

　そして、本件の後には、人権条約に関して、相互主義的な関係を前提とした留保規則を適用することは適当か否かが議論されるようになってきた。この点に関して、上記の一般的意見24は、人権条約については相互性の原則は機能せず、留保の両立性を当事国の受諾・異議によって判断する条約法条約の仕組みを人権条約に適用すべきではないとしている。

　このような状況を踏まえ、国際法委員会は1995年より留保制度の再検討を行っている。

〔皆川　誠〕

4 漁業管轄権事件

国際司法裁判所　管轄権判決（1973年2月2日）
国際司法裁判所　本案判決（1974年7月25日）
イギリス 対 アイスランド

I. 事　実

　漁業管轄権事件（以下、本件）は、イギリスとアイスランド間の交換公文（1961年）で漁業水域を12カイリと定めたにもかかわらず、アイスランドによる排他的な漁業水域の50カイリへの一方的拡大がイギリスに対して対抗できるか否かが争われた事件である。
　アイスランドは、1958年の第1次海洋法会議で領海の幅員に関する合意が達成されなかったことを受けて、同年に漁業水域を12カイリにまで拡大し、周辺水域で伝統的に漁業を行っていたイギリスとの間で多くの事件が発生した。そこで、両国間で交換公文が結ばれ、12カイリ漁業水域を認めるとともに、将来的な漁業水域の拡大に関する紛争については国際司法裁判所に付託されることとされた。
　アイスランドは、1971年に、漁業水域の50カイリへの拡大をイギリスに通告してきたが、このアイスランドの一方的行為を認めないイギリスは1972年に上記交換公文に基づき、事件を国際司法裁判所に付託した。

II. 判　旨

　（管轄権）　アイスランドは一貫して出廷しなかったが、外務大臣の書簡（1972年）によって、武力による威嚇と事情の変化に基づき、裁判管轄権の基礎となっている交換公文の無効を主張した。条約法条約52条で認められているように、「現代国際法のもとで、武力による威嚇または武力の行使の下で締結された合意が無効であることは、ほとんど疑いの余地がない」が、こうした重大な主張を十分な証拠を欠いたまま審査することはできない。また、事情の変化による条約の終了・運用停止は条約法条約62条で認められているが、その「変化が、義務の履行を当初約束されたものとは本質的に異なるものにしてしまう程度にまで、果たされるべき義務の負担を増大させたものでなければならない」。しかし、本件ではこのような条件は満たされていない。以上より交換公文に基づき、裁判所は本案審理を行う管轄権を有する。
　（本案）　第2次海洋法会議（1960年）以降の実行の発展もあり、12カイリまでの漁業水域と優先的漁業権の「2つの概念は、同会議で示された一般的コンセンサスから生じた慣習法として、近年結晶化した。」優先的漁業権の概念は、係争水域において長年漁業活動に従事してきた国の競合的権利の消滅までも意味しない。それゆえ、アイスランドの一方的行為はイギリスの漁業権を無視するものであり、すべての国が他国の利益に合理的な考慮を払うよう求める公海条約2条の原則にも違反する。「したがって、裁判所は、アイスランドの沿岸基線から50カイリにおよぶ排他的漁業水域の範囲を設定する1972年7月14日のアイスランドの規則は、イギリスに対抗しえないと結論せざるをえない」。
　本件の最も適切な紛争解決方法は交渉である。両国は、アイスランドの優先的漁業権とイギリスの伝統的漁業権の調和などを考慮に入れながら、交渉を行う義務がある。

Ⅲ. 解　説

1. 条約の無効・終了

　国の代表者に対する脅迫等による強制の結果締結された条約は、従来から絶対的に無効とされてきた（条約法条約 51 条）。他方で、国自体に対する強制は、伝統的に無効原因と考えられていなかったが、本件において裁判所は、国連憲章上の武力不行使原則の確立により、武力による威嚇と武力の行使による国に対する強制も絶対的無効原因としている条約法条約 52 条の慣習法性を認めたといえる。

　条約の終了原因としての事情の変化（条約法条約 62 条）については、義務の履行の異質化と履行負担の増大に照らして判断されるべきとの基準を示した点が注目される。事情の変化については、国際司法裁判所のガブチコヴォ・ナジュマロシュ計画事件（1997 年）でも問題となり、社会主義体制から市場経済の導入という国家体制の変更や国際環境法の発展によっても、ダム建設・運用を目的とする条約の終了を正当化する事情の変化があったとは認められないとされた。なお、同事件では、重大な違反（60 条）や後発的履行不能（61 条）に関する条約法条約の規定も慣習法性を認められている。

2. 慣習法の形成

　多数国間条約の規定の慣習法化については、宣言的効果・結晶化効果・創設的効果の観点から議論されることがある。本件では、結晶化を通じた漁業水域概念の慣習法化が問題とされている。結晶化については、国際司法裁判所の北海大陸棚事件（本書 [1]）でも言及されているが、同事件では多数国間条約の署名・採択の時点での結晶化効果が問題となっていた。第 2 次海洋法会議において「領海 6 カイリ＋漁業水域 6 カイリ」とする提案が 1 票差で否決されたが、本件では、漁業水域概念に関する会議での一般的コンセンサスから発展した実行を勘案して慣習法化を認めているので、結晶化という言葉を使っていても、本件は創設的効果の例としてとらえるのが適切である。

3. 慣習法形成期における紛争の争点

　国際司法裁判所のノルウェー漁業事件（本書 [13]）でも、漁業水域（実際には 4 カイリの領海）が問題となったが、水域画定の出発点となるノルウェーの直線基線のイギリスに対する有効性が問題とされた。他方、本件では、漁業水域の慣習法性が認められたことにより、領海と公海という二元的海洋秩序が崩れ、後の 200 カイリ排他的経済水域の確立へとつながっていった（リビア・マルタ大陸棚事件、本書 [14]）。こうした新しい法制度を求めて国家が国内法上の一方的措置をとっている法の形成期に、本件紛争は発生した。その際、裁判所は、本件紛争をアイスランドの行為の違法性ではなく、イギリスに対する有効性（対抗力）の問題として取り扱った。すなわち、当時開催されて間もない第 3 次海洋法会議（1973～1982 年）において、200 カイリ排他的経済水域の議論の動向が定まらないなかで、裁判所は、12 カイリを越える漁業水域の設定を一般的に違法・無効と判断するのではなく、特定国への対抗可能性の問題として取り扱ったのである。

〔萬歳寛之〕

5 光華寮事件

京都地方裁判所　判決（1977 年 9 月 16 日）
大阪高等裁判所　判決（1982 年 4 月 14 日）
差戻第 1 審、京都地方裁判所　判決（1986 年 2 月 4 日）
差戻控訴審、大阪高等裁判所　判決（1987 年 2 月 26 日）
差戻上告審、最高裁判所　判決（2007 年 3 月 27 日）
中国（本件提起時、中華民国）対 光華寮寮生 8 名

I．事　実

　光華寮事件は、日中共同声明によって日本政府が承認する中国政府が変更されたことに伴って、京都の光華寮の所有権が中華民国政府から中華人民共和国政府に移転するか否かが争われた事件である。1952 年に中華民国（台湾）駐日代表団が購入した光華寮は中国人留学生のための寮であったが、中華人民共和国を支持する一部の寮生が中華民国側の管理に従わなかったため、中華民国政府は 1967 年にこれらの寮生に光華寮の明渡しを求める訴えを京都地裁に提起した。本件訴訟係属中の 1972 年 9 月に、日本政府は中華人民共和国との間で国交正常化を行う日中共同声明を発表し、その 2 項では中華人民共和国政府（北京政府）を中国の「唯一の合法政府」とした。これ以後、差戻控訴審に至るまでは、中華民国政府から北京政府への政府承継に伴う所有権の移転問題が主たる争点であったが、最高裁判所は原告の「中国国家」としての訴訟当事者能力を争点として判断を行った。

II．判旨

　（最高裁判決）　原判決破棄、地裁に差し戻し。
　本件建物の所有権が現在中国国家以外の権利主体に帰属しているか否かは別として、本件において原告として確定されるべき者は、提訴時にはその国名を「中華民国」としていたが、日中共同声明に伴って「中華人民共和国」に国名が変更された中国国家というべきである。わが国政府は日中共同声明において中華民国政府に代えて北京政府を承認したのであるから、これにより、「中華民国駐日本国特命全権大使の代表権が消滅したことは公知の事実というべきである」。代表権の消滅は、相手方に通知しなければ効果を生じないようなものではなく、直ちにその効力を生ずると解するのが相当である。
　本件のように、外国国家の外交使節が訴訟を提起したあとに、わが国政府の新たな政府承認により、わが国における当該外国国家の代表権が消滅した場合には、代表権の消滅の時点で訴訟手続は中断すると解するのが相当である。本件では、原告として確定されるべき者が台湾島等を支配して事実上国家形態をとっている者であるとの前提に立ったまま、1977 年の第 1 審の判断が行われた。その後も代表権の消滅という事実を看過したまま、差戻控訴審まで訴訟が続行されてきた。以上によれば、1972 年 9 月 29 日以降、原告として確定されるべきである中国国家として、上記外交使節は訴訟行為をするのに必要な授権を欠いていたというほかなく、原判決は破棄を免れない。1972 年の時点に立ち戻り北京政府に訴訟手続の受継ぎをさせた上で、審理をやり直させるために、本件を第 1 審に差し戻す。

III. 解　説

1. 台湾の承認問題

　第2次世界大戦後の国共内戦を経て、中国大陸には北京政府が成立した。その後1971年に、国連総会決議で中華民国政府の追放と北京政府の国連への招請が決定され、国連における中国の代表権は中華人民共和国政府が持つこととなった。1972年には、日中共同声明によって日本と北京政府の間の国交が樹立された。そのなかで、中華人民共和国政府が中国の「唯一の合法政府」とされた。そのため、日本と中華民国政府との間の、1952年の日華平和条約による正式な外交関係は終了した。北京政府は「1つの中国論」をとり、他国による中華民国政府の承認を一貫して認めない姿勢をとっている。日本をはじめ、大多数の国は北京政府を承認しているため、本件において裁判所は、後述の通り中華民国政府の扱いについて難しい判断を迫られた。なお、2011年現在でも中南米やオセアニアを中心に23か国が中華民国を中国の政府として承認したままである。

2. 政府承認の切替えの効果

　政府承認が変更される場合、承認を受けた政府が前政府の権利義務を引き継ぐのかが問題になる。原則として前政府の行った行為はすべて新政府に承継される（完全承継説）。しかし、本件差戻控訴審判決（1987年）では、中華民国政府は台湾を実際に支配していたため、不完全承継説がとられた。新政府（北京政府）の支配下にない財産の所有権は移転しないとして、中華民国政府の所有権を認めていたのである。これに対し、最高裁判決では光華寮の所有権は扱われず、中華民国政府の訴訟当事者能力についてのみ判断がなされた。

3. 訴訟当事者能力の問題

　最高裁判決では、本件訴訟が提起された当時から原告は一貫して「中国国家」であるけれども、「中華民国」から「中華人民共和国」に政府承認の切替えが行われたため、原告の代表権が消滅し、その時点で訴訟が中断したとの判断がなされた。原告として適格を持つのは北京政府であるとされたのである。当事者の名称については、1987年の差戻控訴審判決が、当事者の名称を、職権により「台湾（本件提訴時、中華民国）」と書き換えている。台湾は中国の1地域の名称にすぎないとの理由から、このような変更の必要性について批判もなされた。また、最高裁が用いた「中国国家」という用語法についても、実際には「中国国家」という名の国家は存在したことがなく、その存在は虚構であると批判もある。一方で「所有権が現在中国国家以外の権利主体に帰属しているか否かは別として」と述べられていることから、最高裁は中華民国政府の当事者能力の一切を否定したわけではなく、本件における「中国国家」としての当事者能力を否定しただけとも考えられる。したがって、日本の国内法上中華民国政府がどのような立場にあるか、また光華寮の所有者は誰であるかについても、いまだ決着はついていないといえる。

［平山研朗］

6 国連損害賠償事件

国際司法裁判所　勧告的意見（1949年4月11日）
諮問機関：国連総会

Ⅰ．事　実

　1948年の第1次中東戦争にさいし、国連はスウェーデンの赤十字総裁ベルナドッテを調停官として中東に派遣した。同氏は、エルサレム市内のユダヤ人支配地区において任務遂行中に殺害された。事務総長は、被害者の家族に補償金、医療費その他を支払ったが、国連総会では、国連の任務遂行中の職員の死傷に関する問題を審議し、国連事務総長は、この種の不幸な事件の再発防止措置をとる必要性と、国連が責任のある国に対して責任を問う必要性を説いた。理論的にこうした権限が国連に備わっているかどうかをめぐって、総会で議論がたたかわされ、特に国際法上国家が国連に対して責任を負うのか、また国連職員が損害を被った場合国連が損害賠償できるのかが問題となった。
　1948年12月に、次の点につき国際司法裁判所の意見を求める決議が採択された。
　①国連職員が任務中に損害を受けた場合、そのことに責任を問われる政府に対し、（1）国連の受けた損害および（2）被害者の被った損害につき、国連は、損害賠償を得るため国際請求を行う権能を有するか。
　②上記（2）が肯定された場合、国連のとる行動と、被害者本国の持つ外交的保護権とどのように調和されるべきか。
　1949年4月、国際司法裁判所は、勧告的意見を出し、以上の諮問事項につき、肯定的な回答を行った。それに基づき、事務総長は、12月に総会による授権決議により、イスラエルに対し、陳謝、犯人の逮捕と処罰、損害賠償を求めた。これに対し、イスラエルは、謝罪を行い賠償金を支払った。

Ⅱ．意見要旨

　国際連合が法人格を持つかどうかは、憲章の文言からは明らかでなく、憲章の意図全体から定める必要があるが、憲章上国連に与えられた任務に鑑みれば、国家ほどではないにせよ、国連が広範囲の国際法人格を持つと理解できる。つまり、国家に対して損害賠償を請求する権能については、国連職員への加害により国連自身が被った損害の賠償を請求できることは明らかである。
　では、国連職員やその遺族の場合、請求権を国家の外交的保護権の類推に求めることはできない。また国連憲章は明文でこの種の請求権を認めていないが、一般国際法上国連に任務遂行上不可欠な権限を（たとえ明示に規定されていなくとも）黙示的には与えられているとみなさなければならない。しかし、国連は自らの任務の遂行として職員を危険な地域に派遣するのであるから、これに十分な保護（機能上の保護）を与えなければならない。彼の本国に保護を求めることは、憲章100条に反する。したがって、加盟国の義務違反の結果、職員が損害を受けたとき、国連は自ら損害賠償を請求する権利を行使するのである。非加盟国についても、国連の国際機構としての客観性のゆえに肯定される。
　②について、国連の請求権と職員の本国の外交的保護権は競合する。いずれに優先権が与

えられるかについて、国際法の規則はない。実際に、国連が職員について損害賠償を請求する場合、国連に対する義務違反を根拠としてのみ請求できる。かくして、国連と本国との競合は防止できるし、両者の間に調和がなされるであろう。

Ⅲ. 解　説

1. 国際機構の登場

19世紀は、産業革命とフランス革命に触発され、技術的にも思想的にもヨーロッパは一大転機を迎えつつあった。その1面が国際協力の必要となって現われた。その出発点は、ウィーン会議で決まった国際河川の共同利用であり、続いて交通通信革命といってよいものが続いた。たとえば、電信、郵便、鉄道、疾病、気象、著作権などについてである。これらの団体は、せいぜい事務局（本部）を持つ程度で、国際行政連合と呼ばれる。20世紀に入り、国際連盟が登場したことは画期的出来事であった。何より戦争と平和の問題を取り上げた点が斬新であった。国際連合は、その後継であるが、多数決を採用するなど、従来の国際機構を超える存在となった。これをどう位置づけるかは、国際社会としても等閑視できない問題を提起した。

2. 国際機構の法人格

本意見では、国連が国家と並んで国際法上の権利義務の帰属主体であり、自己の権利を守るため国際請求権を含む国際法上人格者としての権能を具備することが認められた点が注目される。国連憲章には、国連の国際法人格に直接言及した規定はないが、そのことはこれを否定するものでなく、超国家的な性格を持つとの印象を避けるためといわれる。裁判所は、黙示的権能の法理により、憲章の規定がなくても国連がその目的や任務を遂行するためには法人格の付与が不可欠であり、憲章の関連規定からも憲章起草者は、黙示的に国連に与えたことが必然的に推断されるのである。ただ、国際機構は国家と異なり機構ごとに異なっており、権能の範囲はその設立条約に明示・黙示に示され、事後の慣行により発展した目的と任務により決まるとされた。

なお、国際機構の法人格を肯定する根拠として、法人格が機構の加盟国以外にも対抗できるとする客観的法人格説と加盟国に限定されるとする主観的法人格説があるが、本意見では、前者が認められた。

3. 黙示的権限の法理

すでに、この法理については2でふれた。国連加盟国の国際義務違反により国連職員が被った損害について求償する場合、あたかも国家の在外自国民に対する外交的保護権に相当する権能が国連にも認められた。裁判所は、外交的保護権における国家とその国民との関係を機能上の保護権の名のもとに肯定した。憲章で明記されていない権能を国連の活動から黙示的に推論したのである。これは、1962年の国連のある種の経費事件に関する勧告的意見でも踏襲された理論である。なお、この法理は、国連自身が被った損害の場合に援用できても、不法行為の犠牲者とその遺族に生じた損害にも援用できるかについては、機能的保護権を必要的推断で導くことはできないとして、黙示的権限の法理の適用に反対する意見もある。

[島田征夫]

7 逮捕状事件

国際司法裁判所　本案判決　2002 年 2 月 14 日
コンゴ民主共和国　対　ベルギー

I．事　実

　逮捕状事件は、ベルギーがコンゴ民主共和国（以下、コンゴ）の現職の外務大臣イエロディアに対して逮捕状を発付し、国際刑事警察機構を通じて他国にも送付したことが、彼の享有する刑事管轄権からの免除を侵害するか否かが争われた事件である。
　ベルギーが逮捕状を発付・送付したのは、コンゴ内戦中の 1998 年にツチ系住民の殺害を公然と奨励したイエロディア（当時官房長）の演説が、国際人道法の重大な違反に当たり、国際人道法の重大な違反の処罰に関する法律（1993 年施行、1999 年改正）上の犯罪として処罰されると判断されたためである。同法上の犯罪については、ベルギー裁判所が普遍的管轄権を持ち、また公的な地位を有する者であっても免除は与えられないとされていた。2000 年 4 月の逮捕状発付時にイエロディアは外務大臣に就任していたため、コンゴは彼の外務大臣としての任務が妨げられているとして、逮捕状の撤回を求め国際司法裁判所に提訴した。なお、イエロディアは 2001 年 11 月に教育相に就任し、外務大臣の職を退いた。

II．判　旨

　外交官や領事官と同様に、上級の国家職員（国家元首・政府の長・外務大臣など）も他国の裁判管轄権からの免除を享有することは確立している。外務大臣の刑事管轄権からの免除について規定する条約はないので、裁判所は慣習国際法に基づいて判断する。慣習国際法上、本国を代表する外務大臣の免除は、任務の効果的な遂行を確保するために与えられる。外務大臣は、任務の遂行のために国際旅行や自国政府との緊密な連絡を頻繁に求められる。また外務大臣は、国家元首と同様に、国際法上その官職をもって自国の代表として認められる。したがって、「外務大臣は在任中の全期間にわたって、刑事管轄権からの完全な免除と不可侵を外国において享有する」。
　戦争犯罪または人道に対する犯罪を犯した嫌疑が現職の外務大臣にある場合に、その者に刑事管轄権からの免除を付与する規則の例外が慣習法上存在することを、国家実行から導き出すことはできない。しかし、管轄権からの免除は不処罰を意味するものではない。外務大臣は、自国の刑事管轄権からは免除されず、自国が免除を放棄した場合にも免除を享有しない。また、外国国家は在任前後の行為や在任中に私的な資格でなされた行為について離職後の外務大臣を訴追でき、国際的な刑事裁判所は現職の外務大臣であっても訴追することができる。
　逮捕状が執行力を有することは逮捕状の文言等から明らかであるため、逮捕状の発付のみでコンゴの現職の外務大臣であるイエロディアの享有する刑事管轄権からの免除は侵害されたことになる。また、逮捕状の送付も、コンゴの国際関係上の行動に影響を及ぼしうるため、同氏の免除を実際に侵害した。
　これらの義務違反はベルギーの国際責任を生じさせるが、裁判所による違法行為の認定がコンゴの精神的被害を賠償する一種の満足を構成する。イエロディアが外務大臣を辞したと

いう事実にかかわらず、逮捕状は依然存在しており違法なままである。したがって、ベルギーは自らの選ぶ手段で逮捕状を破棄し、そのことを逮捕状を送付した当局に知らせなければならない。

Ⅲ. 解　説

1. 外務大臣の刑事管轄権からの特権免除

本件は、特定の条約による規律のなかった外務大臣の刑事管轄権免除の内容を、国際司法裁判所が明確化した事件として注目に値する。裁判所は、慣習国際法上の外務大臣の免除は、①国家のための任務の効果的な遂行を確保する必要性と②国家元首や政府の長と同様に国家を代表する地位に基礎を置くものであり、完全かつ不可侵のものであると判示した。なお、本件同様、任務の内容に注目して免除の範囲を明らかにした国内判決としては、元国家元首の刑事管轄権免除が問題となったピノチェト事件（イギリス貴族院、1999年）がある。本件では、イギリスの国家免除法が元国家元首の在任中の任務遂行上の行為については免除を認めていたところ、チリのピノチェト元大統領の在任中の拷問行為は、大統領の任務の遂行とはいえないとして、退任後の免除の享有が否定されたのである。

2. 普遍的管轄権

普遍主義とは、諸国に共通する法益を侵害から守るために、犯罪実行地、犯人や被害者の国籍などを問わず、すべての国に実行者の起訴・処罰の管轄権を認める立場をいう。普遍主義の例といえば、まず海賊であり、その他の犯罪は、条約で個別に規定されている。本件では、適用可能な条約のないなかで、国際人道法の重大な違反に対する普遍的管轄権の行使が問題となりえたが、原告のコンゴがこの点に関する主張を取り下げたため、判断は行われなかった。当初ベルギーは、ピノチェト事件に依拠して主張を行っていたが、同事件では拷問等禁止条約上の普遍的管轄権のみが問題とされていたため、そもそも本件とは異なった事案といえる。なお、アイヒマン事件（イスラエル最高裁、1961年）においては、第2次世界大戦時の人道に対する犯罪等について普遍的管轄権の行使が認められたが、これらの犯罪に対して普遍的管轄権を行使できるとする確立した国際法は存在しないとの見解も少なくない。

3. 国家責任の解除方法

裁判所は、コンゴに対する精神的被害を償うものとして、満足が適切な賠償の形態であると判示した（ジェノサイド条約適用事件、本書23参照）。本件では、イエロディアが現職の外務大臣であった当時の逮捕状の発付・送付に関する違法性認定が満足を構成するとされた。他方で、イエロディアが外務大臣の職を退いていたとしても、逮捕状が依然として存在するのは、違法状態の継続にあたるとして、逮捕状の破棄とその通知を命じている。この破棄と通知については、常設国際司法裁判所のホルジョウ工場事件（1928年）における「賠償とは、可能な限り、違法行為のあらゆる結果を払拭し、当該行為がなければおそらく存在したであろう状態を回復するものでなければならない」との言明に照らして命じていることから、原状回復ないし中止を指示したものと解せるが、これには批判もある。

[尋木真也・萬歳寛之]

8 貸金請求事件

最高裁判所第2小法廷 判決（2006年7月21日）
日本企業2社 対 パキスタン

I. 事　実

　貸金請求事件は、日本企業2社（上告人）が、納入したコンピュータの代金の不払いを理由として、国家であるパキスタンに対して貸金元金等の支払いを求めるという事案につき、日本の裁判所が管轄権を有するか否かが争われた事件である。

　第1審では、パキスタン欠席のまま企業2社の請求が認容された。一方、控訴審は、1928年の大審院決定（松山事件）を引用し、外国国家は原則としてわが国の民事裁判権に服することはないと判示した。そして、外国国家と私人との間の契約等においてわが国の民事裁判権に服する旨の合意がなされたとしても、民事裁判権免除の放棄の効果は生じないとし、パキスタンの民事裁判権免除を認めた。企業2社は、控訴審判決はいわゆる「主権免除の原則」の解釈を誤っていたとして、最高裁に上告を行った。

II. 判　旨

　かつて、外国国家は原則として法廷地国の民事裁判権から免除されるとする考え方（いわゆる絶対免除主義）を内容とする国際慣習法が存在していた。しかし、国家の活動範囲の拡大等に伴い、国家の行為を主権的行為と私法的（業務管理的）な行為とに区分し、後者についてまで民事裁判権免除を認めるのは相当でないとする考え方（いわゆる制限免除主義）が徐々に広がってきている。また、2004年の国及びその財産の裁判権からの免除に関する国際連合条約も制限免除主義を採用している。以上より、今日、主権的行為について民事裁判権から免除される旨の国際慣習法の存在を引き続き肯認できるものの、私法的な行為についても民事裁判権から免除される旨の国際慣習法はもはや存在しない。

　外国国家の民事裁判権からの免除は、相互に主権を尊重するために認められるが、私法的な行為について民事裁判権を行使しても、通常、外国国家の主権を侵害するおそれはない。そのため、外国国家は「民事裁判権の行使が当該外国国家の主権を侵害するおそれがあるなど特段の事情がない限り、我が国の民事裁判権から免除されない」。

　外国国家は、わが国との条約等によりわが国の民事裁判権に服することに同意した場合には、当然わが国の民事裁判権から免除されない。さらに、私人との契約であっても、当該契約に関する紛争についてわが国の民事裁判権に服することを明文で約した場合には、外国国家は原則として民事裁判権からの免除を主張できない。

　1928年の大審院決定は、以上と抵触する限度においてこれを変更する必要がある。

　本件において、パキスタンが上告人との間でコンピュータの売買契約を締結したとすれば、この行為は、性質上、私人でも行える商業取引であるから、その目的のいかんにかかわらず私法的な行為に当たるといえる。また、注文書には本件売買契約に関する紛争について、わが国の裁判所で裁判を行うことに同意する旨の条項が存在しており、パキスタンがわが国の民事裁判権に服する旨の意思を明確に表明したとみる余地がある。以上の通りであるから、原判決を破棄し、さらに審理を尽くさせるために本件を原審に差し戻す。

Ⅲ. 解　説

1. 絶対免除主義

　国際法上、国家およびその財産は外国の裁判管轄権に服さないことを裁判権免除という。この原則は、各国の国内判例を通じて形成され、かつては国家であれば裁判権免除の対象とすべきと考える国が多かった（絶対免除主義）。19世紀初頭のスクーナー船エクスチェンジ号事件（アメリカ連邦最高裁、1812年）が古典的先例として知られている。わが国でも、松山事件以来この立場が維持されてきた。同事件では、国家が原則として他国の裁判管轄権に服さないという原則は「国際法上疑ヲ存セザル所」であり、不動産に関する訴訟等の特別な理由のあるもの以外については、外国に対する裁判権の行使は国際法上許されないとされた。さらに、免除の放棄の意思表示は、国家間でなされる必要があると判示されている。

2. 制限免除主義への移行

　20世紀の初めまでにはイタリア・ベルギーが、第2次世界大戦後にはアメリカをはじめとする先進諸国が制限免除主義を採用し、徐々に外国国家に対する民事裁判権免除の範囲が制限されていった。日本においても、最高裁が絶対免除主義を維持している状態は学説でも再三批判を受け、地裁レベルでは制限免除主義をとる判決も現れるようになってきた。そして、横田基地事件判決（最高裁、2002年）の傍論で、私法的な行為についてまで「民事裁判権を免除するのは相当でないとの考えが台頭し、免除の範囲を制限しようとする諸外国の国家実行が積み重ねられてきている」と制限免除主義への転換が示唆された。本件は、上記の傾向を踏まえて、松山事件で大審院が下した主権免除に関する立場を最高裁が変更したものとして重要な意義をもつ。

3. 制限免除主義の適用

　制限免除主義を採用する際問題となるのは、主権的行為と私法的な行為とを区別する基準であり、その基準として行為目的説と行為性質説とが対立してきた。本件は、主権侵害のおそれのある特段の事情に言及しつつも、コンピュータの売買は性質上私人でも行える商業取引であるから、「その目的のいかんにかかわらず」私法的な行為にあたると述べ、原則として行為性質説の立場をとっている。一方で、国連国家免除条約は行為の性質を原則的な基準としつつ、法廷地国の慣行において認められている場合には行為の目的も考慮すべきとしている（2条2項）。

　なお、本件では、免除の放棄についても松山事件の判断が変更され、私人との間の書面による契約を通じて免除の放棄の意思を明確に表明した場合には、通常主権侵害のおそれがないことなどから、外国国家にも民事裁判権を行使できると判示された。国連国家免除条約7条も同様の立場をとっている。

［尋木真也・萬歳寛之］

9 パルマス島事件

常設仲裁裁判所　判決（1928年4月4日）
オランダ 対 アメリカ

I. 事　実

　パルマス島事件は、権原主張の根拠をスペインによる「発見」におくアメリカと、1677年以来、同島に対して長期間権力を行使してきたと主張するオランダとの間で、同島に対する領域主権をめぐって争われた事件である。

　パルマス島（オランダ側の呼称はミアンガス島）は、アメリカ領フィリピン群島と、オランダ領東インド諸島との中間にある孤島である。モロ地方総督であったアメリカのウッド将軍は、自国領と信じていた同島を1906年に訪れた際オランダ国旗に迎えられたのに驚き、その旨本国に報告した。アメリカの立場は、スペインがオランダよりも先に同島を発見し、米西戦争を終結させた1898年のパリ条約に従ってフィリピンがアメリカに割譲された際に、同島はそのなかに含まれていた、というものであった。両国による外交交渉の結果、1925年1月23日、両国間にこの問題を常設仲裁裁判所に付託する旨の合意が成立し、単独の仲裁裁判官としてスイスのマックス・フーバーが指名された。

II. 判　旨

　アメリカによれば、スペインはこの権利を発見により取得したとされる。確かに発見から生じる原初的権原はスペインに帰属すると認められる。両当事国は、法律的事実はそれと同時代の法に照らして評価されなければならないことに合意しているので、発見の効果は、16世紀前半に有効であった国際法規則によって決定される。しかし、当時の実定法によれば発見自体が領域主権をもたらしたとしても、決定的期日であるパリ条約の締結・発効時に主権がなお存続していたかどうかという問題は残る。相次ぐ時期に行われていた異なった法律制度のうち、どれが特定の事件に適用されるべきかという問題（いわゆる時際法）については、権利の創設と権利の存続とに区別を設けねばならない。19世紀の国際法は、「先占は、領域主権に対する主張を構成するためには、実効的、すなわち他国およびその国民に一定の保証を提供するものでなければならない、という原則を定めた」。「こうした理由で、発見のみでは、その後のいかなる行為も伴わない場合には、今日ではパルマス島に対する主権を証明するには十分でありえない。」

　発見から生じる権原は未成熟な権原でしかなく、19世紀以来の支配的な見解によれば、発見の未成熟権原は、実効的占有によって合理的な期間内に補完されなければならない。「スペインの権原がたとえ1898年に未成熟なものとしてまだ存在しており、パリ条約3条の下での割譲に含まれるものとみなされなければならないと認めるとしても、未成熟の権原は、他国による主権の継続的かつ平穏な表示には優先しえない。」

　1677年以降オランダ東インド会社が現地の首長と協定を結ぶことによってパルマス島に対するオランダの主権を確立し、同島に対するオランダの主権はその後約200年間、いずれの国からも異議を唱えられることなく、平穏に表示されてきた。

　以上の理由により、パルマス島はその全体においてオランダの領域の一部を構成する。

Ⅲ. 解　説

1. 領域取得権原と実効的支配

　伝統的な国際法においては、領域の取得について、割譲、併合、征服、先占、時効、添付などの方式があげられてきた。

　しかし本件は、発見のみによる権原は未成熟なものであり、他国に対抗しうる確定的な権原とするためには、実効的占有によって補完されなければならないとした。判決は、「領域主権の継続的かつ平穏な表示」という概念を示しつつ両国の権原主張の相対的な強さを比較衡量して、発見による権原取得に対して、実効的支配が優先するとした。

　本件は、排他的な領域主権がそのコロラリーとして他国とその国民の権利を保護する義務を伴うとし（トレイル溶鉱所事件、本書21参照）、このような考えを基礎として、領域の占有には実効的支配が伴わなければならないことを強調した。英仏間でイギリス領ジャージー島とフランス本土の間にある小島群の帰属が争われた国際司法裁判所のマンキエ・エクルオ事件（1953年）では、イギリスが援用した司法権、地方行政権および立法権の行使が実効的占有の証拠として評価されている。

　しかし、欧州列強による植民地獲得の過程では、あくまで列強の基準で国家権力の確立していない土地が「無主地」として先占されたのであり、占有において評価されるのはあくまでこのような基準に照らしたうえでの実効的支配であった。

2. 時際法（intertemporal law）

　時際法とは、異なる法規が時間的に前後して存在する場合に、ある行為・事実に対して新旧いずれの法規を適用すべきかを決定するための規則である。一般的には、ある行為・事実の法的な評価は、それが行われた、あるいは発生した時点の法に従ってなされなければならないのが原則であるとされ、本件でも、フーバー裁判官はこの原則を認めている。しかし彼は、領域主権のような長期にわたる法的関係を評価する際には、権利の創設と存続とを区別しなければならず、権利の存続が有効となるためには、法の発展が要求する条件に従わなければならないとして、上記原則を発展させる考え方をとった（条約解釈における時際法について、南西アフリカ事件、本書25も参照）。

　この考え方は、時際法の拡大解釈であって領域権原の不安定化を招く、と一部の論者からは批判された。しかし、その後マンキエ・エクルオ事件では、英仏両国により主張された中世における征服という歴史的な権原も、後の法に従って他の有効な権原に代替されなければ今日では法的効果がない、と本件と同様の見解が示されている。

3. 決定的期日（クリティカル・デート）

　本件は、決定的期日（紛争の発生日や紛争解決手続への付託日など、紛争解決にあたって重要な役割を果たす期日）にも触れている。決定的期日が決まればそれ以後の事実は証拠として採用されないので、その決定は裁判の行方に大きな影響を与える。しかし本件では、パリ条約の締結・発効時を決定的期日としつつも、それ以後の事実も以前の事態の解明のためには間接的に考慮に入れられるべきであるとして、柔軟な対応がとられている。

〔皆川　誠〕

10 ブルキナファソ・マリ国境紛争事件

国際司法裁判所（特別裁判部）　判決（1986年12月22日）
ブルキナファソ　対　マリ

I. 事　実

　ブルキナファソ・マリ国境紛争事件は、植民地からの独立国同士による国境紛争が国際裁判に持ち込まれたはじめての事件である。

　ブルキナファソとマリはともにフランスの旧植民地であったが、独立後の両国の国境線画定には不明確な部分が残っていた。両国は1964年に国境線画定交渉に合意したが、画定作業までには入れず、1974年には係争地域で軍事衝突が発生した。1983年、両国は裁判付託協定を締結し、本件を国際司法裁判所特別裁判部に付託した。

　裁判係属中の1985年12月に再度軍事衝突が発生したため、翌年事態悪化防止のための仮保全措置命令が出され、両当事国は軍隊を撤収した。特別裁判部は、全員一致で国境線画定判決を下し、両当事国が判決後1年以内に実際の画定作業を行うことに同意していることを受けて、1987年4月9日に作業を支援する3名の専門家を指名する命令を出した。

II. 判　旨

　両国は付託合意において、「特に、植民地時代から引き継がれた国境線の不可侵の原則の尊重に基づいて」紛争の解決がなされなければならないとする。国境線を変更しないことが求められているので、「裁判部は、法律上のウッティ・ポッシデティス（uti possidetis juris）原則を無視することはできない」。この原則は、新国家間の国境紛争の危険防止・新国家の独立と安定の維持を目的として適用されるものである。

　裁判部は、「現行法の解釈の方法とその属性の1つである法に内在する衡平（equity infra legem）を考慮する」。単に衡平な解決方法を見つけるのではなく、適用可能な法から衡平な解決を見出すのである。

　両国からは立法・行政上の文書以外にも大量の地図が過去の境界線の証拠として提出されたが、国境画定において地図は情報源であるだけで、国際法上固有の法的効力を付与される資料とはなりえない。

　「上記の文書や地図以外に、両当事国は各々の主張を支持するにあたり『植民地の実効性（colonial effectivités）』、言い換えると、植民地時代の当該地域における領域管轄権の実効的行使の証拠としての行政当局の行為を援用した。」実効性とウッティ・ポッシデティス原則、すなわち行為と法との関係は、①両者が一致する場合には、「実効性の役割は法的権原に由来する権利の行使を確認するものにとどまり」、②一致しない場合（係争地域が法的権原をもつ国家以外によって実効的に管理されている場合）には、「法的権原の保持者が優先され」、③実効性が存在するのに法的権原が存在しない場合には、「例外なく実効性が考慮されなければならず」、④法的権原がその領域的広がりを正確に示していない場合には、「実効性は、権原が実際にはどのように解釈されるのかを示すために本質的な役割を果たす」。

　以上の法原則と証拠資料を考慮・検討し、裁判部は係争地域における国境線を決定する。

III. 解 説

1. ウッティ・ポッシデティス原則（現状承認原則）

　ウッティ・ポッシデティス原則は、植民地が独立する際に、新独立国は旧植民地時代の行政区画を引き継ぐことを推定する原則であるとされ、現状承認原則とも呼ばれる。旧スペイン領のラテン・アメリカ諸国は、独立時に国境調整を行う際、旧植民地時代の行政区画線を出発点とすることを慣例としたが、これが同原則の由来となった。同原則の適用により、実際の領域支配に関する証拠は排除され、もっぱら旧宗主国の法律や旧植民地政府の命令・処分といった法的権原文書が参照されることになる。

　裁判部は、同原則が植民地から独立した新国家相互の国境紛争を防止し、新国家の独立と安定を維持する目的をもつものであるとし、ラテン・アメリカのみならず普遍的に妥当する原則であるとした。また、同原則は一見すると民族自決権と抵触するように見えるが、裁判部は「アフリカにおける領域の現状維持が、自らの独立のために闘争した人々により達成されたものを維持し、多くの犠牲によって獲得されたものを大陸から剥奪してしまうという混乱を避けるために最善の方法である」という点に原則の意義を見出している。

2. 実効性

　ウッティ・ポッシデティス原則には上記のような意義が認められるものの、領域支配の実態を無視した境界画定は、逆に同原則の目的である「独立と安定の維持」を毀損しかねない。このようななか本件では、「実効性（*effectivités*）」という概念がはじめて用いられた。実効性は「植民地時代の当該地域における領域管轄権の実効的行使の証拠としての行政当局の行為」と定義され、境界画定において一定の役割を果たすものとされた。

　裁判部は、実効性とウッティ・ポッシデティス原則、すなわち当局の行為と法的権原との関係について4つの場合分けを示している。そこでは、実効性はあくまで、ウッティ・ポッシデティス原則の適用により認められる法的権原の証拠として、法的権原を補助するものにとどまる。本件以前の領域紛争においては、植民地獲得の文脈のなかで、旧宗主国側の視点に立った「実効的支配」が法的権原として重要な意味をもっていた（パルマス島事件、本書⑨参照）。しかし、植民地支配の正当性が否定されると、先占等の伝統的な領域権原取得方式やパルマス島事件で定式化された実効的占有の考え方では、新独立国の領域権原を適切に説明することは困難になった。そのようななか本件で示された実効性は、それ自体が法的権原とはならないという点で、かつての「実効的支配」とは異なるものである。本件では、法的権原文書が存在しない部分について、フランスの植民地行政当局による線路敷設事業が実効性として考慮された。

　なお、一定の場合には植民地統治時代だけでなく独立後の関係当局による実効性も考慮されることが、本件の後、陸地の境界線やフォンセカ湾内の島嶼の帰属等をめぐってエルサルバドルとホンジュラスの間で争われた領土・島・海洋境界画定紛争事件本案判決（国際司法裁判所特別裁判部、1992年）において確認されている。

［皆川　誠］

11 ロチュース号事件

常設国際司法裁判所　判決（1927年9月7日）
フランス 対 トルコ

I. 事　実

1926年8月の深夜コンスタンチノープルに向けて航行中のフランス船ロチュース号がトルコ船と公海上で衝突し、トルコ船が沈没、8名が死亡した。ロチュース号は、翌日コンスタンチノープルに到着したが、トルコ警察は、双方の関係者2名を逮捕し、事件はイスタンブール刑事裁判所で審理された。9月の判決で、この2名に禁固と罰金刑が言い渡された。フランス政府は、この処置に抗議し、ロチュース号の航海士を訴追する管轄権はトルコにはないと主張した。その結果、トルコ政府もこの紛争を常設国際司法裁判所に付託することに同意し、両国は10月に特別合意書を作成、裁判所に提訴した。

判決が求められたのは、①ロチュース号船長に対するトルコの刑事訴追は「裁判管轄問題は国際法の原則に従って処理する」と定めた1923年ローザンヌ条約15条に違反するか。また国際法のいかなる原則に抵触したのか。②違反するとすれば、どれだけ金銭賠償すべきかであった。判決はフランスの請求を却下した。裁判所のこの事件での表決は6対6で、裁判所長の決定投票により決定したもので、当初から批判があった。

II. 判　旨

裁判所は、まずロチュース号の航海士を逮捕、刑事訴追したトルコの行為が、居住及び裁判管轄に関する1923年ローザンヌ条約15条にいう国際法の原則に抵触するかについて、対立するフランス、トルコ両国の主張を検討した。

フランスは、トルコ裁判所が管轄権を持つには、国際法が認めるという権原の立証が必要であると主張するが、トルコは、国際法の原則に抵触しない限り、ローザンヌ条約15条はトルコに一切の裁判権を認めていると反論する。裁判所は、ローザンヌ条約15条にいう「国際法の原則」がトルコにロチュース号の航海士に対する刑事訴追の提起を禁止する規則を含んでいるかを問題とし、フランスの主張の適否を検討した。

国の管轄権は属地的なもので、特に許されなければ、自国領域外で行使できない。しかし、外国で起きた事件につき、国家は自国領域内で管轄権を行使することまで国際法は禁止していない。つまり、本件のような衝突事件について、刑事訴追を旗国の排他的管轄権に属するとする国際法の規則は存在していないとの結論に達した。今回のような衝突事件では、いずれの船舶も犯罪の場所と認められるので、犯罪が両国の領土内で行われたのと同様にみなされるため、両国がそれぞれ裁判管轄権を持つとして、結局、裁判所はトルコの行為を是認する判決を下したのである。

III. 解　説

1. 国際法の原則

本件では、公海上における船舶の衝突事件についての裁判管轄権が、加害国の旗国（本国）だけにあるとする旗国主義と被害者の本国にもあるとする競合管轄主義が争われた。そ

の場合、ローザンヌ条約が、「裁判管轄に関する一切の問題は、16条の場合を除き、トルコ国と他の締約国との間においては、国際法の原則に従って処理する」と定めていたことが問題となった。

本件は、同条約がいうように、国際法の原則によって解決すべきものであるが、「国際法の原則に従って」という文言が、何を意味するのか。フランス政府は、上記規定の「国際法の原則」の意義は、上記条約の起源と経緯に照らして解釈されるべきであると主張するが、裁判所は、条約の本文がそれ自体として十分に明瞭であれば、その準備作業を顧慮する必要はないとする。裁判所は、「国際法の原則」の用語の意味は、一般的慣用によれば、国際社会のすべての国の間で通用している国際法であると考える。同条約の前文は、「現代国際法」に従って処理することを望むと述べている。

フランスの主張する条約作成の起源、経緯についてみると、この条約の準備作業の過程で、トルコ政府が条約案を修正して第三国（トルコ領外）で犯された罪に対する裁判管轄権の拡張を要求したのに対して、フランス、イタリア、イギリスが反対し、その結果、起草委員会で「裁判管轄権問題は、国際法の原則に従って処理する」となった。裁判所は、条約の本文が明瞭ならば、準備作業を顧慮する必要はないとしたが、1969年の条約法条約32条(a)の規定ぶりを見てみると、「条約の本文が明瞭」とした裁判所の判断が相当かどうか議論の分かれるところであろう。

2. 犯行地と管轄権

フランスは、国際法は外国人の国外での犯罪を、被害者の本国が訴追することを許していないとした。つまり、公海上における船舶内で生じたすべての事項につき、国際法は旗国の排他的管轄権を認めていると主張したのである。しかし、裁判所は、その行為は最初フランス船内で発現した行為であるが、結果はトルコ船で発生し、両者に法的不可分性があるとして、競合的管轄権を認めた。

国際法委員会は、第1次海洋法会議当時、同判決は条約義務や慣習法の規則からみちびき出されたものではなく、一般原則のみに基づくもので、実際的でないことは、一般に承認されているとし、もはや国際法の規則とはいえないとした。ちなみに、1952年の船舶衝突及び他の航行事故の刑事裁判管轄権に関する規則の統一のための国際条約や1958年領海条約（11条）では、旗国主義が採用され、この判決は否定されている。

3. 国際法の性質と淵源

本件では、国際法と国家の行為との関係が論じられた。国際法が禁止していない行為はすべて国家に許されるかという問題である。つまり、裁判所が、外国で起きた事件につき、国家は自国領域内で管轄権を行使することまで国際法は禁止していないとした判断についてである。国家の主権という観点に鑑みれば、首肯できる場合も多いと思うが、果してそれでよいだろうか。

また、国際法の淵源につき、判決は、条約または慣行に示される国家の意思にあると指摘し、慣習国際法の形成には、行為の繰り返しだけでなく、その義務意識が伴わなければならないとする。判決では、慣習国際法形成の要件としての「法的確信」の語は、まだ用いられていなかった（北海大陸棚事件、本書①も参照）。

［島田征夫］

12 コルフ海峡事件

国際司法裁判所　管轄権判決（1948年3月25日）
国際司法裁判所　本案判決（1948年4月9日）
イギリス　対　アルバニア

Ⅰ. 事　実

　コルフ海峡は、アルバニア本土とコルフ島との間に位置するが、本件発生時はまだ第2次世界大戦終了後間もなくでヨーロッパは緊張状態が続いていた。本件発生前の砲撃事件について、アルバニアとイギリスは外交交渉を行っていた。折も折、1946年10月にイギリス軍艦が同海峡を通航したところ機雷にふれ爆発、多くの死傷者を出したため、イギリスは翌月同海峡の掃海を実施した。イギリスは、47年1月に国連憲章35条に基づき本件を安保理に提訴、国連非加盟国のアルバニアもこれに応じたが、安保理は、4月に両国が紛争を国際司法裁判所に付託するよう決議したため、イギリスは5月にこの決議に基づき本件を裁判所に一方的に提訴した。アルバニアは、7月に書簡で事前の付託合意のない提訴に抗議し、12月にイギリスの請求の受理許容性を争う先決的抗弁を提起した。1948年3月の管轄権判決で、裁判所は右の抗弁をしりぞけ管轄権ありと判示したため、両国は、裁判所に①アルバニアは前述の爆発につき国際法上責任があるか、また賠償支払義務はあるか。②イギリスは、軍艦による海峡通航と掃海行動によってアルバニアの主権を侵害したか、の2点につき、裁判所の判断を求めた。

Ⅱ. 判　旨

　①について――裁判所は、まず一連の事実と証拠から、爆発の原因を作った機雷敷設がアルバニアの知らないうちになされたはずがないと断定した。アルバニアには、航行上の利益のため領海内の機雷の存在を通告し、軍艦が接近したときに機雷による急迫した危険を警告する義務があったとし、アルバニアはこの義務を怠ったのであるから、国際法上責任が生じ、イギリスに対して損害賠償を支払う義務があると結論した。

　②について――裁判所は、コルフ海峡を公海と公海を結ぶ地理的状況と国際航行に使用されている事実からみて、平時に沿岸国が通航を禁止しえない国際交通路、つまり他国が沿岸国の許可なしに軍艦を通航させる権利を有する国際海峡であるとした。また、アルバニアは隣国ギリシャと法的には戦争状態にあるので、軍艦の海峡通航を規制できるとしたが、だからといって、イギリス軍艦による事前の許可なしの海峡通航が主権を侵害したとのアルバニアの主張はしりぞけた。そしてイギリス軍艦の通航は、応戦を準備したりして普通のものではなかったようだが、それは不当に拒否された権利を確認するためのもので、原則的に無害通航に適合しているとして、裁判所は、イギリス軍艦の海峡通航は主権侵害にならないと結論した。

　イギリスの機雷掃海作業の違法性について、機雷除去はアルバニアの同意なしになされたものであるから、裁判所は、イギリス海軍の行動をアルバニアの主権侵害であるとした。

III. 解　説

1. 国際海峡・軍艦の通航権・沿岸国の義務

本件は、1958年領海条約（および1982年国連海洋法条約）と関連がある。

まず、国際海峡の定義につき、裁判所は、「（国際海峡の）決定基準が、海峡を通航する交通量や海峡の国際航行上の重要性の大小に求められるべきかは、問題とされよう。決定基準は、むしろ公海の2つの部分を連結するものとしての海峡の地理的位置と海峡が国際航行に使用されているという事実に置かれるべきである。」とした。領海条約16条4項は、判決に基づいて「国際航行に使用されている海峡」という表現を用いた。したがって、通常は国際航行に使用されていない海峡でも条約の適用があることになる。

海峡における軍艦の無害通航権につき、裁判所は、「国家が平時においてその軍艦に沿岸国の事前の許可を得ないで公海の2つの部分の国際航行のために用いられて海峡を通航させる権利を有することは、一般に承認されており、かつ国際慣習に合致する。」と述べてこれを確認した。領海条約にはこの規定は挿入されず、問題は、国連海洋法条約（29条）まで持ち越されたが、解決されていない。

沿岸国の義務につき、裁判所はいう。「アルバニア当局にかかる義務は、一般に航行の利益のためアルバニア領海内に機雷があることを知らせ、そしてイギリス軍艦に対し、その接近しつつある時点でそれらが機雷によりさらされている急迫した危険を警告することにあった」と。つまり、航行上の危険を通知する義務と接近する船舶に対し急迫した危険を警告する義務があるとしたのであるが、条約では単に自国が知っている危険の公表義務のみを定めた（15条2項、国連海洋法条約24条2項）。

2. 国家責任と間接証拠

アルバニアの国家責任につき、裁判所は、「国家がその国境内で行う排他的領域支配……の事実により、国際法違反の犠牲となった他国は、しばしば責任がそこから生じる事実について直接証拠を出すことが不可能になる。その国は、よりいっそう事実の推定や状況証拠に依拠することが許されるべきである。この間接的な証明方法はすべての法体系において認められており、その利用は、国際判例によって承認されている。」と述べた。つまり、立証手段として事実の推定や状況証拠などの間接証拠を認めた点が注目されるのである。一国の領域内での事件につき他国にこうした立証方法を認めたことは、国家責任を立証するうえで大きな意味を持つと思われる（トレイル溶鉱所事件、本書21も参照）。

3. 応訴管轄

本件の先決的抗弁判決は、応訴管轄権（フォーラム・プロロガートム）の先例として著名である。裁判所は、管轄権の受諾は事前の付託合意によって共同して実現されるのではなく、別々の相次ぐ行為によっても行われうるとしたのである。裁判所のこの種の管轄権設定は、裁判所規程や規則から明示的に導かれるものではなく、判例を通じて発展してきたものである。常設国際司法裁判所にも先例はある（1928年の上部シレジアのドイツ人権益事件）。しかし、本件では、実際の手続は付託合意を基礎としたものであった。その後、この制度が濫用されたため、1978年の規則改正にさいして、これをきびしく制限する規定（38条5項）が設けられた。

　　　　　　　　　　　　　　　　　　　　　　　　　　　　　　　　［島田征夫］

13 ノルウェー漁業事件

国際司法裁判所　判決（1951年12月6日）
イギリス 対 ノルウェー

I. 事　実

　タラの好漁場であったノルウェー北部海域は、20世紀になって、イギリスをはじめとする外国漁船が進出するようになった。ノルウェーは沿岸漁民を保護するため、1906年法で漁業禁止海域を設定し、これに違反するイギリス漁船を拿捕した。1932年頃にイギリス漁船がさらに北方に進出、ノルウェー側の警告と拿捕が繰り返されたが、イギリス側はノルウェーが領海画定にさいし不当な基線を用いていると抗議した。これに対し、ノルウェーは1935年勅令を発布した。同勅令は、漁業海域を画定するものであったが、その範囲は北緯66度28分48秒以北の沿岸海域で、そこでは直線基線が用いられ、領海4カイリが設定され、漁業権はノルウェー国民のみに留保された。イギリスが抗議をしたため、外交交渉が始まったが、交渉がまとまらなかったため、1948年9月28日にイギリスは、本件を国際司法裁判所に提訴した。

　本案では、①1935年の勅令が定める漁業水域を画定する基線は、国際法上有効であるか。②同勅令が用いた基線は、国際法の適用されるべき規則に従っているかについて、裁判所の判断が求められた。

II. 判　旨

　①について、裁判所は、考慮すべき現実として、ノルウェーの海岸の特殊性、つまりスカルガールド（沿岸の島や岩礁）の外側が海岸線を構成すること、この海域においては漁業が沿岸住民の生活を支えていることを認めた。そして、領海を測定する低潮線の位置、低潮線の引き方、直線基線の長さなどについてのイギリスの主張をすべてしりぞけた。

　裁判所はいう。「海域の境界画定は……沿岸国の国内法で示された意思だけに依拠することはできない。境界画定の行為は……必ず一方的行為として行われるけれども、それが他国に対しても有効であるか否かは国際法によって決まるのである。」と。「国際法」とは、判決では、領土に対する領海の緊密な依存関係、一定の水域と陸土との緊密な関連、その地域に特有の経済的利益であるとされた。裁判所は、ノルウェーの過去の措置を検討した結果、同国に特有の制度、つまり直線基線の方法が存在しており、かつその制度が1869年以来一貫して適用され、イギリスを含む諸国が60年以上これを黙認してきたことを認めて、1935年勅令は国際法上有効であると結論した。

　②については、領海画定に関する国際法に、勅令が示した基線のとり方が一致しているか否かが問われた。イギリスは、特に領土と領海の依存関係と一定の海域と陸土との密接な関連を問題にしたが、裁判所は、当該規則は数学的正確さを要求するものではなく、また海岸の一般的方向をゆがめていない。たとえ当該区域において著しい逸脱があるとしても、歴史的権原がこれをカバーしているとした。そして、住民の死活的必要に言及しつつ、当該基線は国際法以上有効であるとした。

Ⅲ. 解 説

1. 直線基線・低潮高地・低潮線

本判決は、領海の画定方法、特に基線に関する規則をはじめて明らかにした点で国際法上大きな意義がある。

まず、当時は直線基線が全く新しい制度であって、本件がこの問題をはじめて国際法上取り上げたことが注目される。判決の趣旨は、ほぼ領海条約中の直線基線の規定となった。直線基線を用いうる場所について、判決は、「出入りや切り込みではなくギザギザのある海岸やスカルガールドのような群島によってふちどられている海岸」とした。これを受けて、領海条約4条1項は、「海岸が著しく曲折しているかまたは海岸に沿って至近距離に一連の島がある場所」と定めた。また直線基線を引く実際の方法について、4条2項は判決の示した領海画定をするさいに従うべき国際法をそのまま表現した（国連海洋法条約7条1項と3項）。

低潮高地については、これを領海画定の基点とすることにつき両国の見解は一致したが、その範囲について、イギリスは領海内のもののみに限定することを主張、ノルウェーは反対した。裁判所は、実際上の必要がないとして判断を下さなかったが、領海条約は、灯台などがある場合を除いて、直線基線は低潮高地との間に引いてはならないとした（4条3項、国連海洋法条約7条4項）。

領海測定の基線について、国際法学者の間でも従来から見解の対立があったが、裁判所は低潮線の方法が一般に国家実行で採用されてきたとした。領海条約3条も低潮線を一般原則としたが（国連海洋法条約5条）、直線基線と湾の閉鎖線（4条、7条）がこの例外である。

2. 領海の幅

領海の幅を画定する権能につき、裁判所は前述のように領海画定行為の有効性は国際法によるとした。第1次海洋法会議では、領海の画定は国際法によって決定されると主張する国（主に西側諸国）と沿岸国が決定できると主張する国（ラテン・アメリカ、アジア・アフリカ、ソ連圏の諸国）とが対立し、意見の一致はなく、また1960年の第2次海洋法会議でも合意は達成できず、1982年の国連海洋法条約まで持ち越され、ようやく12カイリと定められた（3条）。

3. 直線基線の問題性

本判決は全く新しい直線基線の方法を認めた点で画期的であったが、一方で問題も多いとされる。それは、この制度自体の国際法上の有効性とそれを認定した方法についてである。たとえば直線基線の長さや海岸からの距離について具体的数値が与えられなかったため、基準があいまいで、濫用のおそれなしとしない。また裁判所は、この制度の認定につき必ずしも多数の国の実行を重視したわけではないといわれる。要するに、裁判所は、沿岸国による主権的行動にかなり好意的で、この判決は、その後の沿岸国管轄権の公海への拡張に対して重要な手掛かりを与えたといえる。1952年の韓国による李承晩ラインの設定が有名であったが、わが国も、1996年に領海法を改正し、直線基線を採用した（2条1項）。その後、この直線基線をめぐって、韓国漁船の領海侵犯事件が発生した（1997年8月15日の松江地裁判決、1998年6月24日の長崎地裁判決など参照）。

［島田征夫］

14 リビア・マルタ大陸棚事件

国際司法裁判所　本案判決（1985年6月3日）
リビア　対　マルタ

I. 事　実

　マルタ島の位置は、北はイタリアのシシリー島から40カイリほど離れ、南は180カイリほどでリビアに達する。1965年にマルタはリビアに中間線による大陸棚境界画定を提案したが、73年にリビアは中間線を認めないとした。76年に至り、両国は大陸棚境界画定紛争を国際司法裁判所に付託する合意に達し、82年に裁判所に通知した。
　両国が求めたのは、両国間の大陸棚の境界画定に国際法のいかなる原則と規則が適用されうるのか、また両国が困難なく境界画定しうるためには、実際にどのようにその原則・規則が適用されうるか、その方法についてであった。

II. 判　旨

　1984年の判決で、国際司法裁判所規程62条に基づきイタリアが訴訟参加を要請したが、裁判所付託における合意原則の優越を理由に却下された。
　85年の判決では、イタリアとの大陸棚境界に影響しない範囲に限定して境界画定を行った。まず境界画定の原則・規則については、(1) 大陸棚の境界画定は、衡平原則に従いかつすべての関連事情を考慮して衡平な結果を達成するように行われなければならない。(2) 各当事国に属すると考えられる大陸棚区域は、その海岸から200カイリ以内にあり、物理的意味における自然延長原則から引き出すことはできないとされた。
　本件において衡平な境界画定を達成するため考慮すべき事情と要因として、①両当事国の海岸の一般的形状、海岸線が向い合っていることおよび全般的な地理的状況における両国の関係、②両当事国の関係海岸の長さの不均等と両海岸間の距離、③境界画定において沿岸国に属する大陸棚区域の範囲と海岸線の一般的方向で測られる海岸の関連部分の長さとの間の過度の不釣合を避ける必要性が挙げられている。
　結局、裁判所は、衡平原則を適用して、海岸からの距離を主な基準として暫定的な中間線を引き、両国の海岸線の長さの均衡性によって修正を加えて、大陸棚の境界を画定した（14対3）。両国は、1986年に大陸棚の境界について合意した。

III. 解　説

1. 自然延長論から衡平原則へ

　1969年の北海大陸棚事件（本書①）において、オランダ、デンマークの主張する等距離原則の適用が不可避でなくまた慣習国際法でもないとして、同原則を適用せず、衡平原則に従い、領土の自然延長をなす大陸棚部分をできるだけ多く残すよう合意により境界画定を行った。自然延長原則は、その後、いくつかの大陸棚境界画定事件で援用された。
　1982年になって、チュニジア・リビア大陸棚事件判決で注目すべき意見が出された。それは、北海大陸棚事件同様に隣接国どうしであったにもかかわらず、自然延長論が沿岸国の物理的対象を明確にするが、同一大陸棚の隣接国間では権利の正確な範囲を決定するのに不

適当とされた点である。つまり、衡平原則と自然延長原則とは同義ではなく、衡平原則に従って、すべての関連事情を考慮して境界画定が行われた。この事件の注目すべき点は、北海大陸棚事件で示された大陸棚の自然延長論、つまり自然延長が法的権原の根拠であるという原則が、隣接国境界画定のための合理的な基準を提供しないという理由で採用されなかったことである。

本件の特徴は、修正を加えたにせよ、中間線を重視した点にある。暫定的に中間線を引いて、それをもとに両国の海岸線の長さの均衡性を加えたのである。

2. 排他的経済水域

本件では、マルタのみが1958年大陸棚条約の加盟国で、国連海洋法条約には、双方が署名したが、未発効であった。そのため、両国間に慣習国際法を適用法とすることに争いはなかった。第3次国連海洋法会議で排他的経済水域概念が圧倒的多数で支持され、また国連海洋法条約が、1982年に採択された。本判決では、排他的経済水域制度が国家実行によって、すでに慣習法の一部になったとされた。それは、大陸棚条約の条文（1〜3条）が慣習法の法典化とされたのと同様の意味を持つもので、きわめて注目される（北海大陸棚事件も参照）。

3. 中間線の持つ意味

従来でも、相対する国どうし、たとえば日本と韓国、イギリスとフランスなどの大陸棚の境界画定では、主に中間線が用いられた。本件で特徴的なのは、両国の面積、特に海岸線の長さの長短の差が著しいことである。

裁判所は、衡平原則に従いすべての関連事情を考慮して境界線を引くこと、ただし自然延長論の適用はないとした。しかし裁判所は、等距離方法が向い合う海岸を持つ国どうしでの境界画定の場合、衡平な結果となることに注目する。かくして、向い合った国どうしでは、その海岸に中間線を引くことが、最終的に衡平な結果を達成するうえで最もよい方法であるとされた。

本件において大陸棚に衡平な境界画定を達成するため考慮すべき事情と要因は、前述の事情と要因のうち、特に関連海岸の長さの不均等が問題となる。たとえば、尖閣諸島または沖縄と中国大陸との間で大陸棚や排他的経済水域の境界画定を行う場合に中間線が合理的といえるかどうか、議論のあるところであろう。

本件では、以上の事情を勘案して、まず低潮線から暫定中間線を引き、次いで関連事情によって調整し、中間線を北にずらせた線を境界線とした。つまり、両国の海岸線の長さなどを基に中間線を修正した点に特徴がある。

国際判例を概観して気づくのは、大陸棚の境界画定に関する国際法の原則は、大陸棚条約6条にいう規則ではないかということである。その点で、1977年の英仏大陸棚事件の仲裁裁判所判決が注目される。つまり等距離・中間線が原則で、それに関連事情が加わるという定式である。前述のチュニジア・リビア事件以後、まず隣接国間には等距離線を、相対国間には中間線を引き、関連事情により修正する方法が多用されている。もっとも、関連事情の定式化はきわめて困難であるが。

［島田征夫］

15 みなみまぐろ事件

国際海洋法裁判所　暫定措置命令（1999 年 8 月 27 日）
仲裁裁判所　判決（2000 年 8 月 4 日）
オーストラリア　対　日本、ニュージーランド　対　日本

I. 事　実

　みなみまぐろ事件は、みなみまぐろ保存条約（以下、保存条約）の当事国であるオーストラリア（以下、豪）・ニュージーランド（以下、NZ）の同意なく一方的に実施された日本による資源状況確認のための調査漁獲の法的評価をめぐる紛争が、保存条約上のものか、それとも国連海洋法条約上のものでもあるかが争点となった事件である。

　みなみまぐろの資源状況が悪化するとの懸念から、1993 年に豪・NZ・日本の 3 か国によりみなみまぐろ資源の保存と最適利用を目的として、保存条約が締結された。

　保存条約の委員会において日本は、資源が回復傾向にあるとして総漁獲可能量増加と調査漁獲実施を提案していたが、豪・NZ は反対していた。日本は 1998 年および 1999 年に豪・NZ の同意を得ずに単独で調査漁獲を実施、豪・NZ は、日本による行動は国連海洋法条約上の義務に違反するとして同条約 15 部 2 節の義務的裁判手続に訴え、さらに、国際海洋法裁判所に調査漁獲中止を求める暫定措置命令を要請した。

II. 命令要旨

　「(国連海洋法) 条約 116 条から 119 条とあわせて読めば、当事国は同条約 64 条の下で、みなみまぐろを含む高度回遊性魚種の保存を確保し最適利用の目的を促進するために直接にまたは適切な国際機関を通じて協力する義務を負う。」「裁判所の見解によれば、1993 年条約が当事国間に適用されるという事実は、国連海洋法条約 15 部 2 節の手続に訴えることを排除しない。」裁判所は、仲裁裁判所が一応の管轄権を有するであろうと判断する。

　みなみまぐろの資源状況の悪化に関して当事国間に見解の不一致はない。裁判所は、提示された科学的証拠を決定的に評価することはできないが、当事国の権利を保全し、資源状況のさらなる悪化を避けるために、緊急の問題として調査漁獲計画の実行停止等の暫定措置がとられるべきであると判断する。

III. 判　旨

　本質的な問題は、紛争が、保存条約の解釈をめぐる紛争なのか、それとも国連海洋法条約の解釈をめぐる紛争なのか、もしくは両条約の解釈をめぐる紛争なのか、である。「条約の実質的内容および条約上生じる紛争解決のための規定においては、しばしば条約が併存すること (parallelism) がある。」保存条約は、国連海洋法条約上の原則を実施するために構想されたのだから、保存条約上の紛争は、国連海洋法条約の解釈および適用にまったく関係のないものではない。したがって、紛争は、保存条約を中心としつつも、国連海洋法条約の下でも生じる。

　国連海洋法条約 281 条 1 項の下では、紛争当事者が選択する平和的手段により紛争を解決することについて合意した場合には、15 部の手続は、この平和的手段によって解決が得られず、かつ、当事者間の合意が他の手続の可能性を排除していないときに限り適用され

る。保存条約 16 条は、この種の合意と認められるし、紛争当事国によって受け入れられていない紛争解決手続の適用を排除している。

以上より、裁判所は、紛争の本案について裁定する管轄権がないこと、および国際海洋法裁判所が下した暫定措置命令を取り消すことを決定する。

IV. 解 説

1. 海洋紛争解決手続の競合

本件でそもそも問題となったのは、日本が単独で行った調査漁獲の是非であった。ところが、海洋紛争に関しては紛争解決手続が一元化されていないために、本件の全体像がたいへんわかりにくいものとなっている。

豪・NZ は、日本の調査漁獲の国連海洋法条約違反を訴えていた。国連海洋法条約は、紛争が生じたときは、まず紛争当事者が選択した平和的手段により解決するものとし (15 部 1 節)、解決できない場合には、義務的裁判の手続が適用され、国際海洋法裁判所、国際司法裁判所、仲裁裁判所 (附属書 VII)、特別仲裁裁判所 (附属書 VIII) の 4 つから自由に選択できるとする (15 部 2 節)。選択につき合意に達しない場合には仲裁裁判所に付託されることとなり、本件はこの場合にあたる。また、国連海洋法条約上の紛争解決手続は、紛争当事者が選択した平和的手段で解決できず、かつ、当事者間の合意が他の手続の可能性を排除していないときにしか適用されない (281 条 1 項)。

日本は、本件は保存条約上の問題であって国連海洋法条約には関係がないとして、仲裁裁判所の管轄権の有無を争った。暫定措置命令を要請された国際海洋法裁判所は仲裁裁判所に一応の管轄権があると認めたうえで、資源の悪化状況には緊急性があるとして日本の調査漁獲計画の実行停止等を含む暫定措置を命じた。しかし仲裁裁判所は、保存条約 16 条の紛争解決規定が国連海洋法条約 281 条 1 項の「当事者間の合意が他の手続の可能性を排除して」いる場合にあたるとして、日本の主張を認め管轄権なしとした。

一方で国際海洋法裁判所においては、みなみまぐろの資源状況の悪化という漁業資源の保存管理の実体にかかわる点が考慮されたにもかかわらず、他方で仲裁裁判所においては、本件を解決する場を関係条約の紛争解決規定の解釈を通じて探求するという、きわめて手続的な判断に終始する結果となってしまった。紛争解決手続が一元化されていないという問題点が、このような結果につながったともいえよう。

2. 「特別法は一般法を破る」の原則

日本は、「特別法は一般法を破る」の原則を根拠として、特別法である保存条約が一般法である国連海洋法条約に優先するとの主張を行ったが、仲裁裁判所は、条約が「併存」することもありうるとして、日本側の主張を認めなかった。

裁判所は、一般論として「特別法は一般法を破る」の原則の妥当性を認めつつも、それがどのような場合に適用可能であるかについては明らかにしなかった。同一の事項を規律する条約が複数存在する場合にどの条約を適用すべきかについては、条約法条約 30 条に規定されているが、同条には「特別法は一般法を破る」の原則は規定されていない。同原則については学説上、実際の適用の場面で生じると予測される規則同士の矛盾を回避するための解釈を行う際に、同原則が参照されるべきとの見解もある。本件で問題となった保存条約と国連海洋法条約の関係は、同原則がいかなる場面で適用あるいは参照されるべきかを問い直すうえでも重要な論点を含んでいる。

[皆川　誠]

16 ノッテボーム事件

国際司法裁判所　先決的抗弁判決（1953年11月8日）
国際司法裁判所　第2段階判決（1955年4月6日）
リヒテンシュタイン 対 グアテマラ

I. 事　実

　本件は、リヒテンシュタインが、ドイツから自国に帰化したノッテボームに対して外交的保護権を行使できるか否かが争点となった事件である。

　ドイツ国籍のノッテボームは、1905年からグアテマラで事業を営んでいたが、第2次世界大戦開始直後の1939年にリヒテンシュタインに帰化申請を行い、特例で帰化が認められた。その後、ノッテボームはグアテマラに戻り事業を続けたが、1943年にグアテマラ当局によりドイツ国籍の敵国国民として逮捕され、アメリカに引き渡された。アメリカでの抑留から解放されたノッテボームは、1946年にグアテマラに入国しようとしたが拒否され、1949年には財産をグアテマラに没収されることとなった。この事態を受け、リヒテンシュタインは財産の返還と損害賠償を求めてグアテマラを提訴した。グアテマラは、まずいくつかの先決的抗弁を行ったが、すべて却下された。そこでグアテマラは、訴訟の第2段階において、ノッテボームの帰化がリヒテンシュタイン法や国際法規則に合致しないために、リヒテンシュタインは外交的保護権を行使できないとの主張を行った。

II. 判　旨

　裁判所に提起された真の問題は、ノッテボームに関するリヒテンシュタインの請求の受理可能性の問題である。そのため、裁判所は、付与された国籍がグアテマラに対して有効に援用できるか、またその国籍は外交的保護の行使に十分な権原をリヒテンシュタインに与えるかを検討しなければならない。

　国籍は国の国内管轄権に属するが、国家が外交的保護権を行使する権限を有するか否かを決定するのは国際法である。本件では、ノッテボームに付与された国籍がグアテマラに対抗できるかを決定する必要がある。国際仲裁裁判では、より優越的な事実の結びつきに基づいている国籍（実効的国籍）が優先されてきた。考慮される要因は状況に応じて多様であり、「関係する個人の常居所が重要な要因であるが、その者の本拠地、家族関係、公的生活への参加、その者により示され、その子に植えつけられたその国に対する愛着の念のような他の要因もある。」

　本件でのノッテボームとリヒテンシュタインとの事実上の結びつきは、グアテマラとのそれと比べて極めて希薄である。帰化申請時、ノッテボームはリヒテンシュタインに住所もなく長期滞在もしていなかった。さらに、帰化後同国に定住する意図を見せずにグアテマラに再入国していることなどからすると、ノッテボームとリヒテンシュタインの間にはいかなる結びつきもなく、むしろグアテマラとの間に以前からの緊密な関係が存在しており、帰化はこれを弱めるものではなかった。帰化は、ノッテボームがリヒテンシュタイン国民の一員である法的承認を得るためというより、敵国国民としての地位を中立国国民へと変更することを目的とするものであった。こうした状況において付与された国籍を承認する義務はグアテ

マラにはなく、リヒテンシュタインはグアテマラに対してノッテボームの保護を主張することはできない。したがって、リヒテンシュタインの請求を受理することはできない。

Ⅲ. 解説

1. 重国籍と真正結合理論

本件では、いわゆる真正結合理論が問題となった。同理論は、もともとは重国籍者について発展してきたものであり、国籍を与える国家と個人との間には真正かつ実効的な関係が存在しなければならないとする理論である。1930年の国籍法抵触条約（日本は未批准）5条では、「2以上の国籍を有する者は、第三国においては1つの国籍のみを有する者として取り扱われる。第三国は、……その者が有する国籍のうち、その者が通常かつ主に居住する国の国籍、またはその者がその状況下で事実上最も密接な関係を有すると思われる国の国籍のいずれかを認める。」と規定される。本件はこの立場を踏襲したものと考えられ、ノッテボームに真正な関係がないため、外交的保護権は行使できないとの結論に達している。

個人が外国から損害を被った際、自らにとってより有利な国に恣意的に帰化することで、外交的保護が濫用されることを防止するために、本判決は一定の意義を有するものといえる。しかし、重国籍でない者が、その唯一の国籍国と真正な関係を有しないからという理由で外交的保護を受けられないとすると、その者は事実上無国籍者と同様の立場に立たされることになるとの批判もある。

なお、2006年に国連国際法委員会（ILC）が採択した外交的保護条文案4条においては、真正な関係は求められていない。この点につきILCは、ノッテボーム事件で真正な関係が求められたのは、両者間の結びつきが「極めて希薄」であったからであり、すべての国に適用可能な一般規則を述べることを意図していたわけではなかったと説明している。

2. 船舶の国籍と真正な関係

1958年の公海条約5条では、旗国と船舶の間には真正な関係が存在しなければならないと規定された。本条は、便宜置籍船の問題に対応するにあたりノッテボーム事件の影響を受けて導入された、当時としては新しい規則であった。1982年の国連海洋法条約91条でも同様の規定が踏襲されることになったが、ここでの真正な関係が具体的に何を意味するかについては明確でなく、その定義の必要性が主張されている。

3. ノッテボーム規則

本件の先決的抗弁判決では、グアテマラの選択条項受諾宣言の期限が争点となった。リヒテンシュタインが提訴したのは1951年12月であったが、1952年1月にグアテマラの同宣言の失効期限を迎えたためである。しかし裁判所は、提訴後の宣言の失効のような外的事実は、すでに確立した管轄権を裁判所から奪うものではないとし、グアテマラの抗弁をしりぞけている。裁判所が判示したこの内容は、「ノッテボーム規則」と呼ばれている。

なお、PCIJのモロッコ・リン酸塩事件（1938年）では、提訴後に選択条項受諾宣言が失効したが、特に争点とされることはなかった。他方で、ニカラグア事件では、ノッテボーム規則が再確認されている。

［尋木真也］

17 ラグラン事件

国際司法裁判所　本案判決（2001年6月27日）
ドイツ　対　アメリカ

I. 事　実

　本件は、領事関係条約36条に基づく領事面接等の権利をドイツ国民ラグラン兄弟に伝えなかったことの違法性の有無が問題となった事件である。

　ラグラン兄弟は、アリゾナ州で殺人等の罪で逮捕・訴追され、1984年に死刑判決を受けた。この一連の訴訟過程において、アメリカは両人に領事関係条約に規定される権利を知らせておらず、ドイツ領事機関にも逮捕の通報をしなかった。1992年にドイツ領事機関は事実を知り、両人に人身保護令状に基づく再審請求を提起させたが、アメリカ国内法の手続的懈怠規則（連邦裁判所で人身保護令状を求めるには州裁判所でその主張を提起している必要があるという規則）により却下された。

　1999年2月、カール・ラグランの死刑が執行された。兄ウォルターの死刑も同年3月3日に予定されていたため、前日の3月2日に、ドイツは領事関係条約違反でアメリカを提訴し、ウォルターの死刑執行延期の仮保全措置を要請した。裁判所は執行停止の仮保全措置命令を出したが、アメリカは死刑を執行した。

II. 命令要旨

　本件請求は、領事関係条約の選択議定書により一応の管轄権の基礎が認められる。裁判所は、裁判所規則75条1項に基づき、職権により仮保全措置の指示の必要性を検討することができ、極度の緊急時には口頭審理を経ずに指示することができる。ラグランの死刑執行は、ドイツにより主張される権利の回復不能な侵害を引き起こすであろう。したがって、アメリカは、ラグランの死刑執行停止のためにあらゆる措置をとるべきである。

III. 判　旨

　第1に、ドイツ自身の権利について、アメリカはドイツ領事機関にラグランの勾留等の通報をせず、領事関係条約36条1項(b)に違反したことを否定していない。このアメリカの違反は、ドイツが同項(a)・(c)の権利を行使できなくなる結果をもたらした。また、同項(b)は、「その者がこの(b)の規定に基づき有する権利」を規定している。「この規定の文言に基づき、裁判所は、36条1項は個人の権利を創設すると結論づける。」この権利は本件において侵害された。

　第2に、手続的懈怠規則について、規則それ自体とその特定的な適用とは区別する必要があり、規則それ自体は36条に違反しない。本件において、ドイツは同規則により時宜を得て弁護人を雇えず、弁護の支援もできなかった。このような状況の下、同規則は36条2項の完全な効果を妨げているため同項に違反する。

　第3に、アメリカが仮保全措置命令に従わなかったことについて、裁判所規程41条が法的義務を創設するかが問題となる。英仏の正文に相違があるが、同条の趣旨・目的は裁判所が規程上の機能を果たせるようにすることであり、その文脈は訴訟当事国の権利が保全されないために裁判所がその機能を行使できなくなることを防ぐことである。それゆえ、仮保全

措置は拘束的であるべきである。アメリカは死刑執行停止のためにあらゆる措置をとっておらず、仮保全措置命令の義務を履行しなかった。

　第4に、救済について、条約に規定される権利の侵害を考慮すると、陳謝では十分でなく、有罪判決の再審査および再検討を認める義務がアメリカに課される。

IV. 解　説

1. 領事関係条約上の個人の権利

　本件では、領事関係条約36条が、国家の権利だけでなく個人の権利も認めているかが争点となった。この点について裁判所は、1項（b）が「その者がこの（b）の規定に基づき有する権利」を規定しており、同項（c）が「当該国民が明示的に反対する場合には」派遣国の権利は行使されないとしていることから、同項は個人の権利を創設していると結論づけた。本件と同様に死刑囚に関する事案であるアベナ事件（国際司法裁判所、2004年）でも、本件の判旨が踏襲されている。

　さらに、ドイツは同条の個人の権利は人権であると主張したが、裁判所はこの問題を取り扱わなかった。一方で、本件より以前に、米州人権裁判所がこの問題を扱っている。1999年、メキシコが「ウィーン領事関係条約36条は、米州諸国における人権の保護に関する規定を含むと解釈されるべきか」という点について、裁判所に勧告的意見を要請した。この要請に対し裁判所は、派遣国が36条に基づく自らの権利を行使する場合、同国は勾留者に様々な弁護措置を援助しうるため、同条の領事通信は派遣国国民の人権の保護に関係し、その者の利益となりうると結論づけている。

2. 仮保全措置命令の拘束力

　本判決は、従来議論のあった仮保全措置命令の拘束力を明確に認めた。本件と同様の事案で1998年にパラグアイがアメリカを訴えたICJのブリアード事件においても、死刑執行停止の仮保全措置命令が出されたが、アメリカは死刑を執行し、パラグアイが訴訟を取り下げたため、命令の拘束力の審理はなされなかった。

　仮保全措置命令の拘束力が問題となったのは、裁判所規程41条が強い義務的な表現をとらずに、「とられるべき（ought to）暫定措置を指示する権限を有する」と規定しており、それに則って命令自体も「措置をとるべき（should）」という表現になっているからである。この点につき裁判所は、当初原文であったフランス語が"doivent"という義務的な用語であることに鑑みると、本条は義務的な意味を有しうると述べている。そして、条約法条約33条4項に依拠し、条約の趣旨・目的や文脈に照らして仮保全措置命令の拘束力を確認している。

　本判決を受け、アベナ事件の仮保全措置命令においては、「あらゆる必要な措置をとらなければならない（shall）」という文言が用いられている。

3. 再発防止の保証

　国家責任条文は、被害の発生の有無に応じて、30条で違法行為の中止や再発防止を、31条で被害に対する賠償の義務を定めている。それゆえ、30条にかかわる紛争が、裁判所規程36条2項（d）の「賠償」の対象となるか否かが問題となる。この点について裁判所は、再発防止は裁判所規程の賠償とは概念上異なるとのアメリカの主張をしりぞけ、とりわけ有罪判決の再審査の機会を提供することによる領事関係条約36条違反の再発防止をドイツに約束すべきことを判示している。アベナ事件においても、同様の論旨が展開されている。

[尋木真也]

18 ユン・スウギル（尹秀吉）事件

東京地方裁判所　判決（1969年1月25日）
東京高等裁判所　判決（1972年4月19日）
最高裁判所　判決（1976年1月26日）
尹秀吉 対 東京入国管理事務所主任審査官

I. 事　実

　韓国人尹は、留学を希望していたが朝鮮戦争勃発で留学が果たせないため、1951年に日本に密入国した。大学で学んだ後、1960年より民団の栃木県本部事務局長として、韓国の反政府言論活動家で処刑された民族日報社長趙氏の助命運動などを行った。また、尹は韓民栃木新報紙上に現政権反対、趙の死刑反対の主張を繰り返し掲載した。

　1962年に尹は密入国の容疑で収容され、外国人登録令上の退去強制の対象者と認定された。尹は口頭審理を請求したが、認定に誤りなしとされ、さらに法務大臣への異議申立ても棄却され、1963年に送還先を韓国とする退去強制令書の発付処分を受けた。尹は、東京入国管理事務所主任審査官に対し処分の取り消しを求めて提訴した。

　尹の主張は、まず彼は政治犯であって、政治犯を本国へ引き渡してはならないことは慣習国際法の原則で、確立された国際法規の遵守を定めた憲法98条2項に違反する。また、尹は政治難民であって、迫害の待つ国へ送還することはノン・ルフルマン原則に反する。さらに、法務大臣の本件裁決は、特別在留許可についての裁量権の逸脱ないし濫用であると主張した。

II. 判　旨

　（東京地裁判決）　原告に対する退去強制令書発付処分を取り消す。
　政治犯不引渡は、過去1世紀以上にわたり国際慣習となっている。国際法上国家は外国人の出入国を自由に規律できるが、特に普通犯罪を伴わない純粋な政治犯については不引渡の認識が固まってきている。不引渡のためには、本国から政治犯罪で処罰のため引渡請求があるか、政治犯罪について有罪判決を受けるなど、少なくとも関係国において処罰が客観的に確実であると認められることが必要である。
　尹の行為は政治犯罪であるかについて、尹は韓国の特殊犯罪処罰特別法6条の処罰対象者であり、6条の処罰対象はもっぱら韓国の政治秩序に対する侵害行為であるから、純粋な政治犯罪である。また、退去強制先を韓国とした処分は、引渡ではないが、結果は引渡と変わらない。ゆえに、本件処分は、国際慣習法と憲法98条2項に違反し違法である。
　（東京高裁判決）　以上の原判決を取り消す。
　理由は、政治犯不引渡原則は、自由と人道に基づく国際慣行であるが、いまだ確立した国際慣習法とは認められない。国際法上政治犯不引渡は、国家の権能であって義務ではない。また、政治難民を迫害の待つ国に引き渡してはならないことは国際慣習法ではない。尹の活動、行動と諸事情からみて、彼が政治犯不引渡原則が適用される政治犯ではないことは明らかである。なお、退去強制処分は、引渡とは異なる別の処分である。
　（最高裁判決）　東京高裁判決を支持する。

Ⅲ. 解　説

1. 政治犯不引渡原則
　東京地裁判決はこの原則の慣習国際法性を認めたが、高裁、最高裁とも否定した。政治犯不引渡の実行は、1830年代にベルギーとフランスで始まったのであり、政治犯引渡は、19世紀後半のヨーロッパでほとんどみられなくなった。わが国も、1885年に亡命者金玉均の韓国政府による引渡請求を断固拒否した事実がある。高裁のこの原則の慣習法性否定の論理には、何の事実的根拠も示されず、尹が政治犯ではないことの方に重点が置かれ、当時の日韓関係を慮った措置のようにも感じられる。

2. 庇護と不引渡
　不引渡と庇護の関係について、政治犯罪を犯した個人が外国へ逃亡した場合、逃亡先の国は、この犯人を庇護するか引き渡さないかの対応があるが、事実上は差がないことが多い。法的には、庇護は国家の権利であり、引渡は国家の義務ではない。逃亡犯罪人引渡制度が確立した19世紀以降、庇護しなければ、相手国の引渡請求に対し、政治犯不引渡原則で対応することになる。その意味ではこの原則の法的性質が問題となってきた。
　また、引渡は退去強制とも関連する。偽装引渡つまり事実上の引渡の場合である。つまり、引渡できない政治犯を退去強制して相手方に身柄を移すことが許されるかである。ちなみに、柳文卿事件でも、東京地裁判決（1969年11月8日）は、退去強制と引渡とは別個の処分とし、「退去強制令書の執行は、送還先へ送還してなされるものであり、その実質は、本国への引渡となんら異なるところがないから、政治犯不引渡原則は退去強制処分にも適用されるということはできない」と偽装引渡を認めない姿勢を示している。

3. 政治犯罪の定義
　純粋なものと相対的なものとがある。純粋な政治犯罪とは、読んで字のごとく、もっぱら政治的秩序を侵害する行為で、叛逆の企図、革命やクーデタの陰謀、禁止された政治結社の結成などが例とされる。相対的政治犯罪は、政治的秩序の侵害に関連して、普通犯罪が行われる場合である。しかし、君主制打倒のために国王を暗殺する場合などは、理論的には相対的政治犯罪に分類されるが、何故純粋な政治犯罪でないのか、議論の分かれるところであろう（ベルギー加害条項に注意）。

4. 政治犯罪の認定権
　地裁判決は、韓国で政治犯であるか否かはわが国が決定すべき問題でなく、韓国側で決定すべき問題とする。1950年の国際司法裁判所庇護事件では、外交的庇護の場合ではあるが、犯罪の性質決定権は庇護国にはないとしたが、1954年のカラカス条約は庇護国が決定権を持つと定めた（4条）。引渡請求をする国の側が政治犯罪か否かを決定できれば、政治犯不引渡原則は骨抜きとなるおそれがあろう。

5. ノン・ルフルマン原則
　迫害の待つ国への難民の追放・送還を禁止することをいう。1951年難民条約33条1項や1969年米州人権条約22条8項が定めている。これが慣習国際法の原則かは意見の分かれるところであるが、学者には肯定説が多い。なお、1989年に起きたハイジャックの犯人である張振海の中国からの引渡請求に関し、この原則が問題となったが、中国側の反革命罪での不処罰の保証を理由に引渡された。

　　　　　　　　　　　　　　　　　　　　　　　　　　　　　　　　［島田征夫］

19 原爆判決（下田事件）
東京地方裁判所　判決（1963年12月7日）
下田隆一ほか4名 対 国

I. 事　実

　原爆判決（以下、本件）は、原告である下田隆一ら5名の広島と長崎の被爆者が、国際法上違法な米国の原爆投下によってこうむった損害の賠償を日本国政府に対して求めることができるか否かが争われた事件である。

　当事者間に争いのない事実は、1945年8月6日の広島へのウラン爆弾の投下と、同年8月9日の長崎へのプルトニウム爆弾の投下により、爆心地から半径4キロメートルの範囲内にいた人々が一瞬にして殺害され、それ以外の地域にいた人たちの多くも原爆症にかかり、両市の死傷者は少なくとも18万人以上にのぼったという点である。原告は、こうした損害について、日本がサンフランシスコ平和条約19条（a）により「日本国民の請求権」を放棄した結果、国際法違反の原爆投下に対するアメリカへの賠償責任の追及が不可能になったので、代わって日本国政府が責任を負うことになると主張した。

II. 判　旨

　原告の請求を棄却する。

　原子爆弾の投下行為は、空襲に関する法規によって是認されるかどうかが問題となる。空戦に関する規則案は、「軍事目標主義を規定するとともに、陸上軍隊の作戦行動の直近地域とそうでない地域を区別して、前者に対しては無差別爆撃を認めるが、後者に対しては軍事目標の爆撃のみを許すものとしている」。空戦法規案は、条約ではないが、その内容は陸戦と海戦における原則と共通している点からも、これを慣習国際法であるといってもよいであろう。「広島市及び長崎市が当時地上兵力による占領の企図に対して抵抗していた都市でないことは、公知の事実である。」それゆえ、「広島、長崎両市に対する原子爆弾による爆撃は、無防守都市に対する無差別爆撃として、当時の国際法からみて、違法な戦闘行為であると解するのが相当である」。また、「原子爆弾の投下は、戦争に際して不要な苦痛を与えるもの非人道的なものは、害敵手段として禁止される、という国際法上の原則にも違反すると考えられる」。

　交戦国が国際法上違法な戦闘行為により相手国に損害を与えた場合には賠償を行わなければならない。しかし、被害者個人が国際法の権利主体として出訴権を有するのは、第1次世界大戦後の混合仲裁裁判所のように、具体的に条約によって承認された場合に限られる。国家が自国民のために損害賠償を請求する場合も、国民の代理人としてではなく、国家自身の外交的保護権を行使しているのである。「従って、この場合、個人が国際法の権利主体であると考える余地はない」。では、国内裁判所での救済はどうか。日本国の国内裁判所でアメリカを訴えることは、民事裁判権免除の観点から不可能である。また、アメリカの国内裁判所でも、主権免責の法理によりアメリカおよびトルーマン大統領に対して不法行為責任を問うことはできない。つまり、原告は、国際法上も国内法上も請求権をもたないことになり、日本がサンフランシスコ平和条約19条（a）で「日本国民の請求権」を放棄したにし

ても、「原告等は喪失すべき権利をもたないわけであって、従って法律上これによる被告の責任を問う由もないことになる」。

III. 解　説

1. 個人の損害賠償請求権

　本件では、個人が違法な戦闘行為によって損害をこうむった場合、国家がその国民のために国家の名において相手国に対して賠償を請求することは、国家自身の外交的保護権として認められるが、そこでは個人の請求そのものが提出されるのではないとしている。個人の請求権が認められるためには、国際法上、自己の権利を実現する手続的保障を伴う必要があるとの見解が示され、この考え方は、オランダ元捕虜等損害賠償請求事件（本書20）などの戦後補償裁判においても踏襲されている。

　しかしながら、裁判所は、個人の請求権に関する限界を認識して、原爆被害者全般に対する救済策は立法府および行政府の職責であることを指摘し、「われわれは本訴訟をみるにつけ、政治の貧困を嘆かずにはおれないのである」と結んでいる。

2. 原子爆弾の非人道的性格

　本件は、戦時における原子爆弾の使用の合法性について、世界ではじめて下された判決である。しかし、原子爆弾の使用一般ではなく、アメリカによる広島・長崎に対する原子爆弾の投下という個別・具体的な事案に基づく合法性判断であった。

　本件では、国際司法裁判所の核兵器使用の合法性事件（本書29）とは異なり、国家の存亡のかかった自衛の極端な事情などは勘案せず、軍事目標主義や軍事的必要性・有効性と人道的感情の調和に照らして違法性の認定が行われている。なかでも、19世紀後半以降発展してきた、ハーグ陸戦条約・規則やダムダム弾禁止宣言などの既存の実定国際法規の解釈や類推適用に基づいて、原爆のような新兵器の使用の合法性判断を行っている点は注目に値する。

　原子爆弾の非人道的性格について、裁判所は、毒、毒ガス、細菌のように「不必要ノ苦痛ヲ与フヘキ兵器」の使用を禁止しているハーグ陸戦規則23条（e）などに照らして、「原子爆弾のもたらす苦痛は、毒、毒ガス以上のものといつても過言ではなく、このような残虐な爆弾を投下した行為は、「不必要な苦痛を与えてはならないという戦争法の基本原則に違反している」と結論している。

3. 総力戦の形態と軍事目標主義

　総力戦とは、戦争の勝敗が軍隊や兵器だけで決まるのではなく、交戦国の工業生産力などの経済的要因や人口・労働力などの人的要因が戦争方法と戦力を大きく規制する事実を指摘するために唱えられた概念である。それゆえ、交戦国に属するすべての人民を戦闘員と等しく扱い、すべての生産手段を害敵手段と理解するような概念ではない。本件では、学校、教会、寺院、神社、病院、民家は、いかに総力戦の下でも、軍事目標とはいえないとし、総力戦であるからといって、直ちに軍事目標と非軍事目標の区別がなくなったというのは誤りである、と判示されている。

[萬歳寛之]

20 オランダ元捕虜等損害賠償請求事件

東京地方裁判所　判決（1998年11月30日）
東京高等裁判所　判決（2001年10月11日）
オランダ人8名 対 国

I. 事　実

　本件は、第2次世界大戦中のオランダ領東インド（現インドネシア）における日本軍の捕虜収容所等において、日本軍の構成員から、1907年のハーグ陸戦規則46条1項等に違反する虐待などの被害を受けたとするオランダ国民8名が、日本国に対し、ハーグ陸戦条約3条および同条と同内容の慣習法に基づき、精神的損害の賠償を求めた事件である。
　本件の第1審では、国の損害賠償責任を規定する陸戦条約3条が、直接個人に請求権を付与しているか否かが主たる争点となった。控訴審においては、日本国が新たに主張したように、サンフランシスコ平和条約（以下、平和条約）14条（b）によって、連合国国民に対する国内法上の権利に基づく請求に応ずる日本国の法律上の義務が消滅したか否かが争われた。上告審においては、被上告人である日本国に答弁書の提出を求めず、口頭弁論も開かずに上告棄却・不受理の決定がなされた。

II. 判　旨

　（東京地裁判決）　原告らの請求をいずれも棄却する。
　原告の請求の当否は、陸戦条約3条を根拠に、わが国の裁判所で個人が加害国に対して損害賠償を請求できるかという点にかかっている。
　わが国では、条約は公布により当然に国内的効力を有するが、直接個人の権利義務関係を規律するものとして国内の裁判所で適用されるためには、「条約によって規律される個人の権利義務内容が条約上明確に定められており、かつ、条約の文言及び趣旨等から解釈して、個人の権利義務を定めようという締約国の意思が確認できることが必要である」。
　陸戦条約3条の解釈にあたり、本条の客観的意味を確定するためにその文言をみると、国の損害賠償責任のみが規定され、賠償の実施方法や個人に関する文言は全くない。起草過程を検討しても、本条を個人が加害国に損害賠償請求できる規定とする意思を参加国が有していた事実は認められない。さらに、後に生じた慣行も存在しない。
　以上より、同条は加害国の被害者に対する国家責任を明らかにした規定にすぎず、同条を根拠に個人が国家へ損害賠償を請求することはできない。
　（東京高裁判決）　本件控訴をいずれも棄却する。
　原告の主張する陸戦条約3条に基づく請求は、理由がないものと判断する。
　平和条約14条（b）は、連合国およびその国民は日本国およびその国民に対する請求権を放棄する旨規定する。本条の趣旨を明らかにするために起草過程におけるオランダと日本の交渉姿勢をみると、「両者間においては、『日本政府が自発的に処置することを希望するであろう連合国民のあるタイプの私的請求権』が残るとしつつ、サンフランシスコ平和条約の効果として、そのような請求権につき連合国国民が満足を得ることはできないとして決着を見たものというべきである。」こうして、連合国国民の請求権も連合国によって「放棄」さ

れ、これによって同国民の実体的請求権も消滅したと解するのが相当である。

Ⅲ. 解　説

1. 国際法の定義と個人の被害

本件地裁判決は、日本の裁判所で国際法の定義を示したことでも知られている。それによると、「本来的に国際法とは、国家間に妥当する法体系であり、国際法上の規則は、原則として国家間の権利及び義務を定めるものである。」国際法に違反した国は、法益を侵害した国に対して国家責任を負うことになるが、一般に個人が損害を被った場合でも、国際法上はその個人の属する国の損害と観念されるため、被害者個人は、本国の外交的保護権の行使によって間接的な救済を受けうるにすぎないものと解される。この見解は、原爆判決（本書[19]）から踏襲されている。

2. 戦後補償における個人の請求権

本件高裁判決は、出訴権の観点から個人の賠償請求権を否定した原爆判決より一歩議論を進めるものであった。請求権放棄条項である平和条約14条（b）により、連合国国民の賠償請求権が放棄されたとの解釈が示されたのである。連合国による日本国民の在外資産の差押え等の権利を規定する平和条約14条（a）の解釈が問題となった在外資産補償請求事件（最高裁、1968年）では、同条により日本が放棄したのは外交的保護権のみであると判示され、個人の国際法上の請求権には触れられていなかった。こうした先例との整合性を保つために、本件では、日本政府が自発的に処置することを希望するであろう連合国国民のあるタイプの私的請求権は残るが、平和条約の効果として請求権を追求することはできなくなると判示されたのである。この請求権は、平和条約起草時のアメリカのダレス代表の発言をとって、「救済なき権利」と呼ばれることもある。

3. 国際法の自動執行性

本件地裁判決では、条約が直接個人の権利義務関係を規律するものとして、日本の裁判所で例外的に適用されるための要件が詳細に検討された。被告日本の主張によると、条約の自動執行性の判断をする際は、「第一に、『主観的要件』として当該条約の作成等の過程の事情により、私人の権利義務を定め、直接に国内裁判所で執行可能な内容のものにするという締結国の意思が確認できること、第二に、『客観的要件』として、私人の権利義務が明白、確定的、完全かつ詳細に定められていて、その内容を具体化する法令にまつまでもなく、国内的に執行が可能であること等が必要である。特に、国家に一定の作為義務を課したり、国費の支出を伴うような場合には、事柄の性質上、権利の発生等に関する実体的要件、権利の行使等に関する手続的要件等が明確であることが必要である。」裁判所は、この日本の主張の第一と第二の要件に基本的に沿うかたちで判決を下したものと考えられる。

一方で、慣習法の自動執行性については、シベリア抑留捕虜補償請求事件（東京高裁、1993年）においてその要件が詳細に述べられている。しかし、本件の日本の主張と同様に実体的要件と手続的要件を求めるなど、条約の場合以上に多くの要件が課されており、要件が厳しすぎるとの批判もある。

［尋木真也］

21 トレイル溶鉱所事件

仲裁裁判所　最終判決（1941年3月11日）
アメリカ 対 カナダ

I. 事　実

　トレイル溶鉱所事件（以下、本件）は、カナダ自治政府領のトレイルで操業していた民間会社の溶鉱所から排出される煤煙により、アメリカ・ワシントン州の農作物や林業に損害が生じたことを理由としてカナダに国家責任が発生するか否かが争われた事件である。
　トレイル溶鉱所は、1896年に鉛や亜鉛などの精錬のために建設された。1925年と1927年に同溶鉱所を経営する民間会社が増産を目的として、2本の高い煙突を増設したが、これにより、高濃度の亜硫酸ガスが大量に発生した。この亜硫酸ガスが煤煙として国境を越えてアメリカ・ワシントン州の農作物や林業に多くの被害を生じさせることになったのである。両国は当初、米英間の国境水条約9条に基づく国際合同委員会に紛争を付託したが、満足のいく解決を得られず、1935年に仲裁協定を締結し、損害発生の有無と賠償の程度や損害防止の制度のあり方などについて判断を求めることになった。

II. 判　旨

　大気汚染の問題について、準主権的な権利を有する連邦の州と州の間の問題処理は、国際法の一般的規則に合致しているが、とくにアメリカ法は明確である。また、州の主権の性格についてはスイスでも問題となり、スイスの連邦裁判所は、主権とは「他州の主権の行使を排除するだけでなく、領域の自然の使用と住民の移動を害するおそれのある現実の侵害をも排除する」機能をもつものと述べる。
　大気汚染とそれに最も近似する水汚染に関する国際裁判所の決定は存在しない。それゆえ、大気汚染と水汚染に関する国際的事件において、準主権的な権利を有する州と州の間の紛争を扱ってきたアメリカ最高裁判所の一定の決定に、類推により従うことが合理的であり、これらの決定は正当にこの国際法分野における指針となりうるものである。
　裁判所は、アメリカの国内判決を結論の十分な基礎をなすものとして、次のように認定する。「事態が重大な結果を伴い、かつ、被害が明白で人を納得させるに足る証拠により立証される場合には、いかなる国も、米国法ならびに国際法の諸原則の下で、他国の領域またはそこにある人命と財産に対して煤煙による被害を引き起こすようなやり方で、自国の領域を使用しまたはその使用を許可する権利をもたない」。本件の諸事情を考えると、カナダ自治政府は、トレイル溶鉱所の行為に対して国際法上の責任を負う。それゆえ、トレイル溶鉱所の行為が本件で決定されたカナダの国際法上の義務と一致するよう注意することはカナダ自治政府の義務である。トレイル溶鉱所は、ワシントン州において、煤煙を通じいかなる損害をも生じさせることを控えるよう求められ、その損害賠償は、両国政府が合意する方法により確定される。
　ただし、トレイル溶鉱所の操業が不正かつ不必要に阻害されてはならず、ワシントン州への損害を引き起こさない範囲での亜硫酸ガスの最大排出量を規制する制度を設けることとする。

III. 解　説

1. 領域使用の管理責任

　本件では、主権は他者の主権の行使を排除するだけでなく、他者との関係で一定の制約を負うことを明確にしている。つまり、主権の排他性は他者の権利・利益を守る義務を内在させているのである。このような主権の排他性と内在的制約については、すでにパルマス島事件（本書9）で検討されていた。同事件において裁判所は、大部分の国際問題の解決にあたって出発点となるのは領域主権の原則であるとしたうえで、「国家間の関係においては、主権とは独立を意味する。地球の一部分に関する独立とは、他のいかなる国家をも排除して、そこにおいて国家の機能を行使する権利である」と述べる。そして、人間の活動が行われる空間を諸国に配分するのは、国際法が設定する最低限の保護をすべての場所で保障するためであるので、領域主権はその結果として、自国領域内における他国とその国民の権利を保護する義務を伴うことになると判示した。パルマス島事件は、国家責任に関する事例ではないが、領域主権を外国人の待遇に関する国際義務の根拠としてあげ、その後、領域使用の管理責任として、領域主権を環境保護などの他の分野の義務の淵源へと拡大していく端緒になった事例として注目されてきた。

　本件も、明確に述べてはいないが、環境分野において、国家が自ら行動または私人に行動の許可を与える場合に、科学的知見に基づく予見可能性の下で損害防止のために相当な注意をつくす義務を負うとしているのは、排他的管轄権をもつ領域内で国家が行動し許可を与えたということを前提にしている。その意味で、本件は領域使用の管理責任における国家機能の排他性の重要性を確認した判決ということができる（排他性と国家責任の立証の関係については、コルフ海峡事件、本書12）。このように本件は、領域使用の管理責任の古典的先例と位置づけられ、その内容はストックホルム人間環境宣言原則21や多数国間条約等に導入されていった。

2. 環境管理制度の発展

　本件では、環境損害の防止義務は、トレイル溶鉱所の操業条件を定める制度を通じて、具体的に実施されることになった。当該操業条件には、ガス濃度の決定等のための機具や文書、煙突の高さの規制、最大限許容可能な硫黄の排出量などが含まれる。このように本件は、国際的な環境管理の制度を構築した重要な先例と位置づけられる。

　こうした実体的義務の実施制度のほかに、手続的義務の明確化に貢献した判例としてラヌー湖事件（仲裁裁判所、1957年）がある。ラヌー湖事件では、フランスがラヌー湖をせき止める工事を行うことが、下流国のスペインとの関係で違法か否かが争われた。裁判所は、実際の損害の発生を否定してフランスの違法性を認めなかったが、事前に相手国の同意を得る必要はないものの、交渉する義務、すなわち事前通報協議義務の存在を認めた。

　こうした国際判例の蓄積により、越境環境損害を防止すべき実体的義務と越境環境損害の事前規制のための手続的義務の内容が明確になり、後の環境条約の制度的発展につながっていくことになるのである。

［萬歳寛之］

22 バルセロナ・トラクション事件
国際司法裁判所　第2段階判決（1970年2月5日）
ベルギー 対 スペイン

I. 事　実

バルセロナ・トラクション事件（以下、本件）は、同社に対するスペインの侵害行為の結果、株主も間接的に損害をこうむったことを理由として、当該株主の本国であるベルギーが外交的保護権を行使するための原告適格を有するか否かが争われた事件である。

バルセロナ・トラクションはカナダ法に準拠して設立された会社であるが、スペインにおける電力事業を主たる活動目的としていた持株会社であり、その株式の大半をベルギー人が所有していた。同社は、外貨建ての社債を発行していたが、スペイン内戦の影響もあり、利払いについてスペインの外国為替管理局の許可が得られなかった。そのため、スペイン人の社債権者が利息未払いを理由に同社の破産を申し立て、スペインの裁判所はこれを認めた。この破産宣告をうけ、カナダやベルギーはスペインに対して抗議を行った。カナダは介入を停止したが、ベルギーは国際司法裁判所に事件を付託することになった。

II. 判　旨

国家は、自国領域内に、外国の投資や外国人を受け入れる場合、一定の待遇の義務を負う。この義務と国際社会全体に対する国家の義務との間には、本質的な区別がなされなければならない。後者は、まさにその性格上、すべての国の関心事である。「関係している権利の重要性に鑑みれば、すべての国家がその保護に法的利益を有していると考えられうる。それらは、対世的義務（obligation erga omnes）である。」外交的保護で問題となる義務は、対世的義務とは異なるので、本件においてベルギーは、自国民株主に対する権利侵害を理由に、自国の権利が侵害されたことを立証しなければならない。

権利への侵害と単なる利益への侵害は異なる。「会社の権利だけに向けられ、会社の権利のみを侵害するにすぎない行為は、株主の利益が影響を受けたとしても、株主に対する責任を伴うものではない。」しかし、会社組織に関して、国際法上これに対応する制度が存在せず、裁判所は国内法の適切な規則に依拠して判断しなければならない。国際法が依拠するのは「株式会社を承認している国内法体系によって一般に認められた規則」である。

他方で、「法人格否認の法理」という国内法規則に依拠すると、株主に直接賠償請求が認められる特別な事情が存在する。この特別な事情とは、①会社が存在しなくなった場合と②会社の本国が会社のために訴訟を起こす当事者適格を欠く場合である。①に関して、バルセロナ・トラクションは、経済的には完全に麻痺しているが、依然として法人としての存在を示している。②に関しては、会社の本国であるカナダは外交的保護権の行使を停止しているが、保護権の不行使と能力の欠如とは明確に区別すべきである。よって、①と②の特別事情は存在しない。

以上より、本件において、スペイン当局の措置によるベルギー人株主の権利に対する侵害が存在するとはいえず、ベルギーは本件における原告適格を有するものではない。

III. 解　説

1. 外交的保護権行使の原告適格

本件では、外交的保護権行使のための原告適格の条件として、外国人の本国への「権利侵害」の発生があげられている。この侵害法益の内容は、これまでの国際判例上、「自国民の人格において国際法の規則の尊重を確保させる国家の権利」、つまりは「国家と個人の間の国籍という絆」にあらわされる対人主権であると定式化されてきた。本件では、さらに、こうした国家の権利が侵害されたとするためには、個人の国内法上の権利の侵害も必要であるとし、外交的保護権行使の条件を詳細にした点が注目される。

2. 会社と株主の外交的保護

会社と会社に出資している株主とは、それぞれ独立した存在とされる。本件のように、侵害行為が会社にだけ向けられている際には、株主の損害はあくまで間接的なものにとどまる。この場合、会社の本国の外交的保護権は当然に認められるため、問題となるのは、その認否ではなく、会社の本国（国籍国）の決定基準である。本件では、この基準は、設立準拠法と本店所在地とされた。これに対し、株主の本国の外交的保護権は、株主に賠償請求が認められる特別な事情（法人格否認の法理）がある場合にしか行使できないことになる。本件では、この事情について、会社の消滅と会社本国の外交的保護権行使の当事者適格の不存在があげられている。なお、裁判所は、株主への直接的な損害が問題となる例として、配当請求権、総会への出席・投票の権利、会社の解散後の残余分配請求権という株主固有の権利に対する侵害にも言及している。

3. 個人の権利性の認定

本件において、個人の侵害利益の権利性は「株式会社を承認している国内法体系によって一般に認められた規則」や「法人格否認の法理」に依拠するかたちで認定されている。これまでは、一般に、国内法は単に国家の態度を示す事実にすぎないと考えられてきたが、本件では、個人の権利性の有無を判断する基準として国内法が機能しており、国際裁判における国内法の多面的性格に注意する必要がある。

4. 対世的義務の違反と原告適格

本件において、判例上はじめて「対世的義務」という用語が用いられた。対世的義務の例としては、侵略行為やジェノサイドの違法化と奴隷や人種差別からの保護を含めた基本的人権に関する原則・規則があげられている。対世的義務への言及は本件の傍論にすぎないが、「すべての国家がその保護に法的利益を有している」と述べていることからも、対世的義務の違反があった場合、違反国以外のすべての国に国際請求の原告適格を裁判所が認めているかのようにも解すことができる。しかし、後段で、人権条約は「人権侵害の被害者を保護するための権能を国家に被害者の国籍にかかわらず付与しているわけではない」と述べられており、慎重な解釈が求められる。とはいえ、南西アフリカ事件（本書25）で、南アのアパルトヘイト政策の違法性を訴えたエチオピアとリベリアの原告適格を否定したのに対し、本件で対世的義務の例のなかに人種差別を含めている点は、裁判所の国際法認識の変化をはかるうえで重要な示唆を含んでいる。

［萬歳寛之］

23 ジェノサイド条約適用事件

国際司法裁判所　本案判決（2007年2月26日）
ボスニア・ヘルツェゴビナ 対 セルビア・モンテネグロ

I. 事　実

　ジェノサイド条約適用事件（以下、本件）は、ボスニア・ヘルツェゴビナのスレブレニツァで発生したムスリム人の大量殺害がジェノサイドに該当し、当該大量殺害の実行者であるボスニア国籍のセルビア人勢力と密接な関係を有していたユーゴスラビア連邦共和国（新ユーゴ：訴訟係属中に、セルビア・モンテネグロに国名変更）が国家責任を負うか否かが争われた事件である。

　1989年の冷戦崩壊を受け、ユーゴスラビア社会主義連邦共和国（旧ユーゴ）でも民族主義の影響により各構成国に独立の動きが出てきた。ボスニアも独立を宣言したが、セルビア人は連邦への残留を主張し、スルプスカ共和国を樹立して、内戦状態になった。新ユーゴはスルプスカ共和国を支援していたが、内戦の過程で同共和国が民族浄化政策に基づく大量殺害や組織的強姦などを実施したため、ボスニアは、1993年に新ユーゴによるジェノサイド条約違反を国際司法裁判所に訴えた。

II. 判　旨

　本件において、①殺害の規模と②集団を全部または一部破壊する意図というジェノサイドの要件を充足するのは、スルプスカ共和国軍を実行犯とするスレブレニツァでの大量殺害である。しかし、セルビア側に②の存在は立証されず、セルビア自身によるジェノサイド行為を認定することはできない。

　では、スルプスカ共和国軍の行為はセルビアに帰属するか。まず、スルプスカ共和国軍は、セルビアの法律上の国家機関でもなければ、セルビアに完全に依存した事実上の国家機関でもない。次に、スレブレニツァでの大量殺害の作戦においてセルビアがスルプスカ共和国軍に対して実効的支配を行使していたとはいえず、当該作戦へのセルビアによる指示や指揮・命令があったともいえない。また、ジェノサイドの存在を認識して、セルビアがジェノサイドの決定・実行を支援したとの明確な立証はなく、ジェノサイド条約3条（e）の共犯行為を行ったともいえない。したがって、スルプスカ共和国軍の行為はセルビアに帰属しない。

　ただし、「セルビアの否定しえない影響力と彼らが保有していた重大な懸念を知らせる情報に照らせば、裁判所の見解によると、セルビア当局は自己の権力の範囲内で、当時起こりつつあった……悲劇的な事件を審議し防止する最善の努力を果たすべきであった。」しかし、セルビアは、何らの措置もとらず、ジェノサイドを防止すべきジェノサイド条約1条の義務に違反した。また、処罰の義務についても、本件ジェノサイドの主要な責任者であるムラジッチの逮捕のために何も措置をとらず、同条約6条の国際刑事裁判所にあたる旧ユーゴスラビア国際刑事裁判所との協力義務にも違反している。

　防止義務違反の責任としては、防止義務違反とスレブレニツァでの大量殺害との間の因果関係が立証されていないので、本件の違法宣言判決が満足として適切な賠償の形態となる。

また、処罰義務違反の責任についても、旧ユーゴスラビア国際刑事裁判所への実行犯の引渡義務の存在を宣言することが満足として適切な賠償の形態となる。

Ⅲ. 解説

1. 対世的義務違反に関する国家責任

　本件は、自国領域外における外国人の行為に対する国家責任が問題となった事例である。このような特殊な事例における国家責任を認定するにあたり、裁判所は、ジェノサイド条約の対世的性格に注目した。ジェノサイド条約留保事件（本書③）において、裁判所は、ジェノサイド条約については「国家にとっての固有の利益や不利益、または権利と義務との間の完全な契約的均衡について語ることはできない」と述べている。さらに、本件の先決的抗弁判決（1996年）において、裁判所は、ジェノサイド条約上の権利義務の対世的性格を指摘し、締約国の履行義務は自国領域内に限定されないと判示した（東ティモール事件、本書㉖）。

　では、締約国のうち、何故セルビアのみが責任を問われたのであろうか。この点について、裁判所は、セルビアとスルプスカ共和国軍との間の政治的・軍事的・財政的関係の強度を理由として「ジェノサイド条約の他のすべての当事国とは異なり、セルビアは、スレブレニツァにおけるジェノサイドを企画し実行したボスニア国籍のセルビア人に対する影響力をもつ立場にあった」点を強調した。この判断は、「影響力」を、対世的義務の履行確保責任を有する国家の特定基準とした点で注目に値する。

2. 国家責任法上の帰属の規則

　私人の行為の国家への帰属を判断する際の要素の1つとして、指示・指揮・命令があるが、そこでは私人に対する国家の支配の程度が問題となる。ニカラグア事件（本書㉗）では、私人に具体的な実行行為を示す支配命令関係がなければならないとする「実効的支配」の基準が定式化された。しかし、旧ユーゴスラビア国際刑事裁判所のタジッチ事件（上訴裁判部、1999年）では、純粋な私人の場合とは異なり、軍事的組織の場合には、全般的支配の下にあるだけでよいとされた。本件では、ニカラグア事件の基準を採用し、国家責任法上の帰属の規則としては実効的支配の基準が適当であるとした。なお、イラン革命後の騒擾のなか、学生を中心とする武装集団がアメリカ大使館を襲撃・占拠した在イラン米国大使館占拠事件（1980年）では、私人の行為は本来国家への帰属が認められないが、国家による私人の行為の承認・採用を通じて、事後的に帰属が認められることになると判示されている。

3. 相当な注意義務の違反

　在イラン米国大使館占拠事件では、イランは外交関係条約22条で公館の不可侵を確保するために「すべての適当な措置を執る」義務を負っていたが、イランは学生等による大使館への襲撃の防止措置を全くとらなかった。しかし、裁判所は、この不作為の存在だけでなく、イランの事件の認識・事態の緊急性・とりうる手段の保持を考慮したうえで義務違反の認定を行っている。本件においても、セルビアの不作為だけでなく、ジェノサイドの実行行為者への影響力やジェノサイドの重大な危険が差し迫っていることを知ることができるような情報の入手可能性を勘案して義務違反の認定が行われている。つまり、国際司法裁判所は、相当な注意義務の違反認定にあたっては国家責任を負うだけの非難可能性の有無についても検討しているのである。

［萬歳寛之］

24 アラバマ号事件

仲裁裁判所 判決（1872年9月14日）
アメリカ 対 イギリス

I. 事　実

　アラバマ号事件は、アメリカの南北戦争に際して、南部連合を交戦団体として承認して中立の地位に立っていたイギリスが、同国の民間造船会社により建造された南部連合の軍艦アラバマ号の出航を阻止しなかったことが、中立義務違反に該当するか否かが争われた事件である。

　1862年にリバプール港を出航したアラバマ号は、のちに南部連合軍の軍艦として商船の海上捕獲等に従事し、北部に対して多大な被害を与えた。戦後になるとアメリカは中立義務違反に基づく損害賠償を一層厳しく主張し、1971年のワシントン条約においてアラバマ号等に関する紛争が仲裁裁判に付託されることがアメリカ・イギリス両国により合意された。同条約は、アメリカ・イギリスとほか3国出身の5名の裁判官からなる仲裁裁判所を設置し（1条）、裁判の適用規則としては、中立国の義務に関するワシントン3原則とこれに抵触しない範囲の「国際法の諸原則」を規定していた（6条）。なお、ワシントン3原則とは、①交戦国に対する戦闘行為に用いられると信ずるに足りる船舶の艤装・武装・出航を「相当な注意」をもって防止する義務、②交戦国が中立国の領水を作戦基地または軍需物資の補充・兵の徴募のためなどに使用することを許可・容認しない義務、③自国領域または管轄内にあるすべての者について、①と②の義務の違反を「相当な注意」をもって防止する義務のことをいう。

II. 判　旨

　ワシントン3原則のいう「相当な注意」は、中立国の義務違反によって生じる「交戦国の危険の程度に正確に比例して要求されなければならない」。本件の事情を勘案すれば、イギリスは、中立義務を履行するためにあらゆる措置をとらなければならなかった。

　船舶の建造・武装によってなされた中立国の義務違反は、後に交戦国が当該船舶にどのような任務を与えようと、そのことによって解除されるものではない。また、国際法上の軍艦の治外法権は、絶対的権利としてではなく、国家間の礼譲と相互の尊重に基づいて認められるものであるから、中立国の義務違反行為の保護のために援用することはできない。

　本件における事実は、アラバマ号の建造・艤装等について、イギリス政府が、中立義務の履行のための「相当な注意」を払うことを怠ったことを示している。とくにイギリスは、アラバマ号建造中、アメリカの警告・抗議にもかかわらず有効な防止措置をとることを怠った。出航禁止の命令も遅きに失しており、有効な防止措置を怠ったといえる。さらに、アラバマ号の追跡・拿捕のためにとられた措置は不充分であり、その後同船がイギリスの管轄内の港に出入りした際も、法的な手続がとられなかった。この点について、法的執行手段が不充分であったという理由で、イギリスが相当な注意を払わなかったことを正当化することはできない。

　以上の理由により、裁判所はイギリスの中立国義務違反を認め、1,550万ドルの賠償を支

払うべきことを決定する。

III. 解　説

1. 仲裁裁判の発展

19世紀の仲裁裁判でも有名な事件の1つである本件は、国際裁判、とりわけ仲裁裁判の発展に大きな役割を果たしたといわれている。独立の専門家5名による合議制で慎重に審理が進められ、判決理由つきで、個別意見の作成・公表が行われるなど、様々な点で現在知られる国際裁判の形をとっていた。また本件判決は、法的理由に基づく公平な判断を下し、実力の劣るアメリカが勝訴したことで、紛争解決手続としての仲裁裁判の有用性を広く知らしめ、19世紀終盤から20世紀にかけて、常設仲裁裁判所や常設国際司法裁判所の設立につながっていくことになった。中立義務の発展と並んで、国際紛争を裁判手段により解決できる可能性を示したことは、戦争によらず国際平和を達成できる可能性を具体的に示したということでもあるので、その意義は大きいといえる。

2. 中立法の発展

イギリスは、「ワシントン3原則」について、単にアラバマ号事件における裁判の準則として認めたにすぎず国際法の規則ではないと主張しているが、実際、この原則には当時の一般国際法を表していたとされるパリ宣言（海上法要義ニ関スル宣言、1856年）の内容が反映されていた。その後、海戦ニ於ケル中立国ノ権利義務ニ関スル条約（1907年）などに取り入れられている点で、本件は海戦における中立法の原則の成立・発展に重要な役割を果たしたといえる。当時の国際法において、中立国がどのような義務を負うのかという問題について裁判所が判断を下したことの意義は大きかったといえる。ワシントン3原則に規定された中立国の「相当な注意」義務の程度について、判決は、結果のもたらす危険に比例したものであると述べている。しかし、この判断に対しては、中立国政府に過度の負担を課すとの批判があり、上記の海戦中立条約8条では、相当な注意ではなく、中立国が「施シウヘキ手段」を講じて防止措置をとればよいことになり、本件に比べて義務の緩和がはかられた。

3. 国内法の援用の禁止

本件では、イギリスは国内法の不備を援用して国際法上の義務違反を正当化できないとの判断が示された。この点に関し本件は、国内法援用禁止の原則について判断した初期の判例としてもよく知られている。常設国際司法裁判所のウィンブルドン号事件（1923年）でも、ヴェルサイユ条約380条がキール運河をドイツと平和的関係にあるすべての国の軍艦・商船に平等に開放すると規定しているので、ドイツは自国の中立令を理由としてウィンブルドン号の通航を拒否できないとされた。その後の判例においても、国内法援用禁止の原則が確認され、条約法条約（1969年）27条においても規定されるに至っている。

［萬歳寛之・平山研朗］

25 南西アフリカ事件

国際司法裁判所　先決的抗弁判決（1962年12月21日）
国際司法裁判所　第2段階判決（1966年7月18日）
エチオピア、リベリア 対 南アフリカ

I. 事　実

　南西アフリカ事件（以下、本件）は、南アフリカ（南ア）が、同国の委任統治地域であった南西アフリカ地域（現ナミビア）に対してアパルトヘイト政策を適用していることの違法性につき、エチオピアとリベリアが国際司法裁判所に訴えることができるか否かが争われた事件である。
　南西アフリカ地域は、19世紀後半以降ドイツの植民地であったが、第1次世界大戦後は国際連盟体制の下で南アを受任国とするC式委任統治地域となった。連盟解散後も、南アは、同地域を国連の信託統治制度に移行させることを拒み、自国領への併合とアパルトヘイト政策の実施を強行してきた。国連総会による非難決議の採択などによっても事態は改善されなかったため、エチオピアとリベリアが、元連盟加盟国の資格で委任統治協定（委任状）7条の裁判条項を援用して、違法性確認の判決を国際司法裁判所に求めた。南アは、両国がいかなる実体的利益にも影響を受けていないことや連盟の解散を理由として裁判所の管轄権を否定する先決的抗弁を提起した。

II. 判　旨

　（先決的抗弁）　本件の管轄権の基礎になる裁判条項は委任状7条であり、同規定は、国際連盟の「他の加盟国」との紛争を対象にしている。南アは、連盟の解散により「他の加盟国」は存在しなくなったとし、これは用語の自然かつ通常の意味に基づくものと主張する。しかし「このような解釈方法が、用語が含まれている条項や文書の精神・目的・文脈と合致しない意味になる場合には、この方法に有効に依拠することはできない。」委任統治制度の本質は、文明の神聖な信託とその遂行の保障にあり、神聖な信託の司法的保護は委任統治制度の不可欠の特徴である。それゆえ、「7条の規定の明白な範囲および趣旨によって、連盟加盟国は、委任統治領の住民と国際連盟およびその加盟国の双方に対する義務の委任統治国による遵守に法的権利・利益を有すると理解されていたことが示されている」のである。以上より、裁判所は、紛争の本案について裁判する管轄権を有すると判断する。
　（第2段階）　南アの行為の違法性判断をする前に、裁判所は、より基本的な問題として、委任状のどの規定が原告の法的権利・利益を含んでいるかを検討する。委任状の規定は、行為規定と特別利益規定に分かれる。前者は、受任国の権限や地域の住民に関する義務と国際連盟およびその機関に対する義務を定める。他方、後者は、連盟加盟国に個別国家として権利を認めるものである。本件で問題となるのは行為規定であり、当該規定の義務の履行は、年次報告書の提出などを通じた、連盟とその機関の監督機能により保障され、受任国と個々の加盟国との法的紐帯は問題となっていない。それゆえ「神聖な信託のために受任国に適切な履行を要求する連盟の権利から独立して、あるいはこの連盟の権利に追加して主張しうる別個の自己完結的な権利を、原告は保有していなかった」のである。また、「民衆訴訟」に

相当する主張も考えられるが、この種の権利は一定の国内法体系では知られているものの、国際法では未知のものであり、法の一般原則とみなすこともできない。以上より、原告の請求を棄却する。

Ⅲ. 解　説

1. 裁判条項と原告適格

本件は、裁判所が、第2段階において、先決的抗弁の段階の判断とは対照的に、原告は南アに対して本案判決を得るために必要な法的権利・利益を有していないとして請求を棄却した点に特徴がある。本件では、裁判条項を援用する権利と本案の争点とされる法的利益との間に詳細な区別がなされたのである。

常設国際司法裁判所のウィンブルドン号事件（1923年）では、実際に損害を受けた国（フランスとイギリス）だけでなく、直接損害を受けていない国（日本とイタリア）も裁判条項の下で訴訟参加が認められている。この事件では条約内容の適切な解釈が問題となっており、国家責任が問題となっていた本件とは請求内容が異なっていた点には注意が必要である。

2. 委任統治から信託統治へ

南アは国際連盟の解散を根拠に、委任状の失効を主張し、国連の信託統治への移行も拒否していた。国連総会は、1950年に国際司法裁判所に南西アフリカの国際的地域について勧告的意見を求めたが、裁判所は、文明の神聖な信託の存在理由は国際連盟の解散に関わりなく存在するので、南西アフリカは依然として委任統治地域であり、国連憲章80条1項などに照らしても、連盟理事会に代わって国連総会が監督機能を継承したと判示した。しかし、南アは国連の監督機能を無視し続けたため、本件の提訴に至ったのである。それゆえ、事実上南アを勝訴とした1966年判決のショックは大きく、開発途上国を中心として国際司法裁判所に対する信頼感が損なわれたことも確かである。

3. ナミビア事件（勧告的意見、1971年）

1966年判決の後に、国連総会は委任状の終了決議を、安保理は委任状終了後の南アの行為の違法・無効宣言決議を採択した。そして、1971年に安保理は南アがナミビアに居座っていることの法的効果について、国際司法裁判所に勧告的意見を求めた。裁判所は、条約法条約60条（重大な違反に基づく条約の終了）の慣習法性を認め、委任状の終了決議は合法と判断した。そして、「委任状の終了と南アの行為の違法性と無効の宣言は、国際法に違反したままの状況の合法性を対世的に阻止するという意味で、すべての国に対抗できる」と述べ、加盟国だけでなく、非加盟国も国連の決定に従って行動すべきであるとした。

また、本意見は、国連憲章や植民地独立付与宣言などの事後の発展に照らして、「文明の神聖な信託」を人民の自決・独立と関連づけて解釈し、自決権の法的権利性を承認している（東ティモール事件、本書26）。これは、条約の解釈時点は「委任統治制度が設立された時点」であるとして時際法的な考え方をとっていた1966年判決とは対照的であるといえる（パルマス島事件、本書9）。

［萬歳寛之］

26 東ティモール事件

国際司法裁判所　判決（1995年6月30日）
ポルトガル 対 オーストラリア

I. 事　実

　本件は、ポルトガルの請求が第三国インドネシアの行為の合法性を決定することになり、それゆえに裁判所が管轄権を行使しえないかどうかが争われた事件である。

　1975年、インドネシアはポルトガル施政下の非自治地域東ティモールを自国領と主張して武力侵攻を行った。その後の東ティモール人民の自決権の承認およびインドネシアの撤退を要請する2つの国連安保理決議にもかかわらず、インドネシアは1976年に同地域の併合措置をとった。国連総会も、併合を否認する決議を1982年までに8つ採択したが、その後は同問題を審議していない。

　この併合を事実上承認したオーストラリアは、東ティモールとオーストラリアとの間の大陸棚の開発協定を1989年にインドネシアと締結した。そこでポルトガルは、開発協定が東ティモール人民の自決権および施政国ポルトガルの権利を侵害したとして、ICJの選択条項を受諾しているオーストラリアを提訴した。これに対し、オーストラリアは管轄権と受理可能性を争った。なお、東ティモールは2002年に独立を果たしている。

II. 判　旨

　オーストラリアは、自国は選択条項受諾宣言を行っていない真の被告インドネシアの代わりに訴えられたのであり、自国とポルトガルの間には紛争は存在しないと主張する。しかし、ポルトガルによる事実と法に関する申立てをオーストラリアは否認しているのであり、このことにより法的紛争は成立している。

　オーストラリアは、第三国の法的利益がまさに決定の主題を形成する場合、その国の同意なくしてその国の国家責任に関する決定をなしえないとした、ICJの貨幣用金事件判決を引用する。これに対してポルトガルは、自国の請求はインドネシアの行為の合法性の問題と完全に切り離しうると主張する。この点、その国の同意なくその国に関する裁判を行うことができないというのが裁判所規程の基本原則であるが、インドネシアが1989年の条約を合法的に締結できなかったのかという問題に触れずに、オーストラリアの行為を評価することはできない。裁判所が判決すべき中心的な主題は、インドネシアが東ティモールのために同条約を締結する権限を有していたか否かを決定することにほかならない。そのため、裁判所はインドネシアの同意なしにそのような決定をすることはできない。

　さらにポルトガルは、オーストラリアが侵害した権利は対世的権利であるから、本件では貨幣用金事件で定式化された原則は適用されないと主張している。確かに、人民の自決権が対世的性格を有することは否定しえない。しかし、「規範の対世的性格と管轄権への同意規則は別のことである。援用された義務の性質がいかなるものであれ、判決が訴訟の当事者ではない他国の行為の合法性の評価を示唆するとき、裁判所はある国の行為の合法性について判断を下すことはできない。」本件は、前提としてインドネシアの行為の合法性に判断を下すことが必要になるため、裁判所は管轄権を行使することができない。

Ⅲ. 解　説

1. 第三者法益原則

本件では、オーストラリアとインドネシアの間で締結された大陸棚の開発協定が、ポルトガルの権利および東ティモール人民の自決権を侵害するか否かが請求主題であった。しかし裁判所は、この請求に判決を下すことは、インドネシアの行為の合法性の判断を行うことになるとして、ポルトガルの請求をしりぞけている。このように、第三国の法的利益がまさに決定の主題を形成する場合に、当該第三国の同意なしに裁判を行うことができないとする原則を、第三者法益原則という。この原則は、戦時中にドイツが持ち出した貨幣用金の返還先についてイタリアが英米仏を訴えたが、その請求がアルバニアの国家責任を決定することになるため、同国の同意なしには管轄権を行使できないとした、ICJの貨幣用金事件（1954年）で定式化された。そのため、同原則は貨幣用金事件規則とも呼ばれる。

一方、ナウルが自国の燐鉱地の修復についてオーストラリアを訴えたナウル燐鉱地事件（1992年）では、ICJは、裁判所の判断がオーストラリアとともに共同施政国であったニュージーランドとイギリスの法的状況への示唆を有しうるとしつつ、その法的状況に関するいかなる判断も裁判所の決定の基礎として必要とされないとして、本案審理へと段階を進めている。第三者法益原則により管轄権を行使することができなくなる基準は、第三国の法的利益が裁判の主題をなすか否かにあり、また請求の判断を下すための前提条件となるか否かにあるといえよう。

2. 対世的権利と裁判所の管轄権

本件は、民族自決権が対世的権利であることを認めた先例としてしばしば引用される。民族自決権が慣習法上の権利であることは、ICJのナミビア事件（1971年、本書25参照）や西サハラ事件（1975年）ですでに確認されていたが、その対世的性格にまで言及がなされたのは本件がはじめてである。また、侵略行為やジェノサイドの禁止などが対世的義務であることはバルセロナ・トラクション事件の傍論で示されていたが（本書22、また、ジェノサイド条約適用事件（本書23）参照）、対世的性格を有する権利の存在が示されたのも本件がはじめてである。

本件において裁判所は、請求内容となっている民族自決権が対世的権利であることを肯定しつつも、そのことと第三者法益原則とは別個の問題であるとして、対世的権利に基づく管轄権の設定を否定している。また、2006年のコンゴ領域武力行動事件（コンゴ民主共和国対ルワンダ、本書28参照）においては、ICJは、東ティモール事件を引用したうえで、「対世的権利義務が紛争において問題となりうるという事実のみでは、当該紛争の裁判を行うための管轄権を裁判所に付与することにはならない」と述べている。さらに続いて、「一般国際法の強行規範（ユス・コーゲンス）と裁判所の管轄権の創設との関係についても同様である」と述べ、強行規範が争点となったとしても、そのこと自体が裁判所の管轄権の基礎を付与することにはなりえないと明言している点も注目に値する。

[尋木真也]

27 ニカラグアに対する軍事活動事件

国際司法裁判所　管轄権・受理可能性判決（1984年11月26日）
本案判決（1986年6月27日）
ニカラグア 対 アメリカ

I．事　実

　本件は、アメリカによる、ニカラグアの反政府組織（コントラ）に対する援助、機雷敷設、港湾の攻撃、領空侵犯等が、国際法違反にあたるか否かが争われた事件である。

　1984年3月、この件についてニカラグアは国連安全保障理事会に提訴したがアメリカを非難する決議案は同国の拒否権により否決された。そのため、同年4月9日、ニカラグアは、コントラの訓練・装備・財政援助および軍事的・準軍事的活動を行って国連憲章第2条4項や慣習国際法上の武力不行使原則などに違反したことの認定および賠償を求めてICJに提訴した。本案審理に先立ってアメリカは先決的抗弁を提起し、管轄権および受理可能性について争ったが、選択条項受諾宣言が有効であるとされ、1984年11月26日の判決において却下された。これを不服としたアメリカは本案審理への不参加を表明し、被告欠席のまま判決が下された。

II．判旨

　アメリカが選択条項受諾宣言に多数国間条約から生じる紛争を除外する旨の留保を付しているため、裁判所は国連憲章や米州機構憲章については適用しないが、当該留保は他の国際法の法源の適用には影響を与えない。したがって裁判所は、武力不行使原則、不干渉原則および自衛権について、ニカラグアの主張を慣習国際法に基づいて決定する。

　アメリカはコントラに対して訓練、装備等のために財政支援を行っていたが、コントラに対して実効的支配を有していなかったので、コントラの行為はアメリカには帰属せず、アメリカはアメリカ自身の行為に責任を負う。武力不行使原則の慣習法性については、友好関係原則宣言（国連総会決議2625）や米州機構の決議などに対する諸国の態度から引き出され、同原則は慣習国際法上の原則とみなされうる。不干渉原則の違反は、武力行使を含む場合は武力不行使原則違反も構成する。

　自衛権は慣習国際法においても確認され、次にニカラグアによるエルサルバドルの反政府勢力に対する援助が、武力攻撃かどうかが検討される。武力攻撃であればアメリカの行為は集団的自衛権として正当化されうるが、武力攻撃より重大性の低い武力行使は、その被害国の均衡性ある対抗措置のみを正当化し、特に武力行使を含む干渉を正当化しえない。さらに、慣習国際法上、集団的自衛権の行使には、被害国が武力攻撃を受けたことを宣言し、援助の要請をすることが要件となるが、要請の存在は明らかではない。アメリカがニカラグアに対する自国の行動を正当化するために主張した武力攻撃の存在は確認されえず、集団的自衛権の行使による武力行使の正当化は認められない。

　国際法上、反政府団体への支持・支援は他国への干渉となるが、アメリカは、資金供与や訓練・武器供与等によりコントラの軍事的・準軍事的活動を支援して慣習国際法上の不干渉原則に違反した。また、機雷敷設、港湾・基地攻撃等および上記の干渉行為によって、国連

憲章2条4項にも含まれる慣習国際法上の武力不行使原則に違反した。

Ⅲ. 解　説

1. 自衛権の発動要件

　本件において、裁判所がはじめて武力行使と集団的自衛権の問題に正面から取り組んだ点は注目に値する。裁判所は武力行使について、①武力攻撃、②武力攻撃に至らない武力行使、③武力による干渉と3段階の区別を行い、そのうち最も重大な形態である武力攻撃を受けた場合にのみ個別的・集団的自衛権が行使でき、しかも被害国自身の要請がなければ集団的自衛権によって武力行使を正当化できないと判断した。学説および冷戦期の国家実行上、自衛権の要件が武力攻撃のある場合に制限されるとされる「制限説」と、国連憲章51条の「武力攻撃」は例示であるため、自衛権行使の要件はこれに制限されず、間接侵略がなされた場合や在外自国民の保護のためにも認められるとする「非制限説」が対立してきたが、裁判所は制限説の立場をとった。この点学説においてはなお議論があるが、裁判所はその後、コンゴ領域武力行動事件（本書28）等においても制限説を踏襲している。

2. 慣習国際法の認定基準

　本件判断に関するもうひとつの大きな論点は、慣習国際法の認定方法についてである（北海大陸棚事件、本書1参照）。裁判所は、友好関係原則宣言や米州機構の決議などを武力不行使原則についての諸国の法的確信の証拠として扱った一方、国家実行は、特別の利害を有する国を含めて実質的な一致があれば、一部の国に不一致があっても規則からの逸脱として扱えばよいとした。この認定方法については、国家実行の分析があまりなされていないという批判もある。また集団的自衛権の行使については、武力攻撃を受けたという宣言と援助の要請という慣習国際法上の条件を挙げているが、この2つの条件について、慣習国際法を成立させるほどの実行が存在したかどうかは論証されていないとの批判もある。

3. 実効的支配の基準

　裁判所は、一定の独立性を持った反政府組織の活動の過程で遂行される国際法違反行為がその組織を支援する国家機関に帰属するためには、国家がその行為を指揮もしくは強制し、または具体的な作戦に対する「実効的支配」が証明されなければならないとした。コントラの行為がアメリカに帰属するのではなく、コントラに対する武装・訓練をアメリカ自身の違法な武力行使として、財政支援・情報提供等の援助をアメリカ自身の違法な内政干渉として認定したのである。この実効的支配の基準は、ジェノサイド条約適用事件（本書23）で確認されている。

4. 政治的紛争と法律的紛争

　先決的抗弁において、アメリカは本紛争を「政治的紛争」であるとし、武力紛争は裁判になじまないと主張したが容れられず、これに不満を持ったアメリカは本案の手続を欠席し、本案判決後には選択条項受諾宣言を撤回した。アメリカが政治性を排除しようとする姿勢は、ILO（1977年）やUNESCO（1984年）を一時脱退したという例にもみられる（いずれも後に復帰）。紛争の裁判適合性について、裁判所は在イラン米国大使館占拠事件（1980年）においても、紛争は政治的側面と法的側面を有し、裁判は法的側面にのみ取り組むものと述べ、政治的紛争に基づく抗弁を容れなかった。

［平山研朗］

28 コンゴ領域武力行動事件

国際司法裁判所　本案判決（2005年12月15日）
コンゴ民主共和国　対　ウガンダ
管轄権・受理可能性判決（2006年2月3日）
コンゴ民主共和国　対　ルワンダ

I. 事　実

　1998年に発生したコンゴ内戦で、ウガンダ、ルワンダ、ブルンジは反政府勢力側に加担してコンゴ民主共和国（以下、コンゴ）に侵攻し、軍事介入を行った。コンゴは、武力不行使原則等の違反について、3か国を相手取って1999年6月23日に提訴を行った。

　その直後、1999年7月1日に関係国間でルサカ休戦協定が結ばれたが、休戦は実現せず紛争は激化した。ウガンダとの関係では選択条項受諾宣言が根拠となり、コンゴは主に、ウガンダが①コンゴに対する一連の軍事的・準軍事的活動により武力不行使原則等に違反したこと、②コンゴ国民に対する殺人・傷害・誘拐等により国際人権法・国際人道法の義務に違反したこと、③コンゴの天然資源を搾取、略奪したことにより、天然資源に対する主権を含む国家主権の尊重等の義務に違反したこと、の認定を求めた。

　ルワンダ、ブルンジについては管轄権の根拠を欠くため、コンゴは再提訴の権利を留保しつつ一度提訴を取り下げた。そのうち、ルワンダについて2002年に再提訴を行ったが2006年に管轄権なしとの判決が下された。

II. 判旨

　ウガンダは、1998年9月以降の軍事行動が自衛として正当化されると主張するが、コンゴの政府軍による武力攻撃があったとは主張しておらず、また武力攻撃にコンゴの直接または間接の関与があったとする証明も不充分である。武力攻撃は、むしろコンゴ内の私人であるコンゴ民主勢力同盟（ADF）により行われたものである。このような理由から、ウガンダが主張する「自衛権の行使を主張するための法的および事実的状況は存在しない」。コンゴ領域内でウガンダがコンゴに対する武力行動を行ったことは自衛権行使として正当化できず、国連憲章2条4項の武力不行使原則および国際慣習法としての不干渉原則に違反する。

　ウガンダ軍は、コンゴ領域内で文民の虐殺、拷問、少年兵の訓練を行うなど、人権および国際人道法を尊重する措置をとらなかった。本件には国際人権法と国際人道法の双方が適用され、ウガンダ軍およびその構成員の行動は、ハーグ陸戦規則、ジュネーブ第4条約（文民条約）、自由権規約、子どもの権利条約等に違反する。

　ウガンダ軍構成員が行った天然資源の略奪・搾取について、一連の国連総会決議において表明された「天然資源に対する永久的主権」は慣習国際法の原則として重要性を有するものであるが、本件のように他国への軍事介入の際の軍隊の略奪・搾取といった具体的な事態に適用できるものではない。しかし、ウガンダは天然資源の略奪・搾取を行った占領地における構成員の行動について適切な措置をとる義務を果たしておらず、注意義務（duty of vigilance）の違反および戦争における法（*jus in bello*）に違反した。

III. 解 説

1. 自衛権

本件においてウガンダは、自国の軍事介入を自衛権の行使と主張したが、裁判所は国連憲章51条の武力攻撃の存在を自衛権行使の必要条件とし、ニカラグア事件（本書27）を踏襲して、自衛権行使の条件に関して制限説の立場をとった。国家以外の主体が武力攻撃を行うことがあっても、その武力攻撃が国家に帰属しなければ自衛権は行使しえないという立場を裁判所は一貫して取り続けているといえる（パレスチナの壁建設事件、本書30）。裁判所は、コンゴ領域内のコンゴ政府以外の主体からウガンダに対する武力攻撃が発生していることを認めながらも、自衛権行使の前提条件である国家による武力攻撃の存在が立証されなかったために、ウガンダの行為を武力不行使原則の違反と判断したのである。

2. 国際人権法と国際人道法の関係

欧米の報道で「アフリカの世界大戦」とまで評されたほど大規模で複雑なコンゴ内戦の1側面である本件において、裁判所はウガンダによる虐殺や拷問、少年兵の訓練の問題、ダイアモンドや金の搾取等についても取り扱った。裁判所はウガンダが占領していた領域において国際人権法と国際人道法が重複して適用されることについては、パレスチナの壁建設事件を引用して認めた。核兵器使用の合法性事件（本書29）以来の立場を踏襲して、ハーグ陸戦規則やジュネーブ諸条約・第1追加議定書といった国際人道法と、自由権規約・子どもの権利条約および同選択議定書といった国際人権法の双方を適用した。国際人道法の関連条約に具体的な規定のなかった少年兵の採用についても、占領地域に子どもの権利条約（38条等）が適用されるとしたことで、ウガンダの国際法違反を認定したのである。一方、国連総会決議でたびたび表明された「天然資源に対する永久的主権」については、慣習国際法の原則としての重要性を認識しつつも、武力紛争時の適用を否定した。ウガンダ軍の構成員が行った資源の略奪・搾取について、裁判所はあくまで国際人道法の問題として国際法違反を認定したのである。

3. ジェノサイド禁止の強行規範性

2006年の対ルワンダ管轄権判決のなかでは、判決理由と直接の関連をもたない箇所ではあるが、裁判所がジェノサイド条約2条・3条の義務の強行規範性を認めたことが注目される。同条約上の権利義務の対世的性格については、裁判所はこれまでも言及してきた（ジェノサイド条約適用事件、本書23；東ティモール事件、本書26）。しかし、条約法条約53条において強行規範の存在が示されて以来、裁判所が強行規範の認定を行ったのはこの判決が最初である。すでに旧ユーゴスラビア国際刑事裁判所（フルンジヤ事件、1999年）、ヨーロッパ人権裁判所（アル=アドサニ事件、2001年）で拷問の禁止が強行規範と認定されているが、国際司法裁判所が踏み込んだ判断を示した点は注目される。一方で裁判所は、強行規範であることは管轄権の根拠とならず（東ティモール事件参照）、またジェノサイド条約留保事件（本書3）と同様に、ルワンダのジェノサイド条約9条への留保は条約の趣旨および目的と両立するとして、本事件の管轄権を否定した。

［平山研朗］

29 核兵器使用の合法性事件

国際司法裁判所　勧告的意見（1996年7月8日）
諮問機関：国連総会

I．事　実

　本件は、1994年12月に、国連総会が、「核兵器の威嚇または使用はいかなる状況下でも国際法上許されるか」について、ICJに勧告的意見の要請を行った事件である。

　本件に先立つ1993年5月に、世界保健機関（WHO）が、非政府組織（NGO）のはたらきかけを受け、「健康および環境に関する核兵器の影響を考慮すると、戦時または他の武力紛争時における国家による核兵器の使用は、WHO憲章を含む国際法に照らすと国家の義務違反となるか」について、ICJに勧告的意見を要請している。しかし、1996年7月に、WHOの要請は同機関の活動範囲内から生じる問題ではないと判断され、管轄権は存在しないとされた。一方、総会からの要請については、WHOの要請が却下された日と同日に、管轄権を認めその要請に答える勧告的意見が出された。これら2つの勧告的意見においては、先例のないほど多くの国が陳述書を提出し、また口頭陳述を行った。

II．意見要旨

　争点となっている問題が政治的側面を有するという事実は、本件の法律問題の性格を奪うものではない。本件には「決定的理由」がないため、裁判所は裁量権により勧告的意見の付与を拒否することはできない。

　本件に最も関連する適用法規は、国連憲章上の武力行使に関する法と武力紛争法である。生命権に関する自由権規約6条は、同4条の緊急事態に逸脱しうる権利ではないため戦時にも適用されるが、何が恣意的な生命の剥奪であるかは特別法たる武力紛争法により決定される。環境保護条約は、自衛権の行使を妨げうるものではないが、環境の尊重は、武力行動の必要性・均衡性原則への適合性を評価する際考慮される。

　国連憲章2条4項や51条は、核兵器を含む特定の武器の使用を禁止も許容もしていないが、それ自体違法な武器は、憲章上の正当な目的のために使用されても合法とはならない。また、核兵器の違法性を確認する一連の総会決議は、その法的確信の存在を立証するものではない。国際人道法については、戦闘員・非戦闘員の区別義務、不必要な苦痛をもたらす武器の使用禁止義務、およびマルテンス条項がある。これらにより、特定の種の武器は禁止される。国家の基本的生存権である自衛権や多くの国の抑止政策への視座も必要である。

　以上より、裁判所は次のとおり答える。①国際法上核兵器の威嚇または使用の特定的な許可は存在しない（全員一致）。②国際法上核兵器の威嚇または使用それ自体に関する包括的な禁止は存在しない（11対3）。③国連憲章2条4項に反し、51条の要件を満たさない核兵器による武力の行使は違法である（全員一致）。④核兵器の威嚇または使用は、武力紛争時に適用可能な法の要件と両立すべきである（全員一致）。⑤核兵器の威嚇または使用は、とりわけ人道法の原則・規則に一般に反するであろう。しかし「裁判所は、国家の存亡それ自体がかかるであろう自衛の極限の状況において、核兵器の威嚇または使用が合法であるか否かを確定的に結論づけることはできない」（7対7、裁判所長の決定投票）。⑥全面的な核軍縮

へと導く交渉を誠実に行い完了させる義務がある（全員一致）。

Ⅲ. 解　説

1. 核兵器使用の違法性判断

核兵器使用の合法性については、広島・長崎への原爆投下を違法と判示した日本の原爆判決（本書[19]）があるが、核兵器の使用一般について国際的な裁判所が判断を下したのは本件がはじめてである。本件では、核兵器の使用が国際人道法に一般に反するとしながら、国家の存亡のかかった自衛の極限の状況については明確な判断を下していない。この点、裁判官の意見が完全に二分したが、そのことからも推測できるように、裁判不能を認めたのか、国際人道法に自衛権の概念を持ち込めるのか、自衛の極限の状況は通常の自衛権と異なるのかなど、多くの問題が残されることとなった。なお、核兵器使用の諮問がなされているなかで、裁判所が核軍縮の交渉完了義務に言及していることは注目に値する。

2. 慣習法形成要因としての総会決議

ICJ のニカラグア事件では、武力不行使原則の慣習法性判断に際し、国連総会決議に対する諸国の態度から法的確信が導き出されると判示されたが、より具体的な検討が必要との批判もあった（本書[27]）。一方、本件において裁判所は、総会決議が法的確信の現出の証拠となるためには、その内容と採択状況を検討して、規範的性格についての法的確信が存在するか否かを確認する必要があるとし、また一連の決議により法的確信が徐々に発展していくことになると述べている。裁判所はこの基準に基づき、核兵器に関する一連の決議は焦点が散在していたり、反対票や棄権票も多いことから、核兵器使用を違法とする法的確信の存在は立証されないと判示した。なお、コンゴ領域武力行動事件では、総会決議に示された天然資源に対する永久的主権の慣習法化が判示されている（本書[28]）。

3. 武力紛争時における国際人権法の適用

本件において裁判所は、自由権規約6条の保護は武力紛争時にも停止されないが、何が恣意的な生命の剥奪であるかは特別法たる武力紛争法により決定されると述べ、その後人権法の検討は行っていない。一方で、パレスチナの壁建設事件（本書[30]）では、裁判所は①人道法にのみ属する権利、②人権法にのみ属する権利、③両法分野に同時に属する権利の3つの状況がありうるとしている。そして、人権法と特別法としての人道法の双方を考慮する必要があると述べ、人権法にも多くの検討を加えている。ここでは、特別法は一般法を破るではなく、特別法と一般法が同時に妥当しうることが示されているといえる（特別法と一般法の関係については、みなみまぐろ事件（本書[15]）参照）。

4. 勧告的意見の管轄権

ICJ は、勧告的意見の付与を拒否する「決定的理由」がある場合には、裁量権に基づきその付与の要請を拒否することができるとされる。これは1950年の ILO 行政裁判所判決事件以来一貫した ICJ の立場であるが、これまで実際にこの裁量権が行使されたことはない。2010年のコソボの一方的独立宣言事件ではこの点が詳細に検討されたが、独立宣言の議論が安保理でのみ行われてきたという事実や安保理決議の解釈が必要との事実は、総会の要請を拒否する決定的理由にはならないと判示されるにとどまった。そのため、決定的理由がいかなるものかは今日なお明確ではない。なお、WHO の諮問が拒否されたのは、管轄権の欠如が理由であり、裁判所の裁量によるものではない。

［尋木真也］

30 パレスチナの壁建設事件

国際司法裁判所　勧告的意見（2004年7月9日）
諮問機関：国連総会

I．事　実

　本件は、パレスチナ占領地域におけるイスラエルによる壁の建設が、いかなる法的効果を有するかが問題とされた事件である。

　1967年の第3次中東戦争後、イスラエルとパレスチナの間にグリーン・ラインと呼ばれる休戦境界線が設けられた。しかしその後も紛争が絶えなかったため、2003年10月1日、イスラエル政府はヨルダン川西岸地区を覆う全長720kmの壁を建設することを承認した。

　2003年10月27日、国連総会は、壁の建設を中止し、撤去するようイスラエルに求める決議ES-10/13を採択した。一方で安保理は、イスラエル・パレスチナ紛争に関する決議1515を2003年11月19日に採択したが、決議に壁建設への言及はなかった。

　そこで総会は、2003年12月8日に、1949年ジュネーブ4条約を含む国際法の規則・原則や関連する安保理・総会決議を考慮すると、イスラエルによる壁の建設がいかなる法的効果を生じさせるかICJに勧告的意見を要請した。

II．意見要旨

　裁判所は、イスラエルとパレスチナの同意がないからといって、裁量権により意見の付与を拒否することはできない。

　民族自決権の享有主体として、「パレスチナ人民」の存在はもはや争われていない。イスラエルは壁の建設は一時的な性質のものと主張するが、「壁および関連施設の建設は、十分に恒常的なものとなりうる『既成事実』を創設し、また、壁についての公式な性格づけにもかかわらず、壁は事実上の併合に相当するだろう。」したがってイスラエルは、壁の建設によりパレスチナ人民の自決権の尊重義務に違反した。

　壁の建設は、移動の自由を規定する自由権規約12条や、社会権規約および子どもの権利条約上の労働・健康・教育・生活水準に関する規定に違反する。さらに、人口統計の変化に寄与することにより、文民の追放・移送を禁止するジュネーブ第4条約（文民条約）49条第6段落および関連安保理決議に違反する。

　49条第6段落には、軍事的必要性の考慮を可能にする規定が含まれないため、また同53条については、同条の禁止する私有財産の破壊が絶対的に必要であったとは考えられないため、その違反を軍事的必要性により正当化することはできない。またイスラエルは、壁の建設は国連憲章51条およびテロ攻撃に対する自衛権を認める安保理決議1368や1373に合致すると主張している。しかし、イスラエルは攻撃が外国に帰属することを主張しておらず、壁の建設を正当化する脅威がパレスチナ占領地域内で発生していると述べている。したがって、上記安保理決議が予期した状況とは異なるため、イスラエルは同決議を援用できず、また憲章51条は本件に関連しない。

　イスラエルは、壁の建設中止・解体の義務を負い、生じた損害に対して賠償する義務を負う。一方、イスラエルが違反した自決権尊重義務と若干の国際人道法上の義務は対世的義務であるため、すべての国は壁の建設から生じる違法な状況を承認せず援助を行わない義務を

III. 解 説

1. 壁の非人道的性格

　本件で問題とされている壁は、電子センサーフェンスや4mに及ぶ堀等から成り、場所により幅100mにも及ぶ壮大なものである。イスラエルは、パレスチナ人によるテロ防止のために壁を建設したとするが、壁はグリーン・ラインよりパレスチナ側に建設されているところも多く、特にエルサレムは壁により完全に分断されている。壁はパレスチナの町と町を遮断するが、壁を通過するには厳しい審査を受けなければならない。パレスチナ人を隔離するこの壁は、「アパルトヘイトの壁」と呼ばれることもある。

2. 文民条約の適用可能性

　文民条約は、一方の締約国の領域が占領された場合に適用されるが（2条第2段落）、イスラエルがヨルダンとの武力紛争の結果占領したパレスチナは、締約国ヨルダンの領域ではなかったため、同条約の適用可能性が問題となった。この点裁判所は、2条第2段落ではなく、2以上の締約国間に生ずる武力紛争への適用を規定する同条第1段落が適用されると判示した。その理由として、裁判所は、第2段落が第1段落の適用範囲を制限する目的で起草されていないことや、赤十字国際委員会や国連総会・安保理、さらにイスラエル最高裁が同条のパレスチナ占領地域への適用を認めていることなどをあげ、イスラエル・ヨルダン間の武力紛争の結果占領された同地域に文民条約は適用されると結論している。一方で、軍事行動ははるか以前に終了しているため、同地域に適用されるのは6条第3段落に規定される条文に限られるとされた。

3. 自由権規約の解釈

　本件では、自由権規約がパレスチナ占領地域で適用可能であるかどうかについても問題となった。自由権規約2条1項は、「その領域内にあり、かつ（and）、その管轄の下にあるすべての個人に対し」同条約が適用されることを規定している。この文言について裁判所は、自由権規約委員会の一貫した慣行や同規約の起草過程などから、領域内にいる個人と領域外にいるがその国の管轄下にある個人に及ぶと解釈できると判断し、イスラエルが管轄権を行使するパレスチナ占領地域において、イスラエルは自由権規約上の義務を負うと結論づけられた。裁判所は、2条1項の文言を、"and"ではなく"or"で結ばれたものであるように解釈したということができよう。

4. 勧告的意見に対する関係国の同意

　本件では、イスラエルが裁判所の管轄権行使に同意していないことが問題となった。PCIJの東部カレリア事件（1923年）では、連盟非加盟国であり問題の利害関係国であるソ連が審理を拒否していることから、ソ連の同意なしに理事会の要請に答えることは実質的に紛争解決のゆくえを決定することに等しくなるとして、意見の要請への回答が拒否された。しかし、ICJの西サハラ事件（1975年）では、関係国の同意の欠如により勧告的意見の付与が適当でない場合があることを認めつつ、裁判所が扱う法律問題は特定の紛争処理よりも広い枠内にあるとして管轄権が肯定されている。本件も、西サハラ事件と軌を一にするものであり、裁判所は、国連の重大な関心事であり、二者間の紛争よりもはるかに広い枠内にある本件要請に対しては、意見を付与しなければならないと判断している。

〔尋木真也〕

【編者紹介】

島田 征夫（しまだ ゆきお）　早稲田大学教授

学習国際条約・判例集
2011年6月20日　初　版第1刷発行

編　者　島　田　征　夫
発行者　阿　部　耕　一
〒162-0041　東京都新宿区早稲田鶴巻町514番地
発行所　　　株式会社　成　文　堂
電話 03(3203)9201(代)　Fax 03(3203)9206
http://www.seibundoh.co.jp
印刷・製本　シナノ印刷
©2011 Y. SHIMADA　Printed in Japan　検印省略
☆乱丁・落丁本はおとりかえいたします☆
ISBN978-4-7923-3285-3　C3032

定価(本体800円＋税)